Bernd Kappes
Mitgeschöpfe
Vom Umgang mit Tieren
aus christlicher Sicht

Bernd Kappes

Mitgeschöpfe

Vom Umgang mit Tieren aus christlicher Sicht

Mit einem Beitrag von
Jane Goodall

Patmos Verlag

VERLAGSGRUPPE PATMOS

PATMOS
ESCHBACH
GRÜNEWALD
THORBECKE
SCHWABEN
VER SACRUM

Die Verlagsgruppe
mit Sinn für das Leben

Die Verlagsgruppe Patmos ist sich ihrer Verantwortung gegenüber
unserer Umwelt bewusst. Wir folgen dem Prinzip der Nachhaltigkeit
und streben den Einklang von wirtschaftlicher Entwicklung, sozialer
Sicherheit und Erhaltung unserer natürlichen Lebensgrundlagen an.
Näheres zur Nachhaltigkeitsstrategie der Verlagsgruppe Patmos auf
unserer Website www.verlagsgruppe-patmos.de/nachhaltig-gut-leben

Sofern nicht anders angegeben liegt den Bibelzitaten in diesem Buch
die Übersetzung Martin Luthers in der revidierten Fassung von 2017
zugrunde: Lutherbibel, revidiert 2017 © 2016 Deutsche Bibelgesell-
schaft, Stuttgart

Umschlaggestaltung: Finken und Bumiller, Stuttgart
Umschlagabbildung: Oleg Senkov / shutterstock.com
Autorenfoto Bernd Kappes: © Christian Schauderna, medio tv
Gestaltung, Satz und Repro: Schwabenverlag AG, Ostfildern
Druck: GGP Media GmbH, Pößneck
Hergestellt in Deutschland
ISBN 978-3-8436-1413-9

Für Trinidad, Yolanda & Celia

… und mich sollte nicht jammern Ninive, eine so große Stadt, in der mehr als hundertzwanzigtausend Menschen sind, die nicht wissen, was rechts oder links ist, dazu auch viele Tiere?«
Jona 4,11

Mein ganzes Leben lang habe ich gegen Diskriminierung und Ungerechtigkeit gekämpft. … Aber es gibt noch weitere Fragen der Gerechtigkeit, die nicht nur die Menschen, sondern auch die anderen fühlenden Lebewesen auf dieser Erde betreffen. Das Problem des Missbrauchs und der Grausamkeit, die wir anderen Tieren zufügen, muss auf unserer bereits übervollen moralischen Agenda um Aufmerksamkeit kämpfen. […]
Es ist in vielerlei Hinsicht seltsam, dass meine Mitchrist:innen nicht in der Lage waren, die Frage nach unserem Umgang mit den Tieren als eine Frage des Glaubens zu erkennen. Die Tiere sind doch auch Gottes Geschöpfe. Christ:innen glauben, dass die Welt Gottes Schöpfung ist. Es ist eine Art theologischer Dummheit anzunehmen, dass Gott die ganze Welt nur für die Menschen gemacht habe und sich nur für eine der Millionen Spezies interessiere, die Gottes gute Erde bewohnen.«[1]
Desmond Tutu (1931–2021)

Inhalt

Tiere sind Mitgeschöpfe

Jane Goodall

Wenn ich auf die über fünfzig Jahre zurückblicke, die ich mit Schimpansen verbracht habe, bin ich immer wieder von neuem beeindruckt, wie viel wir über Schimpansen gelernt und wie wir durch dieses Wissen wahrgenommen haben, wie sehr sie uns gleichen – oder wir ihnen. Wir haben nicht nur von den Forschungen in Gombe in Tansania gelernt, sondern auch, nach und nach, durch die Feldforschungen anderer Biolog:innen, die Schimpansen in verschiedenen Gebieten ihrer Lebensräume studiert haben. Wissenschaftler:innen, die mit Schimpansen in Gefangenschaft gearbeitet haben, haben mehr und mehr herausgefunden, wie ähnlich ihre Biologie im Vergleich zur unseren ist.

Die DNA von Schimpansen und Menschen unterscheidet sich nur um etwa ein Prozent. Ihr Blut ist so wie unseres, sodass wir eine Bluttransfusion von einem Schimpansen erhalten könnten, wenn die Blutgruppe übereinstimmt. Ihr Immunsystem ist dem unseren so ähnlich, dass sie sich mit allen bekannten ansteckenden Krankheiten infizieren können, die wir Menschen haben. Noch faszinierender für mich ist die Tatsache, dass die Anatomie ihres Gehirns unserer so ähnlich ist – das Hirn eines Schimpansen ist nur ein bisschen kleiner. Es ist also keine Überraschung, dass die intellektuellen Fähigkeiten von Schimpansen unseren menschlichen so ähnlich sind: Sie sind intellektuell zu Dingen fähig, von denen wir dachten, dass nur Menschen dazu in der Lage seien.

Was ich über Schimpansen gelernt habe

Der erste größere Durchbruch, den ich in dieser Hinsicht bei freilebenden Schimpansen machte, war zu sehen, als ein Schimpanse einen Büschel Gras pflückte, um es als Werkzeug zu gebrauchen. Und dann sah ich, wie er weiterging und einen Zweig pflückte, die Blätter davon entfernte und auf diese Weise ein Werkzeug herstellte. Damals dachte man noch, dass nur Menschen Werkzeuge benutzen und herstellen würden; das war geradezu eine Definition des Menschseins: die Fähigkeit des Werkzeuggebrauchs. Als mein Mentor Louis Leakey (1903–1972) von meinen Beobachtungen erfuhr, sagte er: »Jetzt müssen wir den Menschen neu definieren, den Begriff Werkzeug neu definieren oder akzeptieren, dass Schimpansen Menschen sind.«

Wir fanden ebenso heraus, dass es unglaubliche Ähnlichkeiten im Sozialverhalten gibt. Wenn wir uns zum Beispiel anschauen, wie Schimpansen kommunizieren: Sie haben viele verschiedene stimmliche Äußerungen, aber sie kommunizieren auch durch das, was wir Körpersprache nennen können: Küssen, Umarmen, Hände-Halten, Auf-den-Rücken-Klopfen, Stolzieren, Steine-Werfen, Mit-Bündeln-Winken, Lachen. Sie äußern sich auf diese Weise in denselben Kontexten, wie wir es tun. Mein besonderes Interesse hier galt der Kommunikation zwischen Angehörigen derselben Familie. Die Familienbande zwischen Mutter und Kleinkind und zwischen Geschwistern sind beeindruckend stark und können ein Leben lang andauern. Es gibt keine bleibenden Beziehungen zwischen erwachsenen Schimpansenmännern und nicht-verwandten Schimpansenfrauen, aber Schimpansenmänner verhalten sich im Allgemeinen gegenüber den Kleinkindern ihrer Gemeinschaft als Väter. Sie patrouillieren an den Grenzen des Territoriums ihrer Gemeinschaft und schützen die Ressourcen für die Schimpansenfrauen und den Nachwuchs. Die Bindungen zwischen Familienmitgliedern sind so stark, dass ein Kleinkind beim Tod seiner Mutter nahezu unmittelbar von einer älteren Schwester oder einem älteren Bruder adoptiert wird. Ist es alt genug, dass es ohne Muttermilch überleben kann, rettet die ältere Schwester oder der ältere Bruder damit tatsächlich sein Leben. Allerdings sind Schimpansen davon abhängig, die ersten drei Lebensjahre gestillt zu werden. Das ist eine lange Kindheit, während der die Schimpansen-Kleinen durch Beobachten und Ausprobieren lernen, so wie das unsere Kinder tun. Heute wissen wir, dass Schimpansen in den verschiedenen Regionen Afrikas, wo sie studiert wurden, unterschiedliche Gewohnheiten des Werkzeuggebrauchs an den Tag legen und an die Jungen weitergeben. Wir können also von »primitiven Kulturen« sprechen.

Es war ein großer Schock für mich, als ich herausfand, dass Schimpansen zu Gewalt und Brutalität fähig sind. Es gab sogar eine Art von primitivem Krieg, als die Schimpansenmänner einer Gemeinschaft eine andere Gemeinschaft völlig vernichteten mit Ausnahme der erwachsenen jungen Schimpansenfrauen, die sie für sich zu rekrutieren suchten. Und es erschreckte mich wahrzunehmen: Von dieser Gewalt zu erfahren, schien sie uns Menschen noch ähnlicher zu machen, als ich zuvor dachte. Das ist eine traurige, aber wahre Anmerkung. Dennoch müssen wir es uns zu Herzen gehen lassen, dass sie trotz der dunklen Seite, die sie so wie wir haben, ebenso Liebe, Mitgefühl und wirklichen Altruismus zeigen. Wenn wir also tatsächlich bestimmte Neigungen aus unserer eigenen Primaten-Vergangenheit geerbt haben – was wir annehmen, wenn wir die Evolutionstheorie zugrunde legen –, dann gehören auch Liebe, Altruismus und Mitgefühl dazu. Und es scheint mir, dass im Inneren von jeder/m von uns diese beiden Seiten miteinander in Streit liegen und dass es an jeder/m von uns liegt zu kämpfen, die dunkle Seite niederzuhalten und die helle zu entwickeln.

Wenn ich auf die fünfzig Jahre meiner Forschungen zurückschaue, ist es für mich eindeutig, dass wir Menschen nicht die einzigen Wesen mit Persönlichkeit, Verstand und

Gefühlen sind und dass es keine scharfe Trennlinie gibt zwischen uns und dem Rest des *Animal Kingdom* (Tierreichs). In früheren Zeiten haben Menschen das verstanden. In vielen östlichen Philosophien lebt dieses Verständnis fort. Indigene Völker sprechen von Tieren als von Brüdern und Schwestern so wie der heilige Franz von Assisi. Aber wir haben uns in der westlichen Welt von diesem Verständnis entfernt und eine Trennung vorgenommen zwischen »ihnen« und »uns«. Die Schimpansen helfen der Wissenschaft wahrzunehmen, dass es keine wirkliche Trennung gibt und die Trennlinie zwischen uns nicht scharf, sondern sehr verschwommen ist.

Als ich begann, Schimpansen zu studieren, hatte ich keinen akademischen Abschluss welcher Art auch immer. Ich hatte keine Hochschule besucht. Nach einem Jahr Feldforschung gab mir Louis Leakey zu verstehen, dass ich einen Abschluss machen müsste, damit ich auf eigenen Füßen stehen und mein eigenes Geld verdienen könnte. So verschaffte er mir einen Studienplatz an der Cambridge University – aber nicht um einen Bachelor-Abschluss zu machen, sondern ich sollte gleich promovieren. Er sagte zu mir: »Verschwende nicht die Zeit mit einem Bachelor-Abschluss.« Also war ich etwas nervös, als ich nach Cambridge kam, aber zugleich war ich auch gespannt und aufgeregt. Ich wollte Wissenschaft lernen. Und es war ein Schock für mich, von den Professoren gesagt zu bekommen, dass ich alles falsch gemacht hätte. Ich hätte den Schimpansen keine Namen geben dürfen, sondern Nummern, das sei wissenschaftlicher. Und ich sollte nicht darüber sprechen, dass Schimpansen Persönlichkeit besäßen oder Verstand oder gar Gefühle, weil alle diese Attribute einzig uns, den Menschen, zukommen würden.

Zu dieser Zeit benutzten Wissenschaftler:innen Schimpansen im Labor, um eine Vielfalt von Krankheiten zu studieren, die andere Lebewesen, die uns weniger ähnlich sind, nicht bekommen oder womit sie sich nicht infizieren können. Sie untersuchten sogar mentale Störungen bei Schimpansen, um

Menschen mit ähnlichen Erkrankungen helfen zu können. Und doch waren sie ganz und gar nicht bereit zuzugeben, dass es ebenso wie körperliche Ähnlichkeiten auch diese intellektuellen und emotionalen Ähnlichkeiten gab. Und das war der große Kampf, den ich auszufechten hatte, damit anerkannt wurde: Diese Lebewesen verfügen tatsächlich über Persönlichkeit, Verstand und Gefühle.

Als ich nach Cambridge kam, traf ich auf gelehrte Wissenschaftler:innen, und ich wusste nichts über Wissenschaft. Ich weiß nicht, ob ich die Kraft gehabt hätte, mich ihnen entgegenzustellen, wenn es nicht zwei Dinge in meinem Leben gegeben hätte. Erstens: Ich hatte eine weise Mutter. Sie hatte mir beigebracht: Wenn jemand anderer Meinung ist als du, ist das Erste, was du tun musst, zuhören, sehr sorgfältig zuhören. Und dann deine eigene Position im Licht dessen, was du gehört hast, überdenken. Wenn du danach immer noch fühlst, dass du recht hast, zumindest so viel du es erkennen kannst, dann musst du den Mut haben, für deine eigene Überzeugung einzutreten. Zweitens, und das ist der wichtigste Grund: Ich hatte als Kind einen wunderbaren Lehrer, einen Lehrer, der mir beibrachte, dass Tiere auf jeden Fall Persönlichkeit und Verstand, Gefühle und Emotionen haben. Dieser Lehrer war mein Hund Rusty.

Ich denke, dass alle von uns, die ihr Leben in einer bedeutungsvollen Weise mit einem Hund oder einer Katze, einem Kaninchen, Kanarienvogel, Pferd, Esel oder irgendeinem anderen Tier mit einem komplexeren Hirn geteilt haben, wissen, dass Tiere Persönlichkeit, Verstand und Gefühle haben, dass sie es verdienen, Namen zu tragen, dass sie nicht einfach Dinge sind, die es nur zu unserem Vergnügen auf der Welt gibt, um sie zu gebrauchen oder zu missbrauchen, wie es uns gefällt. Und da uns Schimpansen auf so vielerlei Weise ähnlich sind, in ihrer Biologie und in ihrem Verhalten, mental und emotional, war es relativ einfach, am Beispiel der Schimpansen deutlich zu machen, dass sie Lebewesen sind, die einen eigenen Platz in der Natur der Dinge haben. Daher war mein wachsendes Verständnis des Verhaltens von Schimpansen äußerst hilfreich bei meinen Anstrengungen, menschliches Verständnis für die wahre Natur von Tieren zu wecken. Und je mehr wir über eine Vielzahl von Tier-Spezies mit komplexen Hirnen und komplexem Verhalten erfahren haben, umso offensichtlicher wurde es auch für die hartleibigsten Wissenschaftler:innen, dass sie unrecht hatten und dass Tiere eine Bedeutung eigenen Rechts haben. Es gibt immer noch gewissen Widerstand gegen diese Einsicht – meistens von Menschen, die invasive Tierforschung betreiben oder die am Geschäft intensiver landwirtschaftlicher Tiernutzung zur Nahrungsmittelerzeugung beteiligt sind oder an anderen grausamen Praktiken dieser Art.

Trotz der Nähe zwischen Mensch und Schimpanse gibt es Unterschiede

Ich habe die Ähnlichkeiten zwischen Schimpansen und Menschen herausgestellt, aber wir müssen auch über Unterschiede nachdenken. Für mich stellt die explosionsartige Entwicklung des menschlichen Intellekts den Hauptunterschied dar. Ja, es stimmt: Schimpansen können Dinge tun, von denen wir niemals dachten, dass sie sie jemals tun könnten. Sie können sich selbst im Spiegel erkennen. Sie können verallgemeinern und abstrakte Symbole verstehen. Sie können Gebärdensprache erlernen, die Zeichensprache, die von gehörlosen Menschen genutzt wird: Sie können 400 und mehr dieser Gebärden lernen und nutzen, um untereinander und mit ihrem Lehrer zu kommunizieren. Sie können Erstaunliches am Computer tun. Trotzdem: Selbst der hellste Schimpanse kann nicht mit einem durchschnittlichen Menschen verglichen werden, wenn es um die intellektuellen Fähigkeiten geht. Denken Sie daran, was wir alles mit unseren erstaunlichen menschlichen Hirnen erreicht haben: Wir haben Leute auf den Mond geschickt. Wir haben eine Medizintechnologie entwickelt, die Hunderten von Menschen (und Tieren) das Leben gerettet hat. Und denken Sie an unsere Literatur, Kunst und Musik, die veranschaulichen, wozu Menschen intellektuell in der Lage sind. Es ist ziemlich traurig, dass wir unser Hirn auch für weitaus weniger wertvolle Zwecke verwenden, zum Beispiel, um Massenvernichtungswaffen zu erfinden. Aber ich glaube, dass das Gute das Böse überwiegt.

Wodurch hat sich unser Intellekt so stark entwickelt, verglichen mit dem von Schimpansen oder jedem anderen Geschöpf? Ich denke, der Grund liegt darin, dass wir an einem bestimmten Punkt unserer Evolution eine sehr komplexe Sprache entwickelt haben. Ob Englisch oder Deutsch, wenn wir eine Sprache verstehen, können wir miteinander diskutieren. Wir können mit ihr Menschen zusammenbringen, die ein unterschiedliches Verständnis von der Welt um sie herum haben, um ein Problem zu lösen. Und jede Person wird ihre eigene Weisheit einbringen. Mit Sprache können wir unseren Kindern etwas über Dinge beibringen, die nicht anwesend sind, oder über Ereignisse, die nicht gegenwärtig sind. Ich kann Ihnen Geschichten von meiner Arbeit in Gombe erzählen, und Sie können sich dann vorstellen, dass Sie dort wären – und zwar deshalb, weil wir Wörter benutzen können, um Bilder zu malen und Gefühle in denen hervorzurufen, die uns zuhören.

Ist es nicht tragisch, dass wir trotz – oder vielleicht auch wegen – unseres hoch entwickelten Intellekts dabei sind, unseren einzigen Planeten zu zerstören? Menschen überall auf der Welt erörtern, wie wir den Planeten vor den Folgen des Klimawandels bewahren können, der durch verantwortungsloses menschliches Handeln in Gang gesetzt wurde. Heute sehen wir die Zeichen dieses Wandels überall: Es geht um das Überleben von Tierarten, um Millionen Menschen, die in Armut gestürzt werden, um Menschen, die aufgrund von Umweltveränderungen gezwungen werden, aus ihrer Heimat zu flüchten – und um viele andere Folgen.

Wir scheinen Weisheit verloren zu haben, die Weisheit indigener Völker, die Entscheidungen auf der Grundlage der Frage getroffen haben: Was bedeutet diese Entscheidung, die wir heute treffen, für Menschen in der Zukunft? Wir dagegen treffen allzu oft Entscheidungen auf der Grundlage von Fragen wie: Wie betrifft die Entscheidung, die ich heute treffe, mich in der Gegenwart? Oder: Wie berührt sie meine zukünftige politische Karriere? Oder das nächste Treffen der Aktionär:innen in drei Monaten? Diese Art von Kriterien gebrauchen wir – und der gute alte Planet Erde leidet als Folge davon.

Was für eine merkwürdige Mischung wir Menschen sind.

Spiritualität in der Natur

Vieles, was ich über die menschliche Natur denke, entstand aus dem Vergleich menschlichen Verhaltens mit dem der Schimpansen, Geschöpfen, die uns auf so viele Weisen so ähnlich sind, und im Nachdenken darüber, wie wir uns unterscheiden, auf welche Weise wir eine einzigartige Spezies sind. Im Lauf der Zeit stellten sich durch die Forschungsarbeit mehr und mehr Ähnlichkeiten heraus, sodass ich fortwährend darüber nachdachte, was es bedeutet, Mensch zu sein. Was Intellekt oder Gefühlsleben betrifft, wurde ein Merkmal nach dem anderen, das früher als einzigartiges Kennzeichen des Menschen betrachtet wurde, auch bei Schimpansen nachgewiesen (und bei anderen Tieren auch). Viele Leute waren darüber aufgebracht – und versuchten angestrengt nachzuweisen, wie wir uns doch vollständig vom ganzen Rest der Lebewesen unterscheiden.

Etliche Leute, besonders in Religion und Wissenschaft, scheinen ein echtes Bedürfnis nach einem Beweis zu haben, dass wir doch ziemlich anders seien als die anderen Lebewesen. Sie bemühen sich eifrig darum, uns Menschen abzugrenzen, auf ein Podest zu stellen, uns eine einzigartige und privilegierte Stellung auf diesem Planeten zu geben. Und so wie die alten Grenzen, die uns vermeintlich von den anderen Lebewesen trennen, eine nach der anderen gefallen sind, versuchten manche verzweifelt, neue Unterschiede zu finden.

Ist der Umgang mit dem Tod ein solcher Unterschied? Begraben Schimpansen ihre Toten. Nein – aber Elefanten tun es. Trauern Schimpansen? Ja, sie werden depressiv. Tatsächlich kommt es vor, dass ein Schimpansenkind stirbt, wenn die Mutter stirbt, obwohl es fähig ist, von fester Nahrung zu leben. Es scheint so, dass ihre Welt zusammenbricht, wenn sie ihre Mutter verlieren. Dann verlieren sie ihren Lebenswillen, zeigen Anzeichen klinischer Depression und können tatsächlich daran sterben. Das gilt auch für einige andere Lebewesen.

Manche fragten: Und was ist mit der Religion? Die Frage klingt vielleicht ein bisschen komisch. Aber denken Sie über folgendes Phänomen nach: In den Wäldern von Gombe gibt es einige sehr schöne Wasserfälle. Einer davon ist besonders eindrucksvoll. Das Wasser fällt etwa 24 Meter von einem Felsvorsprung. Es ist ein schmaler, schnell fließender Wasserstrom, der über Hunderte von Jahren ein tiefes Wasserbett aus dem Felsen gewaschen hat. Wenn das Wasser herabfällt, verdrängt es die Luft und erzeugt eine Brise. Sie lässt die Farne am Fuß des Wasserfalls und die Weinreben an den Felsen wehen. Je näher man kommt, umso lauter wird das Donnern des fallenden Wassers.

Manchmal, wenn sich eine Gruppe Schimpansen nähert, zeigen sie Anzeichen von Begeisterung: Ihre Haare richten sich auf und, wenn sie dicht herankommen, bewegen sie sich sehr rhythmisch im Wechsel von einem Fuß auf den andern – was für ein Bild! Sie greifen große Felsbrocken aus dem Wasserbett, werfen sie ins Wasser und stampfen mit den Füßen auf. Dieser Tanz dauert etwa zwanzig Minuten. Es kommt vor, dass sie an den Weinreben am Rand des Wasserfalls hinaufklettern und sich selbst in den Wasserfall hineinschwingen. Manchmal sitzen sie dann am Ende auf einem Felsen, und – das können Sie feststellen, wenn Sie das Glück haben, ihre Augen zu sehen – sie betrachten das Wasser. Was ist dieses offensichtlich lebendige Etwas, das immerzu kommt und immerzu geht, aber immer da ist?

Ich habe das Gefühl, dass die Schimpansen etwas erleben, das dem Staunen und der Ehrfurcht sehr ähnlich ist, die ich selbst empfinde, wenn ich ein Wunder der Natur betrachte. Es ist eine Art von Empfindung, die wohl zu den frühen animistischen Religionen geführt hat wie der Verehrung des Wassers, der Sonne – Erscheinungen, die die frühen Menschen nicht besser verstehen konnten als die Schimpansen. Aber weil diese frühen Menschen über Sprache verfügten, konnten sie sich über ihre Empfindungen austauschen, und das könnte zu den frühesten rituellen religiösen Praktiken geführt haben. Wahrscheinlich haben Schimpansen diese Empfindungen, aber sie können nicht über sie sprechen. Sie können einander nachahmen; sie können sich voneinander mit Begeisterung anstecken lassen. Aber das ist etwas anderes. Wenn sie also einen Sinn für Religion haben sollten, dann ist er in ihrem Inneren eingeschlossen.

Haben Schimpansen eine Seele?, so die nächste Frage. Wir können nicht beweisen, dass wir Menschen eine Seele haben. Wahrscheinlich glauben viele Menschen, dass sie eine Seele haben, oder sie hoffen es. All die Monate und Jahre, die ich auf mich allein gestellt in den Wäldern verbracht habe, wo alles Leben miteinander verwoben ist, haben mir ein Gefühl des Staunens und der Zeitlosigkeit geschenkt. Einige der Bäume wuchsen schon dort, als Jesus Christus auf dem Planeten Erde wandelte.

Je mehr ich in Einklang kam mit dieser wundervollen natürlichen Welt, mit ihrem Regen, ihren Stürmen, ihren wunderschönen Seen, den Sonnenauf- und untergängen, empfand ich sehr stark eine große spirituelle Macht, die alles umgibt. Meine Mutter hatte mir und meiner Schwester beigebracht: Wo auch immer in der Welt Menschen geboren würden, verehrten sie einen Gott, und Gott würde unterschiedliche Namen tragen, ob »Allah«, »Tao« oder »Gott«. Sie sagte: »Wisst ihr, es gibt nur einen Gott. Es kann nur einen Gott geben. Welchen Namen auch immer wir Gott geben, es ist derselbe Gott, den wir verehren.« Das lehrte mich meine Mutter, als ich ein Kind war.

Als erwachsene Frau war ich draußen in den Wäldern, umgeben von dieser spirituellen Macht, die ich Gott nenne, und in mir wuchs die Empfindung immer stärker, dass jedes lebendige Ding in diesem wundervollen Wald einen Funken dieser spirituellen Macht in sich trug.

Als Menschen verfügen wir über Sprache und haben einen erstaunlichen Intellekt ausgebildet. Daher fragen wir uns: Wer bin ich? Warum bin ich hier? Was ist der Sinn des Lebens? Indem wir diesen Funken des Göttlichen in uns selbst fühlen, haben wir Menschen das Bedürfnis, ihm einen Namen geben. Wir nennen ihn »Seele« (oder »Geist«). Ich glaube, dass die Schimpansen, und die anderen Tiere auch, diesen Funken des Göttlichen in sich tragen. Sie kümmern sich nicht darum, wie er genannt wird, ob er »Seele« oder anders heißt. Sie kommen damit aus, Teil dieser natürlichen Welt zu sein. Sie stellen sie nicht in Frage. Und wahrscheinlich ist es wahr, dass auch die Bäume und Pflanzen, diese wunderbaren Lebensformen, ebenfalls einen Funken des Göttlichen in sich tragen.

Wenn ich draußen in der Natur bin, im Wald, in den Bergen, in den Landschaften des Flachlands oder auf See, dann verliere ich jedes Gefühl von mir selbst. Das »Ego« ist nicht von Bedeutung, ich kann mich selbst vergessen. Wenn ich mit jemand anderem zusammen bin, werde ich daran erinnert, dass ich ein Mensch bin. Aber wenn ich allein bin, vergesse ich, dass ich ein Mensch bin, und habe eine tiefe Empfindung, mit der Natur eins zu sein. Etwas Ähnliches habe ich in einigen der großen Kathedralen empfunden; aber dieses Gefühl hat mir nicht dieselbe Empfindung der Einheit mit dem Universum gegeben, die ich im Wald gefunden habe.

Tiere haben eine große Bedeutung für Menschen

Es wird höchste Zeit, dass Naturwissenschaftler:innen und Theolog:innen ihre Erkenntnisse über die wahre Natur des Tieres und den Platz des Menschen in der natürlichen Welt zusammentragen. In Deutschland widmet sich das von Rainer Hagencord begründete »Institut für Theologische Zoologie« (www.theologische-zoologie.de) dieser Aufgabe. Ich sehe einen großen Bedarf, unser Wissen über die Tiere auf breiter Basis mit Menschen in Religion und Wissenschaft zu teilen. Natürlich gibt es viele Kontroversen zur Frage »Naturwissenschaft versus Religion«, aber ich selbst habe niemals einen Konflikt zwischen beiden empfunden. Ich habe keine Schwierigkeiten, an die Evolution und an Gott zu glauben; ich hatte sie nie, auch meine Familie nicht. Auch Louis Leakey hatte sie nicht, der mich dazu bewegte, das Verhalten freilebender Schimpansen zu erforschen.

Tiere können uns auf so viele Weisen helfen, und wir beginnen erst zu verstehen, von welch großem Wert sie für uns sind. Sie können kranken und alten Menschen helfen. Man kann beobachten, wie sich Menschen verändern, wenn sie einem Tier begegnen. Wenn ein Hund im Raum ist, ändert sich die Atmosphäre. Einmal lud ich einen Freund zu den Vereinten Nationen ein, als ich dort einen Vortrag hielt. Natürlich brachte er seinen Blindenhund zu der Zusammenkunft mit – und jede:r begann zu lächeln. Autistische Kinder können lesen lernen, indem sie mit einem Hund sprechen. Sie glauben, dass der Hund sie verstehen kann, und so lernen sie Lesen viel besser als durch andere Methoden. Der Grund: Den Hund kümmert es nicht, wenn sie einen Fehler machen. Hunde können mit ihrem Geruchssinn für uns Landminen und Drogen aufspüren. Sie und andere Tiere helfen uns auf so viele Weisen.

Und jetzt ist es Zeit, dass wir den Tieren helfen. Tiere leiden, ob sie in der Intensivtierhaltung oder auf Pelzfarmen gehalten, ob sie als Haustiere misshandelt oder als Zirkustiere einem grausamen Training unterzogen werden. Wir zerstören ihre natürlichen Lebensräume in der Wildnis. Es würde etliche Seiten umfassen, all die Grausamkeiten aufzuzählen, die wir Menschen Tieren antun. Aber es würde auch viele Seiten einnehmen, von den großartigen Menschen zu berichten, die Tieren helfen.

Am Ende meiner Überlegungen möchte ich eine Geschichte von einem Schimpansen erzählen, der in Afrika geboren wurde. Seine Mutter wurde erschossen, als er etwa anderthalb Jahre alt war. Anders lässt sich ein Schimpansen-Baby gar nicht aus der Wildnis nehmen, wenn nicht seine Mutter dabei getötet wird; denn Schimpansenmütter sind überaus beschützend. Der kleine Schimpanse wurde in ein medizinisches Forschungslabor in die Vereinigten Staaten verbracht und in einen Käfig gesperrt, der etwa einen Grundriss von 1,5 mal 1,5 Metern und eine Höhe von 2 Metern hatte.

Obwohl er sehr jung war, als er eintraf, nannte man ihn »Old Man« (alter Mann). Denn wenn Schimpansenkinder depressiv sind, ducken sie sich, ihre Augen stehen stumpf und leer in ihren gezeichneten Gesichtern – so dass sie alt aussehen. Der Schimpanse verbrachte etwa zwanzig Jahre in diesem Laboratorium. Und dann gehörte er zu denen, die Glück hatten: Man brauchte ihn nicht mehr für die Experimente, die sie bislang mit ihm durchgeführt hatten. Am Ende stellte das Laboratorium fest, dass Schimpansen nicht sonderlich nützlich waren für die Forschungen, die sie betrieben. Ihr Organismus ist unserem ähnlich, aber er ist eben nicht derselbe. »Old Man« wurde freigelassen und in einen Zoo auf einer künstlich angelegten Insel gebracht, dort waren mit ihm noch drei Schimpansenfrauen, zwei aus Laboratorien und eine aus einem Zirkus. Die Insel war von einem Wassergraben umgeben, denn Schimpansen können nicht schwimmen.

Ein junger Mann, Marc Cusano, war angestellt, um nach den Schimpansen zu sehen. Man hatte ihm gesagt: »Nähere dich ihnen nicht. Sie hassen Menschen, sie sind bösartig, sie sind stärker als du, und sie können dich töten!« Marc fütterte sie von einem kleinen Boot aus, indem er die Nahrung auf die Insel warf. Er begann, die Schimpansen zu beobachten. Ein Baby wurde geboren, »Old Man« wurde Vater. Und Marc konnte sehen, wie »Old Man« dieses Kind, ein Schimpansenmädchen, liebte, sein Essen mit ihr teilte, sie tragen wollte und versuchte, sie gegen tatsächliche und vorgestellte Gefahren zu verteidigen. Marc sah auch, wie diese Schimpansen, wenn er sich mit Nahrung näherte, einander voll Freude küssten und umarmten, bevor sie einen Bissen nahmen. So begann er nachzudenken: »Wie kann ich für diese erstaunlichen Wesen sorgen, wenn ich nicht eine Art von Beziehung zu ihnen habe?« Und jeden Tag kam er ihnen etwas näher.

An einem Tag streckte er seine Hand mit einer Banane aus und »Old Man« griff nach ihr. Marc erzählte mir: »Jane, jetzt weiß ich, wie du dich gefühlt hast, als David Greybeard (das ist der erste Schimpanse, der seine Furcht vor mir verloren hatte) das erste Mal eine Banane von dir angenommen hat.«

Eines Tages wagte Marc, die Insel zu betreten – und nichts geschah. Niemand verletzte ihn. »Old Man« schien recht freundlich. Also wagte Marc es eines Tages, zu ihm zu gehen und sein Fell zu kraulen. (Schimpansen verbringen Stunden damit, wechselseitig ihr Fell zu pflegen, das ist für ihr soziales Miteinander von großer Bedeutung). Und eines Tages erwiderte »Old Man« die Gesten. Schließlich traute sich Marc, ihn im Nacken zu kitzeln, und »Old Man« lachte. Sie waren Freunde geworden.

Die Schimpansenfrauen hielten Abstand, aber sie haben Marc niemals angegriffen und verletzt – bis zu einem schicksalhaften Tag. Es regnete und Marc rutschte aus, fiel flach mit dem Gesicht zu Boden und erschreckte das Schimpansenmädchen, das in der Nähe war. Sie begann zu schreien, und die Mutter reagierte, wie es Schimpansenmütter tun – sie kam herbeigerannt in der Annahme, Marc habe ihr Kind verletzt, und biss ihn tief in den Nacken. Die beiden anderen Schimpansenfrauen kamen ebenfalls herbei, um ihrer Freundin zu helfen. Eine bis in Marcs Handgelenk, die andere in sein Bein. Marc fühlte, wie sein Blut an ihm herabfloss. Er lag immer noch regungslos auf dem Boden und schaute auf, wie er sich in Sicherheit bringen könnte. Da sah er »Old Man« herankommen, mit aufgestellten Haaren, einem finsteren Blick und zusammengekniffenen Lippen. Er dachte: »Er meint, dass ich sein Kind verletzt habe«, und machte sich bereit zu sterben.

Aber was geschah? »Old Man« zog jede dieser Frauen von Marc weg und hielt sie, schreiend und aufgebracht, wie sie waren, auf Abstand, während Marc sich selbst zum Boot schleppte und in Sicherheit brachte. Ich traf Marc einige Wochen nach dem Vorfall, als er aus dem Krankenhaus entlassen wurde, und er sagte: »Jane, es gibt keinen Zweifel: ›Old Man‹ hat mir das Leben gerettet!«

Für mich ist das eine sehr symbolische Geschichte. Wenn ein Schimpanse, ja, ein Schimpanse, der von Menschen furchtbaren Missbrauch erfahren hat, einem menschlichen Freund in Zeiten der Not zu Hilfe kommen kann, dann können wir Menschen mit unserer größeren Fähigkeit, mitzufühlen und zu verstehen, dasselbe auch für Tiere in Zeiten ihrer Not tun. Diese Botschaft müssen wir den religiösen Gemeinschaften ebenso vermitteln wie den Naturwissenschaftler:innen, so dass wir uns zusammenschließen und unsere gottgegebenen Hirne nutzen und die Herzen der Menschen erreichen. Wir müssen es versuchen und eine Veränderung bewirken. Nicht nur um der Tiere willen, sondern auch für unsere eigenen Kinder und für die Generationen, die noch kommen werden.[2]

Dr. Jane Goodall ist Verhaltensforscherin, Umweltaktivistin und UN-Friedensbotschafterin. Zum Schutz der Primaten gründete sie rund um den Globus das Jane-Goodall-Institute und hält als Umweltaktivistin Vorträge auf der ganzen Welt.

Die Tiere von Ninive –
Zur Einführung

Im Jahr 1822 veröffentlichte der württembergische Pfarrer Christian Adam Dann ein Manifest zum Schutz der Tiere. Die Schrift erschien anonym unter dem Titel: »Bitte der armen Thiere, der unvernünftigen Geschöpfe, an ihre vernünftigen Mitgeschöpfe und Herrn, die Menschen«.[3]

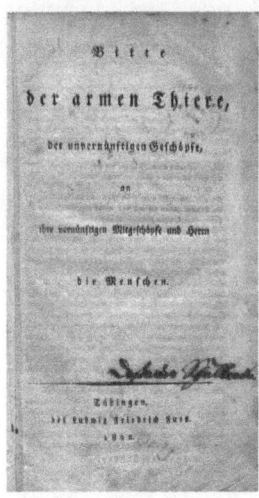

Auslöser dieser Tierschutzschrift war der »Mössinger Storchenmord«. In Mössingen, wo Dann Gemeindepfarrer war, hatte auf der Kirche ein Storchenpaar genistet. Ihr Erscheinen erregte, so Dann, »angenehme Gefühle«. Das Zutrauen der Störche »hat etwas für unser Herz Ansprechendes und Wohlthuendes«.[4]

Einige Wochen nach der Geburt von drei jungen Störchen hatte aber eines der Storcheneltern »durch einen Schuß eine tödtliche Wunde erhalten.«[5] Dann ist empört und schreibt:

»Wer du nun und wo auch seyn magst, der du dieß gethan hast, ich kenne dich nicht und möchte dich auch
nicht kennen lernen ... Gott kennet dich, der Gott, der
seine Sonne scheinen läßt über Gute und Böse ... dem
auch das Winseln, die Angst und die Todesschmerzen
des von dir gemordeten unschuldigen Geschöpfs nicht
unbekannt geblieben sind. Bedenke wohl, daß sein
Schöpfer auch der Deinige ist, und du durch deine unbesonnene Mißhandlung eines seiner Geschöpfe Ihn
selbst beleidigt hast.«[6]

Ausgehend vom Erlebnis des Storchenmords wendet sich
Dann mit einer langen Liste von Beispielen gegen weitere
Formen der Tierquälerei: »Muthwillige Kinder, und darunter
noch ganz kleine, die erst zu gehen anfangen«[7], aber doch
schon mit Steinen nach Vögeln werfen, geraten in den Blick,
aber auch gewaltsames Verhalten gegenüber Nutztieren sowie das Leiden der Tiere beim Transport zum Schlachter.

Dann ist überzeugt, dass die biblischen Verheißungen von
Erlösung und Befreiung auch den Tieren gelten: »Dort, in dem
Lande der edelsten Freiheit zeigen sich keine Sclavenkerker,
keine rasselnden Ketten, keine Folterbänke und Marterstätten
für Menschen und Thiere ... So werde also nicht nur ich an der
neuen Schöpfung Antheil haben, sondern auch neben mir unzählige Geschöpfe. Nicht nur meine Klagen und Seufzer werden in frohe Jubel verwandelt werden, sondern auch die üb-
rige Kreatur wird zu einer vergnüglichen Freiheit gelangen.«[8]

In seiner Schrift betont der ganz im württembergischen
Pietismus verwurzelte Pfarrer sowohl die Unterschiede als
auch die Gemeinsamkeiten zwischen Menschen und Tieren:
Über Vernunft, das stellt Dann schon im Titel heraus, verfüge
nur der Mensch, dem darum die Herrschaft über die Tiere zu-
komme. Doch auch die Tiere seien Geschöpfe Gottes und Mitgeschöpfe des Menschen: »Sein Schöpfer ist auch der Deinige.« Und wie der Mensch seien die Tiere als »stumme und

doch empfindende Geschöpfe« fähig zu leiden. Danns Appell, den er als »Bitte der armen Thiere« die Tiere selbst vortragen lässt: »Macht unser meist kurzes, mühevolles Leben erträglich und unsern Tod so kurz und so leicht wie möglich.«[9]

Unmittelbar nach Danns Tod griff ein Freund und Kollege die Impulse Danns auf und gründete im Jahr 1837 in Stuttgart den ersten Tierschutzverein in Deutschland. Gleichzeitig wurde zur Gründung weiterer Tierschutzvereine aufgerufen. Mit seiner Tierschutzschrift und den damit verbundenen Vereinsgründungen gilt Dann als Vater der Tierschutzbewegung in Deutschland.

Es ist bemerkenswert: Ausnahmslos alle von Dann aufgeworfenen Fragen werden auch heute noch diskutiert. Ist nur der Mensch mit Vernunft begabt? Können Tiere leiden? Und welche ethische Bedeutung hat das? Welche Unterschiede und welche Gemeinsamkeiten gibt es zwischen Mensch und Tier? Ist der Mensch zur Herrschaft über die Tiere bestimmt?

Sind Unterdrückung und Befreiung der Tiere mit anderen Formen von Unterdrückung und Befreiung vergleichbar, etwa mit der »Sclaverei«? Reicht der Anspruch des Tierschutzes, das »meist kurze und mühevolle« Leben der Tiere »erträglich« und ihren Tod »so kurz und so leicht wie möglich« zu machen, heute noch aus? Oder darf es ein bisschen mehr sein? Haben Tiere vielleicht weitergehende Rechte? Ist es überhaupt möglich, Tieren unter den Bedingungen der industriellen Tierhaltung ein erträgliches Leben zu ermöglichen?

Wird durch die »unbesonnene Mißhandlung eines seiner Geschöpfe« Gott selbst »beleidigt«? Welche ethischen, aber auch welche theologischen Fragen stellen sich also im Umgang des Menschen mit den Tieren? Haben die Tiere »Antheil« am biblisch verheißenen Reich des Friedens und an der neuen Schöpfung? Was bedeutet es, von Mitgeschöpflichkeit bzw. von den Tieren als unseren Mitgeschöpfen zu sprechen?

Und schließlich: Wie können Standards für ein gutes Leben der Tiere garantiert werden? Welche Rolle spielen dabei Organisationen der Zivilgesellschaft? Und welchen Ordnungsrahmen muss der Staat setzen?

Mit diesen und weiteren Fragen beschäftigt sich das vorliegende Buch. Dabei kommen biblisch-theologische, philosophische, naturwissenschaftliche, ethische und politische Perspektiven miteinander ins Gespräch, um die Felder des Mensch-Tier-Verhältnisses zu bearbeiten, die auch 200 Jahre nach Danns »Bitte der armen Thiere« relevant und zum Teil weiterhin umstritten sind.

»Wer du nun und wo auch seyn magst, der du dieß gethan hast …«: Anders als in Danns Schrift liegt mein Interesse weniger auf der »unbesonnenen Mißhandlung« von Tieren durch einzelne. »Quäle nie ein Tier zum Scherz, denn es fühlt wie du den Schmerz.« Natürlich ist es wichtig, dass wir das respektvolle Verhalten im direkten Umgang mit den Tieren weiter kultivieren.

Zugleich muss diese Form der Individualethik aber auch Ausgangspunkt einer Sozialethik sein, die nach unserem gesamtgesellschaftlichen Umgang mit den Tieren fragt. Die Aufmerksamkeit einer politischen Theologie und einer politischen Ethik richtet sich entsprechend auf Strukturen, Rahmenbedingungen, sozio-kulturelle Voraussetzungen und politisch-ökonomische Zusammenhänge.

Insbesondere im Bereich der Nutztierhaltung ist der wirtschaftliche Druck immens. Die politisch gewollte Dynamik des »Wachsens oder Weichens« hat in den vergangenen Jahrzehnten dazu geführt, dass viele kleinere Tierhaltungen aufgegeben werden mussten (so auch in meiner Familie). Andere haben sich mit Stallerweiterungen und Neubauten enorm verschuldet. Die Spielräume der Betriebe sind oft begrenzt, betriebswirtschaftliche Zwänge stark, gesellschaftliche Erwartungen hoch. Nötig ist eine politische Debatte über die Zukunft der Nutztierhaltung ohne persönliche Schuldzuweisungen.

DIE TIERE VON NINIVE – ZUR EINFÜHRUNG

Meine eigenen Selbstverständlichkeiten im Umgang mit den Tieren sind erst vor einigen Jahren in Bewegung geraten. Bis dahin hatte ich mir über unser kulturelles und auch über mein persönliches Verhältnis zu den Tieren nur selten Gedanken gemacht.

Ich bin ganz normal groß geworden. »Ganz normal« bedeutete seinerzeit in Nordhessen: mit »Ahler Wurscht«. Die »Ahle Wurscht« ist eine nordhessische Spezialität aus Schweinefleisch, die traditionell in Hausschlachtung hergestellt wird. Die meisten Menschen in Nordhessen müssen vielleicht nicht jeden Tag ein Stück essen. Aber viele werden doch unruhig, wenn im Keller keine Wurscht mehr hängt. Ganz normal aufwachsen bedeutet in Nordhessen auch: mit Mett-Brötchen (»Gehacktes« heißt es hier). Dabei wird das Schwein, das morgens noch atmete, am Abend als gehacktes rohes Fleisch auf einem Brötchen serviert – mit Zwiebeln und Senf und am besten mit Bier.

Als Kind habe ich mir immer einen Hund gewünscht. Das Ergebnis komplizierter Verhandlungen mit meinen Eltern war aber stets »nur« ein Kanarienvogel oder ein Goldfisch. Wenn der kleine gelbe Vogel eines Morgens starr auf dem Boden des Käfigs lag, durfte ich ihn unter den Tannen hinter der Garage in einem Schuhkarton beerdigen. Der hölzerne Grabstein, mit haltbarem Filzstift beschriftet, angelehnt an das Fallrohr der Regenrinne, steht immer noch dort! Nach 40 Jahren ist das Holz verwittert und die Schrift längst verblasst, aber die hölzerne Gedenktafel für meine tierlichen Freunde hat in seiner ökologischen Nische mehrere Gartenumgestaltungen unbeschadet überstanden.

Ganz normal in Nordhessen aufzuwachsen bedeutete also auch, die grundlegende Unterscheidung zwischen »Nutztieren« und »Haustieren« zu erlernen. Dieser Lernstoff braucht an keinem Ort der Welt Schulen und Lehrpläne, auch wenn die Zuschreibungen je nach Kontext und Kultur durchaus unterschiedlich ausfallen können. Diesen Inhalt übernehmen die meisten intuitiv als – vermeintlich – ganz normal und natürlich: Die einen werden umsorgt und geliebt, die anderen kommen auf den Teller.

Das war schon immer so. So ist das eben. Wenn ein Kind doch einmal fragend den Zusammenhang zwischen dem Stück Fleisch an der Gabel und einem lebenden Tier herzustellen vermag, wird es in der Regel kurz »abgespeist«: Ist doch nur ein Tier. War auch schon sehr alt. Wäre sowieso bald gestorben.

Trotzdem glaube ich, dass uns die Liebe und Sorge um Kanarienvögel und Goldfische in einem grundlegenden Respekt vor dem Leben aller Tiere schulen können. Und ohne die Zucht und Haltung von Haustieren zu idealisieren[10] meine ich, dass unsere Erfahrungen mit den Tieren, die wir kulturell als »Haustiere« ansehen und behandeln, eine wertvolle Grundlage sein können, um einen neuen Blick auf unseren Umgang mit jenen Tieren zu werfen, die wir in unserer Kultur als »Nutztiere« betrachten.

Denn wenn wir unsere Hunde und Katzen als Tiere mit Gefühlen, Intelligenz und Persönlichkeit erleben, dann haben Schweine und Kühe ja vielleicht auch Gefühle, Intelligenz und Persönlichkeit, oder? Was bedeutet das dann aber für Zucht, Haltung, Transport und Schlachtung dieser Tiere?

Mein Nachdenken über unseren Umgang mit den Tieren wurde dadurch ausgelöst, dass ich als Studienleiter an der Evangelischen Akademie Hofgeismar begonnen habe, mich mit Fragen der so genannten Nutztierhaltung zu beschäftigen. In den politischen Debatten um konventionelle und ökologische Tierhaltung ist mir bald deutlich geworden, dass mit den Fragen nach Platz, Futter, Beschäftigungsmaterial, Auslauf und »Leistung« der Tiere immer auch eine tiefergehende und grundlegendere Frage berührt wird: Wer oder was sind diese Tiere für uns eigentlich? Ware und/oder Mitgeschöpf?

Ressource und/oder Lebewesen? Und wie verstehen wir uns selbst im Gegenüber zu den Tieren?

Bei der theologischen Spurensuche nach dem Mensch-Tier-Verhältnis bin ich auf das *Institut für Theologische Zoologie (ITZ)* in Münster gestoßen, das im Jahr 2009 von dem katholischen Theologen und Biologen Rainer Hagencord und dem inzwischen verstorbenen Kapuziner Anton Rotzetter gegründet wurde.

»Was ist der Mensch?«, fragt die theologische Anthropologie. »Was ist das Tier?«, lautet dementsprechend die Frage der theologischen Zoologie, die an einer theologischen Würdigung der Tiere und damit an einer Überwindung der Tiervergessenheit der Theologie arbeitet. In interdisziplinärer und interreligiöser Perspektive argumentiert die Theologische Zoologie für eine neue Sicht der Tiere, setzt sich für eine Spiritualität der Mitgeschöpflichkeit ein und bringt sich als öffentliche Theologie in den politischen Diskurs ein.

Der Tiervergessenheit der Theologie steht vor allem in der Hebräischen Bibel eine ausgeprägte Tierverbundenheit gegenüber. Es gibt kaum eine Seite in der Bibel, auf der keine Tiere erwähnt werden. Theologisch werden die Tiere als Mitgeschöpfe in einen engen Lebenszusammenhang mit den Menschen gestellt.

Eine einheitliche biblische Sicht der Tiere gibt es allerdings nicht. Das Verhältnis zwischen Mensch und Tier wird in der Bibel nicht idealisiert. Neben Nähe und Gefährtenschaft wird auch von Bedrohung durch wilde Tiere und Feindschaft zwischen Mensch und Tier erzählt. Überliefert ist der Traum vom Frieden zwischen Mensch und Tier, aber auch der Traum eines friedlichen Lebens ohne Tiere. So arbeitet die Theologische Zoologie einerseits an der Wiederentdeckung der tierfreundlichen Traditionen der Bibel und andererseits an einer Kritik der Vorstellungen despotischer Herrschaft des Menschen über die Tiere.

Seit einigen Jahren bin ich Mitglied im Kuratorium des Instituts für Theologische Zoologie. In dieser Zeit habe ich viel über die Tiere und über das Mensch-Tier-Verhältnis gelernt – aus theologischer, philosophischer, biologischer, ethischer und politischer Perspektive. Mit diesem Buch möchte ich versuchen, die zentralen Einsichten und Anliegen der Theologischen Zoologie kurz und verständlich darzustellen.

Die Kapitel des Buches sind in Form von Schlagworten alphabetisch geordnet. Als Leser:in können Sie das Buch also von vorne bis hinten lesen – oder je nach Interesse und anhand der Verweise im Text von Thema zu Thema springen. Die Stichworte eignen sich überdies – gewissermaßen als kleines Lexikon der Theologischen Zoologie – zum Nachschlagen und Nachlesen.

Der Fokus des Buches liegt auf den direkten Ansprüchen, welche die Tiere als Lebewesen und Mitgeschöpfe an uns stellen. Wie wir mit den Tieren umgehen, ist eine Frage der Gerechtigkeit. Wie werden wir den Tieren und ihren Rechten, Bedürfnissen und Interessen gerecht? Wie überwinden wir die Gewalt und das Unrecht, das Tiere in unserer Gesellschaft erleiden? Wenn wir Tiere als lebendige Wesen und nicht als »Sachen« ansehen und behandeln – was bedeutet dann Gerechtigkeit gegenüber Tieren?

Die sozialen und ökologischen Fragen, die mit der Haltung von Tieren ebenfalls verbunden sind, können hier nur am Rand gestreift werden. Um nur einige zu nennen: Die entwicklungspolitischen Folgen der Futtermittelimporte und Fleischexporte, die Arbeitsbedingungen in den Schlachthöfen, das als Strukturwandel bezeichnete Sterben der bäuerlichen Landwirtschaft, die ökologischen Folgen des Sojaanbaus und der Überdüngung, die Klimawirkungen der Nutztierhaltung.

Der Schwerpunkt meines Nachdenkens über das Mensch-Tier-Verhältnis findet vor dem Hintergrund der »Nutztierhaltung« statt. Die Haltung von Tieren zum Zweck der Gewinnung von Fleisch, Milch und Eiern bedeutet rein zahlenmäßig den größten Bereich, in dem Menschen systematisch, massiv und gewaltsam in das Leben von Tieren eingreifen. So werden in Deutschland jährlich 700 Millionen »Nutztiere« im Zusammenhang der Gewinnung von Fleisch, Milch und Eiern getötet. In globalem Maßstab wird die Zahl der jährlich getöteten Nutztiere auf 60 Milliarden Säugetiere und Vögel geschätzt. Dazu kommen jedes Jahr weltweit ein bis drei Billionen Wassertiere aus Fischerei und Aquakultur.

Gleichwohl lassen sich die Normen, Werte und Kriterien, die sich aus dem Nachdenken über die Nutztierhaltung ergeben, auch auf andere Felder des Mensch-Tier-Verhältnisses wie Tierversuche, Zirkus, Zoo, Jagd, Sport und Haustiere übertragen.

Das »Tierthema« ist emotional aufgeladen und wird kontrovers diskutiert, denn es geht um unsere Identität, um unsere Grundüberzeugungen und Spiritualität. Alle sind beteiligt, denn auf die eine oder andere Weise haben alle Erfahrungen mit Tieren. Es geht aber nicht nur um unsere persönlichen Haltungen, sondern auch um Gesellschaft, Politik und Ökonomie.

In Deutschland und weltweit wird großes Geld mit der industriellen Haltung von Tieren verdient. Allein auf dem europäischen Milchmarkt werden Milliarden umgesetzt. Mit der Frage nach unserem Verhältnis zu den Tieren betreten wir also nicht nur das Feld persönlich-ethischer Entscheidungen, sondern auch einen Bereich starker und gut organisierter politisch-wirtschaftlicher Lobbyinteressen. In die Aufrechterhaltung des für einige profitablen Status Quo wird zum Nachteil der Tiere sehr viel investiert.

In biblischer Perspektive sind Tiere Geschöpfe Gottes und Gottes Bündnispartner. Zum utopischen Überschuss der Bibel gehört, darauf hat schon Christian Adam Dann 1822 in der »Bitte der armen Thiere« hingewiesen, dass auch den Tieren die Verheißungen des Friedens und die befreiende Botschaft des Evangeliums gelten. Der Schöpfer allen Lebens nimmt Anteil am Ergehen seiner Geschöpfe und sorgt für Bewahrung und Bergung allen Lebens.

Bei der theologischen und ethischen Spurensuche war auch Dann bereits auf die Geschichte des *Propheten Jona* gestoßen. Im biblischen Buch Jona wird erzählt, wie der Prophet von Gott nach Ninive entsandt wird, um die Menschen dort zur Abkehr von ihrer »Bosheit« (Jona 1,1) zu bewegen. Doch Jona will sich diesem Auftrag entziehen und flieht auf einem Schiff nach Tarsis. Als sich ein Sturm erhebt, wird Jona von den Seeleuten ins Meer geworfen und von einem großen Fisch verschlungen.

Kann Jona durch das Auge des Fisches die Vielfalt und Schönheit des Lebens unter Wasser betrachten, wie es in einem jüdischen Midrasch heißt? Verbindet ihn die überraschende Erfahrung mit einem Tier neu mit den Wundern der Schöpfung? Beginnt er hier zu lernen, die Welt mit den Augen der Tiere zu sehen?

Nachdem der Fisch ihn wieder an Land gespuckt hat, wiederholt Gott seinen Auftrag und Jona fügt sich. In Ninive ruft der König nach Jonas erstaunlich kurzer Predigt (»Es sind noch vierzig Tage, so wird Ninive untergehen.«) umgehend ein Fasten aus, an dem sich, und das ist bemerkenswert, auch die Tiere beteiligen sollen:

> »Es sollen weder Mensch noch Vieh, weder Rinder noch
> Schafe etwas zu sich nehmen, und man soll sie nicht
> weiden noch Wasser trinken lassen; und sie sollen sich
> in den Sack hüllen, Menschen und Vieh, und heftig zu
> Gott rufen.«
> *(Jona 3,7–8)*

Gott sieht die Umkehr der Menschen und beschließt, Ninive nicht untergehen zu lassen. Es ist eben diese göttliche Sinnesänderung, die Jona zornig macht. Er ärgert sich über dieses aus seiner Sicht unnötige Übermaß göttlichen Mitgefühls. Es ist als Vorwurf gemeint, wenn Jona sagt: »Denn ich wusste, dass du gnädig, barmherzig, langmütig und von großer Güte bist.« (Jona 4,2)

Missmutig marschiert Jona aus der Stadt hinaus, um von dort zu beobachten, was nun geschehen wird. Da lässt Gott einen Rizinus wachsen, der Jona Schatten spendet. Jona freut sich sehr! Am nächsten Morgen aber lässt Gott einen Wurm kommen, der den Rizinus sticht, sodass dieser verdorrt. Erneut wird Jona zornig – und genau das war Gottes Plan. So endet die Jonaerzählung mit Gottes Frage:

> »Dich jammert der Rizinus ... und mich sollte nicht jammern Ninive, eine so große Stadt, in der mehr als hundertzwanzigtausend Menschen sind, die nicht wissen, was rechts oder links ist, dazu auch viele Tiere?«
> *(Jona 4,10–11)*

Erzählerisch sind die Tiere in dieser Geschichte unverzichtbar. Der ganz große Fisch und der ganz kleine Wurm sorgen für überraschende und spannende Wendungen. Aber auch in theologisch-ethischer Hinsicht sind die Tiere unverzichtbar. Offenbar zählen die Tiere so umfassend und selbstverständlich zur Gemeinschaft des Lebens, dass auch sie mit ihrer Beteiligung am allgemeinen Fasten einen Beitrag zur Rettung der Stadt leisten sollen.

Aber mehr als dies: Die Tiere zählen auch in Gottes Augen. Seine Barmherzigkeit und Freundlichkeit umschließen alle Geschöpfe. Gottes Jammer gilt auch den Tieren von Ninive.

Anthropologische Differenz
Mensch, Macht und Moral

Hat der Mensch eine Sonderrolle, die ihn besonders auszeichnet und aus dem Gesamtzusammenhang aller Lebewesen hervorhebt? Gibt es eine »anthropologische Differenz«, die den Menschen vom Tier grundsätzlich unterscheidet? In der Geschichte der Philosophie wurden unterschiedliche Aspekte als exklusiv menschlich beschrieben. In vielen philosophischen Entwürfen galten Vernunft und Intellekt als exklusiv menschlich, in anderen die Seele (→ Seele). Immanuel Kant sah in Vernunft und Moralfähigkeit den entscheidenden Unterschied zwischen Mensch und Tier (→ Anthropozentrismus).

Auch Sprache und Kultur wurden als Alleinstellungsmerkmale der Spezies Mensch verstanden. In der theologischen Tradition wurde die Sonderstellung des Menschen mit der Vorstellung von der Gottesebenbildlichkeit nur des Menschen und dem Herrschaftsauftrag (→ Herrschaft) begründet. Die Behauptung eines menschlichen Alleinstellungsmerkmals wurde in der Regel als Argument verwendet, um die Tiere aus der Sphäre der Moral auszuschließen (→ Tierrechte und → Speziezismus).

In seinem Werk »Die Abstammung des Menschen« stellte Charles Darwin hingegen bereits 1871 fest: »So groß nun auch nichtsdestoweniger die Verschiedenheit an Geist zwischen dem Menschen und den höheren Tieren sein mag, so ist sie doch sicher nur eine Verschiedenheit des Grads und nicht der Art.«[11]

Man könnte annehmen, dass damit zur Frage einer möglichen Sonderrolle des Menschen alles gesagt ist. In evolutionärer Perspektive ist der Mensch eine Spezies unter anderen Spezies, eine Spielart des Lebens unter anderen. Wie alle anderen Tiere hat sich auch der Mensch im Laufe der Evolution zu dem entwickelt, was er heute ist (→ Evolution).

Das Evolutionsparadigma überwindet jede Vorstellung, in der Menschen kategorial allen anderen Arten gegenüberstehen könnten. Über Sonderausstattungen und einzigartige Fähigkeiten verfügen viele Arten. Alle Spezies sind speziell.

Den klugen Schimpansen sind die Menschen an Intelligenz sicherlich um ein Vielfaches überlegen. Und doch trennt die Vernunft den Menschen nicht grundsätzlich vom ebenfalls vernunftbegabten Affen. Die Unterschiede sind eben graduell, nicht kategorial. Auch die Vernunft ist ein Ergebnis der Evolution. Die Evolution läuft nicht auf den Menschen zu. Der Mensch ist nicht das Ziel der Evolution.

Der Theologe Michael Rosenberger zieht im Anschluss an Darwin folgendes Fazit: »Es gibt nicht den einen Unterschied, die eine Fähigkeit, die prinzipiell nur der Mensch hätte. Wohl aber gibt es viele Fähigkeiten, die kein Tier außer dem Menschen in dieser Komplexität besitzt. Der Unterschied zwischen Mensch und Tier ist biologisch betrachtet nicht prinzipiell, sondern graduell.«[12]

Auch wenn es ontologisch-essentiell also keine anthropologische bzw. anthropologisch-zoologische Differenz gibt und auch nicht geben kann, eben weil die Unterscheidung zwischen Mensch (*anthropos*) und Tier (*zoon*) über keine naturwissenschaftlich-evolutionsbiologische Grundlage verfügt, so lässt sich de facto gleichwohl eine Sonderstellung des Menschen feststellen. Diese nicht wesensmäßige, sondern faktische Sonderrolle ist sogar unübersehbar: Sie besteht in der ungeheuren Machtfülle des Menschen.

»Die Menschheit hat sich die Erde tatsächlich untertan gemacht«[13], schreibt Yuval Noah Harari in »Eine kurze Geschichte der Menschheit«. Wie aber ist es zu dieser faktischen

Sonderstellung des Menschen gekommen? Wie ist es dazu gekommen, dass eine Art tatsächlich alle anderen Arten dominiert, was sich als Domestizierung, Ausrottung oder Zuweisung von Reservaten ausdrücken kann?

Harari fasst den Aufstieg der Spezies Mensch so zusammen: Noch vor 70.000 Jahren ein unbedeutendes Tier, stieg der *homo sapiens* zum Herrscher über die ganze Erde auf und zum »Schrecken des Ökosystems«. Dabei brachten die Machtgewinne der Gattung Mensch immer wieder keine Verbesserung für den einzelnen Menschen, aber ungeheures Leiden für die anderen Lebewesen der Erde.[14]

Ist die Sprache das Erfolgsgeheimnis des Menschen? War es die Sprache, die dem Menschen nahezu absolute Macht über alle anderen Spezies verliehen hat? Was aber ist neu und besonders an der menschlichen Sprache? Viele Tiere haben Sprachen, auch wenn wir das meiste gar nicht wahrnehmen oder verstehen können. Was sehen, hören und verstehen wir mit unseren eingeschränkten Sinnen überhaupt? Das Lachen der Ratten (→ Verhaltensbiologie) und der Gesang der Wale bleiben der allgemeinen menschlichen Wahrnehmung entzogen.

Harari sieht in der Fähigkeit des Menschen zur »fiktiven Sprache« den entscheidenden Unterschied: Wir können uns über Dinge austauschen, die es gar nicht gibt. Mehr noch: Wir können uns fiktive Dinge sogar gemeinsam vorstellen. So entstehen kollektive Vorstellungswelten und »erfundene Ordnungen«: Nationen, Geld, Menschenrechte, Gesetze, Unternehmen, Götter – Größen, auf die wir uns intersubjektiv verständigt haben.

Durch die »erfundenen Ordnungen« wird effektive Kooperation zwischen Menschen möglich, die sich noch nie begegnet sind. Menschen in Puebla und Wolfsburg glauben an die Existenz desselben Konzerns und folgen den gleichen Regeln – am Ende läuft ein VW Golf vom Band. Das kann nur der Mensch.

Auf Grundlage der »erfundenen Ordnungen« verfügt Harari zufolge nur der Mensch über die Fähigkeit, flexibel und in großen Gruppen zusammenzuarbeiten. Nicht Klugheit oder Stärke des Einzelnen zählen, sondern flexible Kooperation in großer Zahl. Beide Kriterien sind wichtig, denn auch Bienen und Ameisen arbeiten in großer Zahl zusammen, aber nicht flexibel. Umgekehrt können auch Affen und Elefanten flexibel kooperieren, aber nicht in großer Zahl. Ihre Kooperation beruht auf persönlicher Bekanntschaft, die nur bis zu einer bestimmten Gruppengröße möglich ist.

Manche dieser erfundenen Ordnungen funktionieren für eine bestimmte Zeit weitgehend geräuschlos aufgrund allgemein geteilter Überzeugungen, etwa die Vorstellung vom Privatbesitz. Andere Ordnungen werden mit Zwang und Gewalt durchgesetzt und aufrechterhalten, in unserer Zeit zum Beispiel der so genannte »Schutz« der Grenzen.

Wie machtvoll Ideen, Narrative und Mythen sein können, zeigt das Beispiel der Französischen Revolution: Gestern glaubten die Menschen noch an die Herrschaft des Königs, heute glauben sie an Herrschaft des Volkes und fegen die Monarchie hinweg.

Harari schlussfolgert: Als Individuen und in Kleingruppen gleichen die Menschen den Schimpansen. Die Situation ändert sich aber, wenn die Menschengruppe 150 Mitglieder überschreitet.[15] Als Einzelne sind Menschen relativ schwache Tiere. Ihre Stärke besteht in ihrer Fähigkeit zur Kommunikation und Kooperation in großen Gruppen.[16]

Keine gute Nachricht also für all die anderen Arten, die zu dieser Art von Kommunikation und Kooperation nicht fähig sind und unter dem Herrschaftsanspruch und der Machtfülle des homo sapiens zu leiden haben.

Die gute Nachricht ist aber: Erfundene Ordnungen können hinterfragt und verändert bzw. durch neue erfundene Ordnungen ersetzt werden. Nur Menschen können die Idee der Monarchie durch die Idee der Demokratie überwinden.

Nur Menschen gründen Frauenbewegungen, nachdem sie zuvor über Jahrhunderte von patriarchalen Ordnungsvorstellungen überzeugt waren.

Keine kollektive Ordnungsvorstellung ist vom Himmel gefallen: Apartheid, Kastensystem, Kolonialismus, Sklaverei, Patriarchat, die Hierarchie von Arm und Reich, unsere Vorstellungen vom Mensch-Tier-Verhältnis – alles ist kontingent, veränderbar, Gegenstand von Kämpfen um Macht, Interessen und Befreiung.

Damit wird deutlich, dass sich der Mensch von anderen Tieren nicht nur durch seine Machtposition unterscheidet, sondern auch durch seine Fähigkeit zur Moral bzw. durch sein Vermögen, verantwortlich mit Macht umzugehen. Gibt es also doch ein Alleinstellungsmerkmal des homo sapiens, nämlich die menschliche Moralfähigkeit?

Der niederländische Primatologe Frans de Waal hat für eine grundlegende Wende in der wissenschaftlichen Betrachtung moralischen Verhaltens gesorgt.[17] Bis vor wenigen Jahrzehnten stand fest: Nur der Mensch ist fähig zu Moralität. De Waals zentrale Erkenntnis lautet hingegen: Auch die menschliche Moralfähigkeit ist Teil unseres evolutionären Erbes als soziale Tiere. Zur Evolution gehört auch die Evolution der Moral, die moralische Evolution.

Für de Waal ist klar, dass Moral nicht von außen, sondern von innen kommt. Nicht Religion oder Erziehung sind die Quelle unserer Moralität, sondern Emotionen wie Empathie und Gerechtigkeitsgefühl, die in unseren Erfahrungen als soziale Wesen wurzeln. »Moralische Empfindungen und Intuitionen gehören zu unserer Grundausstattung, und genau an diesem Punkt ist die Kontinuität mit anderen Primaten am größten.«[18]

In seinen verhaltensbiologischen Forschungen konnte de Waal zeigen, dass sich auch Menschenaffen um das Wohlergehen anderer Menschenaffen kümmern: Sie achten auf verletzte Gruppenmitglieder, warten, wenn jemand zurückbleibt, säubern einander die Wunden und holen für ältere Gruppenmitglieder Obst vom Baum.[19] Als soziale Tiere sind sie auch fähig zur Konfliktlösung und Versöhnung.[20]

De Waal zufolge ist Moral bei Menschenaffen im Kontext des sozialen Lebens entstanden. Dabei geht es in erster Linie um das Bedürfnis, zur Gruppe dazuzugehören und mit den anderen Gruppenmitgliedern gut auszukommen. Der menschliche Sinn für Gerechtigkeit ist somit das Ergebnis einer langen Geschichte der moralischen Evolution: »Die Möglichkeit, daß Empathie Teil unseres Primatenerbes ist, sollte uns glücklich machen.«[21]

De Waal verdeutlicht Entstehung und Gegenwart menschlicher Moralität in Form einer russischen Matrjoschka-Puppe:[22] Die älteste Schicht unseres moralischen Verhaltens bildet dabei die motorische Nachahmung, die wir mit vielen Arten gemeinsam haben. Gemeint ist damit die sogenannte Gefühlsansteckung: Die Betrachtung eines traurigen Gesichts, von Lachen oder Gähnen ruft auch bei den Betrachtenden ein trauriges Gesicht, Lachen oder Gähnen hervor. Wenn jemand fröhlich schaut, schauen wir auch fröhlich. De Waal weist darauf hin, dass besonders empathiefähige Menschen sich auch leichter vom Gähnen anderer Menschen anstecken lassen.

Zur jüngeren Schicht der moralischen Evolution gehört die Fähigkeit zu Reziprozität/Fairness sowie zu Empathie/Mitgefühl, die de Waal als die beiden wesentlichen Säulen der Moral betrachtet. So konnte er bei Schimpansen echten Altruismus beobachten, wenn etwa junge Frauen Wasser für eine ältere Schimpansin mit Arthritis holen oder sie gemeinsam zur Gruppe schieben, damit auch sie gelaust werden kann.

Im Blick auf Reziprozität und Fairness unterscheidet de Waal verschiedene Formen moralischen Verhaltens: Beim Mutualismus (Gegenseitigkeit) profitieren beide Akteure gleichzeitig, etwa beim gegenseitigen Lausen. Beim reziproken Altruismus erfolgt die Gegenleistung später. Voraussetzung dafür ist das gute Gedächtnis, über das Schimpansen verfügen. Wichtig ist, dass die Balance auf längere Sicht stimmt.

Daraus haben sich im Laufe der Evolution komplexere moralische Verhaltensweisen wie der Sinn für Fairness entwickelt, wie bei Kapuzineraffen beobachtet werden konnte.[23] Bereitwillig führen zwei Affen eine Aufgabe aus und werden dabei mit Trauben oder Gurken belohnt. Beide sehen, was der andere bekommt. Wenn beide Affen dasselbe bekommen, sind sie auch mit der weniger schmackhaften Gurke zufrieden.

Wenn jedoch ein Affe mit Trauben und der andere nur mit Gurken belohnt wird, wirft das benachteiligte Tier die Gurken aus dem Käfig und hämmert wild an die Scheibe. Der Ärger über die mangelnde Gerechtigkeit ist deutlich zu erkennen. Ein weiterentwickelter Sinn für Fairness konnte bei Schimpansen beobachtet werden: Einige Affen lehnten die Trauben ab, bis auch der Gefährte Trauben bekam.

Empathie und Einfühlung beruhen de Waal zufolge auf emotionalen und kognitiven Fähigkeiten. Sowohl Primaten als auch Delfine, Wale, Elefanten, Hunde, Wölfe, Raben, Mäuse und Ratten fühlen mit anderen Tieren mit. Über die kognitive Kompetenz der Empathie, also über die Fähigkeit des Perspektivenwechsels, verfügen hingegen nur wenige Tierarten wie Affen und Elefanten.

De Waal erzählt in diesem Zusammenhang das besonders beeindruckende Beispiel eines speziesübergreifenden Empathievermögens:

»Als eine Bonobofrau namens Kuni sah, wie ein Star gegen die Glasscheibe ihres Geheges im britischen Twycross-Zoo prallte, ging sie hin und nahm sich seiner an. Kuni hob den benommenen Vogel auf und stellte ihn vorsichtig auf die Füße. Als er sich nicht bewegte, warf sie ihn ein bisschen hoch, aber der Vogel flatterte bloß. Mit dem Star in der Hand kletterte Kuni dann in den Gipfel des höchsten Baums und klammerte die Beine um den Stamm, so dass sie beide Hände für den Vogel frei hatte. Vorsichtig entfaltete sie seine Flügel, nahm jeweils einen zwischen die Finger ihrer Hände und spreizte sie, dann schickte sie den Vogel wie ein kleines Modellflugzeug in die Richtung, die aus ihrem Gehege hinausführte. Aber der Star schaffte es nicht in die Freiheit, sondern landete am Rand des Wassergrabens. Kuni kletterte hinunter, passte lange Zeit auf den Vogel auf und schützte ihn auch vor einem neugierigen Jungaffen. Bis zum Abend hatte sich der Vogel erholt und war unbeschadet davongeflogen.«[24]

Als letzte und jüngste Schicht moralischen Verhaltens beschreibt de Waal die menschliche Vernunft und Logik. Auch für die menschliche Moral sind Reziprozität und Fairness sowie Empathie und Mitgefühl entscheidend. Doch zu einem moralischen Gebrauch der Vernunft ist offenbar nur der Mensch in der Lage. Nur er kann über sein Handeln reflektieren. Mit den anderen Schichten der moralischen Evolution zusammen formt diese intellektuelle Kompetenz die besondere Moralfähigkeit des Menschen.

De Waals Erkenntnisse zusammenfassend lässt sich sagen: Menschen und manche Tiere verfügen über die Fähigkeit zu moralischem Verhalten. Das moralische Verhalten von Menschen und einigen Tieren ist Teil des gemeinsamen evolutionären Erbes. Moral ist also kein Merkmal, das den Mensch aus dem Gesamtzusammenhang der Evolution herausnimmt und ihn anderen Tieren grundsätzlich gegenüberstellt. Allerdings ist der Mensch in besonderer Weise moralfähig.

Hat der Mensch eine Sonderstellung? In der Geschichte der Evolution hat sich der Mensch zur mächtigsten Spezies auf der Erde entwickelt. Zur Entwicklung des Menschen gehört aber zugleich auch die Ausbildung einer besonderen Moralfähigkeit. Die Sonderrolle des Menschen liegt in seiner bemerkenswerten Machtfülle – und in seiner bemerkenswerten Fähigkeit zu Moral und Verantwortung.

In diesem Sinn ist auch der biblische Herrschaftsauftrag als Auftrag zur Verantwortung zu verstehen (→ Herrschaft). Die Steigerung der Macht des Menschen im Anthropozän führt zu der Frage, ob die Moralfähigkeit des Menschen mit seiner wachsenden Macht Schritt halten kann oder ob unsere Spezies angesichts der globalen Folgen menschlichen Handelns moralisch überfordert ist.

Auch wenn unsere Moralität tief im emotionalen Erbe des Menschseins verwurzelt ist: »Die Biologie hat uns wohl kaum auf Rechte und Verpflichtungen im Maßstab der modernen Welt vorbereitet. Wir sind ursprünglich Gruppentiere, keine Weltbürger.«[25] Ob es uns gelingen wird, die Reichweite unserer Moralität der menschlichen Machtfülle entsprechend zu erweitern?

Anthropozentrismus
Der Mensch im Mittelpunkt?

Auch im schönen Fuldatal hat sich eine Wölfin niedergelassen. In einem Leserbrief an die Lokalzeitung heißt es: »Der Wolf ist hier seit langem ausgestorben. Hat uns irgendetwas gefehlt?« Diese Art der Fragestellung ist ein Paradebeispiel des Anthropozentrismus. Denn das Existenzrecht der Wölfin wird allein am Nutzen für den Menschen gemessen. Nur die Bilanz der Vor- und Nachteile für den Menschen soll über die Präsenz bzw. das Leben der Wölfin entscheiden.

Ausgeblendet wird hier die Frage, ob die Wölfin möglicherweise auch eine vom Menschen unabhängige Existenzberechtigung hat. Hat ihr Leben einen Eigenwert, der sich nicht am Nutzen für den Menschen bemisst? Ausgeblendet wird auch die Tatsache, dass alle von Menschen bewohnten Orte auf der Erde vorher bereits von Tieren bewohnt waren. Der Wolf hat das ältere Heimatrecht. Wir Menschen sind die Zugezogenen. Als es noch keine Menschen in der Region gab, hat auch dem Wolf sicher nichts gefehlt.

Das Zusammenleben von Menschen und Wölfen soll damit nicht romantisiert werden. Im Jahr 2020 wurden in Deutschland 3.959 Weidetiere von Wölfen getötet oder verletzt, darunter 3.444 Schafe.[26] Die Sorgen der einzelnen Menschen, die Tiere halten, sind verständlich und berechtigt. Sie alle sollen für ihren wirtschaftlichen Verlust angemessen entschädigt werden. Man wird aber auch fragen müssen, in welchem Verhältnis die Zahl von rund 4.000 von Wölfen gerissenen Weidetieren zu 700 Millionen allein in Deutschland pro Jahr getöteten »Nutztieren« steht.

»Der Wolf ist hier seit langem ausgestorben. Hat uns irgendetwas gefehlt?« Irritierend ist vor allem die Selbstverständ-
lichkeit, mit der das Leben von Tieren ausschließlich aus der
Perspektive des menschlichen Nutzens bewertet wird. Das ist
die Perspektive des *Anthropozentrismus*. Anthropozentrismus
heißt übersetzt: der Mensch *(anthropos)* im Zentrum, der
Mensch im Mittelpunkt. Im anthropozentrischen Weltbild
dreht sich alles um den Menschen und seine Bedürfnisse. In
dieser Weltsicht, die der westlichen Kultur- und Geistesgeschichte ihren Stempel aufgedrückt hat, ist die Natur nur für
den Menschen da.

Der Mensch ist das Subjekt und die Natur das Objekt
menschlicher Forschung, Erkenntnis und Nutzung. Ob belebt
oder unbelebt: Die Natur ist Ressource und Rohstofflager, das
der Mensch für seine Zwecke gebrauchen und verbrauchen
darf. Die Natur ist Mittel für menschliche Zwecke und steht
dem Menschen uneingeschränkt zur Verfügung. Im Unterschied zum Menschen hat die Natur keinen Eigenwert, also
keinen Wert an sich. Einen Wert bzw. einen Preis hat sie nur,
insofern sie für den Menschen nützlich und nutzbar ist. Was
keinen Nutzen bringt, ist wertlos. Was stört, kann weg.

Die Vorstellung einer Sonder- und Mittelpunktstellung
des Menschen hat in Geschichte und Gegenwart unterschiedliche philosophische und religiöse Begründungen erfahren.
So wurde der Mensch als das Lebewesen gedacht, das sich
aufgrund von Vernunft, Sprache, Kultur, Seele, Moral oder
göttlicher Bestimmung kategorial von allen anderen Lebewesen unterscheidet (→ Anthropologische Differenz).

In seiner Enzyklika »Laudato si'« kritisiert Papst Franziskus das Naturverhältnis der Moderne als »despotischen Anthropozentrismus«[27]. Seiner Analyse zufolge verbindet sich
die ideologische und faktische Mittelpunktstellung des Menschen in der Natur (Anthropozentrismus) mit Herrschaft und
Gewalt (Despotie) über die Erde, über Tiere und Natur. »Wir
sind in dem Gedanken aufgewachsen, dass wir ihre Eigentü-

mer und Herrscher seien, berechtigt, sie auszuplündern ...
Wir vergessen, dass wir selber Erde sind.«[28]

Die Geschichte der *Philosophie* kann als Geschichte des *Anthropozentrismus* gelesen werden. Zu allen Zeiten hat es zwar auch philosophische Stimmen gegeben, die für eine Überwindung anthropozentrischer Positionen plädierten. Sie blieben aber Randerscheinungen im anthropozentrischen Mainstream.

Aristoteles (384–322) gilt als Begründer der Zoologie. Allerdings waren es einige Abschnitte aus seiner »Politik«, die das abendländische Nachdenken über die Tiere entscheidend geprägt haben. Der philosophische Anthropozentrismus findet hier Anfang und Grundlage.

Aristoteles ist der Auffassung, dass die Pflanzen für die Tiere und die Tiere für den Menschen geschaffen wurden, dass letzten Endes also alles »um der Menschen willen« existiert. So ergibt sich, »dass die Pflanzen der Tiere wegen existieren ... und weiter, dass es um der Menschen willen Tiere gibt sowohl wegen der Benützungsart als auch wegen der Nahrung ... Wenn nun die Natur nichts unvollendet schafft und nichts umsonst, dann muss die Natur all das um der Menschen willen hervorgebracht haben.«[29]

Der Unterschied zwischen Mensch und Tier liegt für Aristoteles schließlich darin, dass nur der Mensch mit Logos/Vernunft begabt ist.

Thomas von Aquin (1225–1274) argumentiert theologisch-philosophisch, dass Gott nur den Menschen als Ebenbild Gottes und mit Vernunft geschaffen und alle anderen, vernunftlosen Lebewesen unter die Herrschaft des Menschen und zu seinem Gebrauch gestellt hat. Der Mensch hat keine direkten Pflichten gegenüber den Tieren. Er hat allerdings indirekte Pflichten, denn wer schlecht zu Tieren ist, ist auch schlecht zu Menschen. Dies ist das so genannte Verrohungsargument, das in der Geschichte der Philosophie immer wieder begegnet.

Der philosophische Anthropozentrismus der Neuzeit wurde maßgeblich von René Descartes (1596–1650) bestimmt. Im »Discours de la Méthode« (1637) beschreibt er den Menschen als »Herrn und Meister der Natur« (*maître et possesseur de la nature*). Die Grundlage dieses Menschenbilds bildet dabei die cartesianische Unterscheidung von *res cogitans* und *res extensa*: Nur die *res cogitans*, also das denkende Selbst des Menschen, ist Subjekt: *Cogito ergo sum* – »ich denke, also bin ich.« Die *res cogitans* ist die physisch nicht greifbare, denkende, geistig-seelische und unsterbliche Substanz.

Die Natur und auch der menschliche Körper werden demgegenüber als physisch »ausgedehnte Dinge« (*res extensa*) zum vergänglichen Objekt. Alles aus Materie Bestehende folgt mechanischen Prinzipien. Im Reich der Körper und der Natur kann es kein Denken geben. Für Descartes ist nicht nur klar, »dass die Tiere weniger Vernunft haben als die Menschen, sondern dass sie gar keine haben.«[30]

Als »absoluten Tiefpunkt«[31] im Blick auf den Status nicht-menschlicher Tiere hat der Tierethiker Peter Singer (→ Tierrechte) das cartesianische Denken bezeichnet. Auch der Theologe und Biologe Günter Altner sieht im Subjekt-Objekt-Dualismus von Descartes den Ausgangspunkt der neuzeitlichen Naturvergessenheit bzw. der Naturlosigkeit unseres Selbstverständnisses.[32] Bei Descartes wird die Natur zum Objekt, zu Ressource und Erkenntnis- und Nutzungsgegenstand für den Menschen. Natur ist ein Mittel für menschliche Zwecke und hat jenseits des menschlichen Nutzens keinen Wert an sich.

Im Rahmen seines mechanistischen Weltbilds, das sich vor allem für den Zusammenhang von Ursache und Wirkung interessierte, verstand Descartes Tiere als seelen- und empfindungslose Automaten. Das Schreien von Tieren konnte er so mit dem Quietschen der Mechanik eines Uhrwerks gleichsetzen. Descartes kann nicht »den geringsten Unterschied erkennen zwischen dem Mechanismus dieser Maschinen und dem Lebensprinzip dieser Tiere.«

Das Verhalten der Tiere wird ausschließlich mechanistisch erklärt. Noch die Verhaltensbiologie der ersten Hälfte des 20. Jahrhunderts war mit ihrer Vorstellung von lediglich instinktgesteuerten Tieren von Descartes geprägt.

In der Aufklärung bestimmte Immanuel Kant (1724–1804) erneut die Vernunft zum zentralen Unterscheidungsmerkmal zwischen Mensch und Tier. Da seiner Auffassung zufolge nur vernünftige Wesen moralisch handeln können, haben auch nur vernünftige Wesen Anspruch auf moralische Berücksichtigung. Vernunft haben aber nur Menschen, also sind nur Menschen Gegenstand der Ethik. In der »Metaphysik der Sitten« (1797) führt Kant aus, dass es direkte Pflichten nur gegenüber anderen Menschen geben kann. Gegenüber Tieren bestehen nur indirekte Pflichten. Gegen »die gewaltsame und zugleich grausame Behandlung der Tiere« spräche »die Pflicht des Menschen gegen sich selbst«, weil »dadurch das Mitgefühl an ihrem Leiden im Menschen abgestumpft und dadurch eine der Moralität im Verhältnisse zu anderen Menschen sehr diensame natürliche Anlage geschwächt«[33] werde.

Neben der anthropozentrischen Sicht der Welt wurden in der Geschichte der Philosophie immer wieder auch gegenläufige Standpunkte formuliert. Das prominenteste Beispiel aus der Antike ist Pythagoras (6. Jahrhundert v. Chr.), der aufgrund seines Glaubens an die Wiedergeburt der Seelen in menschlichen und tierlichen Körpern für eine vegetarische Ernährung plädierte. Nach ihm nannte man Vegetarier bis ins 19. Jahrhundert Pythagoräer.

Neben dieser religiös fundierten Argumentation gab es auch schon früh genuin ethische Überlegungen. So verwies Theophrast (372–287) auf die körperlichen und geistigen Ähnlichkeiten sowie auf die Verwandtschaft zwischen Mensch und Tier. Wie Menschen hätten auch Tiere Empfindungen, Gefühle und Klugheit. Plutarch (45–125) meinte sogar, dass Tiere nicht für den Menschen geschaffen wurden, sondern um ihrer selbst willen existierten. Der Genuss von Fleisch stehe in keinem Verhältnis zum Leid der Tiere.

Zu Beginn der Neuzeit kritisierte Michel de Montaigne (1533–1592) den Anthropozentrismus. Der Mensch steht seiner Überzeugung zufolge nicht über dem Tier. Tiere sind für Montaigne denkende und fühlende Subjekte, denen gegenüber Menschen direkte moralische Pflichten haben.

Schließlich bezog Arthur Schopenhauer (1788–1860) in Abgrenzung zu Kants Vernunftethik die Tiere explizit in seine Mitleidsethik mit ein. Er kritisiert das Christentum, das in »widernatürlicher Weise den Menschen losgerissen hat von der Tierwelt, welcher er doch wesentlich angehört.« Die Einheit zwischen Mensch und Tier leitet Schopenhauer aus seiner Metaphysik ab. Die Welt ist Wille. Alle Lebewesen sind Manifestationen des einen Willen zum Leben. Auch Tiere haben darum Willen zum Leben. In seiner »Preisschrift über die Grundlage der Moral« (1841) schreibt Schopenhauer:

»Die von mir aufgestellte moralische Triebfeder bewährt sich als die ächte ferner dadurch, dass sie auch die Thiere in ihren Schutz nimmt, für welche in den ändern Europäischen Moralsystemen so unverantwortlich schlecht gesorgt ist.«[34]

Das Verrohungsargument bezeichnete Schopenhauer als »das schlechte Argument, dass Grausamkeit gegen Tiere zu Grausamkeit gegen Menschen führe; als ob bloß der Mensch ein unmittelbarer Gegenstand der moralischen Pflicht wäre, das Tier bloß ein mittelbarer, an sich eine bloße Sache! Pfui!«

Zusammenfassend lässt sich sagen, dass die westliche Philosophie die Abwertung der Tiere im Wesentlichen theoretisch legitimiert hat. In der Tradition des philosophischen Anthropozentrismus haben die Tiere als Teil der Natur keinen Wert an sich, sondern nur unter der Perspektive des menschlichen Nutzens. Bis auf wenige Ausnahmen stellen auch die tierfreundlichen Stimmen die Nutzung der Tiere durch den Menschen nicht grundsätzlich in Frage.

Auch die christliche *Theologie* war historisch in der Regel dem *anthropozentrischen Paradigma* verhaftet. In vielen theologischen Entwürfen wurde der Mensch als Krone der Schöpfung beschrieben (→ Schöpfung). Dabei warf die Hochschätzung des Menschen einen langen Schatten der Geringschätzung auf die Mitgeschöpfe. Als Gottes Ebenbild ist der Mensch mit göttlichem Herrschaftsbefehl zur Herrschaft über die Natur und über die Tiere beauftragt (→ Herrschaft). In der anthropozentrisch geprägten Theologie gelten die Verheißungen von Erlösung und Befreiung (→ Hoffnung) nur den Menschen. Die außermenschliche Schöpfung ist die Kulisse für den Auftritt des Menschen. Die gesamte Welt wird der Menschenwelt ein- und untergeordnet. Alles ist um des Menschen willen und auf den Menschen hin geschaffen.

Wie die Philosophie ist auch die Theologie von den Dualismen zwischen Mensch und Natur sowie zwischen Gott und Natur geprägt. Im dominanten theologischen Paradigma »Gott – Mensch«, in dem ausschließlich die Heilsgeschichte Gottes mit den Menschen theologische Aufmerksamkeit erfährt, ist für Natur und Tiere kein Platz. Noch im Jahr 1984 konnte der Theologe Alfons Auer in seiner Umweltethik über den Menschen schreiben: »Er ist die Spitze, auf die alles hinstrebt, er ist die Mitte, um die herum alles gebaut ist. ... Sehr gut wird eben die Welt erst durch die Erschaffung des Menschen.«[35]

In der Gegenwart mehren sich die christlichen Stimmen, die eine Überwindung des Anthropozentrismus fordern und mit eigenen theologischen Beiträgen zu post-anthropozentrischen Perspektiven beitragen. »Nichts zerstört Natur so sehr wie ihre Reduzierung auf die Umwelt des Menschen«[36], formuliert der Theologe Jürgen Moltmann und unterstreicht damit die folgenreiche Bedeutung unserer (theologischen und säkularisierten) Weltbilder, Narrative und Ideenwelten.

Die Kritik am Anthropozentrismus der traditionellen Schöpfungstheologie kann geradezu als Grundmotiv der ökumenischen Diskussion der letzten Jahrzehnte betrachtet werden. Als prominentes Beispiel sei hier an den Vortrag der südkoreanischen Theologin Chung Hyun Kyung bei der Vollversammlung des Ökumenischen Rates der Kirchen in Canberra 1991 erinnert, in dem sie einen »Übergang vom Anthropozentrismus zur Lebenszentrierung (Life centrism)«[37] forderte.

In seiner Enzyklika »Laudato si'« hat Papst Franziskus im Jahr 2015 den »despotischen Anthropozentrismus« unserer Kultur kritisiert und demgegenüber immer wieder den »Eigenwert eines jeden Geschöpfs« betont. Für Franziskus ist klar: »Der letzte Zweck der anderen Geschöpfe sind nicht wir.«[38]

Das Buch Hiob kann eine Hilfe sein, um uns in eine postanthropozentrische Spiritualität einzuüben. Die Gottesreden im Hiobbuch sind eine gute Schule für eine Weltsicht, in der der Daseinszweck der Tiere nicht vom menschlichen Nutzen abhängt und die Tiere ein vom menschlichen Nutzen völlig unabhängiges Lebensrecht haben.

Das Buch Hiob erzählt die Geschichte vom gerechten Hiob, dem plötzlich schweres Leid widerfährt. Die Erzählung ringt mit unterschiedlichen Antworten auf die Theodizeefrage, also auf die Frage nach dem Grund des Leidens und nach Gottes Gerechtigkeit.

Die Freunde Hiobs gehen davon aus, dass Gott gerecht ist. Aus der Grundannahme des Tun-Ergehen-Zusammenhangs schließen sie, dass nur Hiobs Schuld sein Leiden verursacht haben kann. Hiob hingegen ist von seiner Unschuld überzeugt und stellt daher die Gerechtigkeit Gottes in Frage.

Die Gottesreden am Ende des Buches führen Hiob schließlich in die Weite der Schöpfung und machen ihm deutlich, dass sich in der Schöpfung nicht alles um den Menschen und seine Bedürfnisse dreht:

»Und der HERR antwortete Hiob aus dem Sturm und sprach: Wer ist's, der den Ratschluss verdunkelt mit Worten ohne Verstand? Gürte deine Lenden wie ein Mann! Ich will dich fragen, lehre mich! [...] Kannst du der Löwin ihren Raub zu jagen geben und die jungen Löwen sättigen, wenn sie sich legen in ihren Höhlen und lauern in ihrem Versteck? Wer bereitet dem Raben die Speise, wenn seine Jungen zu Gott rufen und irrefliegen, weil sie nichts zu essen haben? Weißt du die Zeit, wann die Gämsen gebären, oder hast du aufgemerkt, wann die Hirschkühe kreißen? Zählst du die Monde, die sie erfüllen müssen, oder weißt du die Zeit, wann sie gebären? Sie kauern sich nieder, werfen ihre Jungen und werden los ihre Wehen. Ihre Jungen werden stark und groß im Freien und gehen davon und kommen nicht wieder zu ihnen. Wer hat dem Wildesel die Freiheit gegeben, wer hat ihm die Bande gelöst, dem ich die Steppe zum Hause gegeben habe und die Salzwüste zur Wohnung? Er verlacht das Lärmen der Stadt, die Schreie des Treibers hört er nicht; er durchstreift die Berge, wo seine Weide ist, und sucht, wo es grün ist. Meinst du, der Wildstier wird dir dienen wollen und nachts bleiben an deiner Krippe? Kannst du ihm das Seil anknüpfen, um Furchen zu machen, oder wird er hinter dir in den Tälern den Pflug ziehen? Kannst du dich auf ihn verlassen, weil er so stark ist, und kannst du ihn für dich arbeiten lassen? Kannst du ihm trauen, dass er dein Korn einbringt und in deine Scheune sammelt? Der Fittich der Straußin hebt sich fröhlich; aber ist er wie die Schwinge eines Storchs oder Falken? Lässt sie doch ihre Eier auf der Erde liegen zum Ausbrüten auf dem Boden und vergisst, dass ein Fuß sie zertreten und ein wildes Tier sie zerbrechen kann! Sie ist so hart gegen ihre Jungen, als wären es nicht ihre; es kümmert sie nicht, dass ihre Mühe umsonst war. Denn Gott hat ihr die Weisheit ver-

sagt und hat ihr keinen Verstand zugeteilt. Doch wenn
sie auffährt, verlacht sie Ross und Reiter. Kannst du dem
Ross Kräfte geben oder seinen Hals zieren mit einer
Mähne? Kannst du es springen lassen wie die Heuschre-
cken? Schrecklich ist sein prächtiges Schnauben. Es
stampft auf den Boden und freut sich, mit Kraft zieht es
aus, den Geharnischten entgegen. Es spottet der Furcht
und erschrickt nicht und flieht nicht vor dem Schwert.
Über ihm klirrt der Köcher und glänzen Spieß und
Lanze. Mit Donnern und Tosen fliegt es über die Erde
dahin und lässt sich nicht halten beim Schall der Trom-
pete. Sooft die Trompete erklingt, wiehert es »Hui!« und
wittert den Kampf von ferne, das Rufen der Fürsten und
Kriegsgeschrei. Fliegt der Habicht empor dank deiner
Einsicht und breitet seine Flügel aus, dem Süden zu?
Fliegt der Adler auf deinen Befehl so hoch und baut sein
Nest in der Höhe? Auf Felsen wohnt er und nächtigt auf
Zacken der Felsen und steilen Klippen. Von dort schaut
er aus nach Beute, und seine Augen sehen sie von ferne.
Seine Jungen gieren nach Blut, und wo Erschlagene lie-
gen, da ist er.«
(Hiob 38,1–3.39 – 39,30)

Die Gottesreden des Hiobbuches veranschaulichen, dass die
Schöpfung für den Menschen nicht vollständig durchschau-
bar ist. Die rhetorischen Fragen der ersten Gottesrede (Hiob
38–39) zeigen Hiob, wie wenig er als Mensch von den kosmischen Zusammenhängen versteht.

Im ersten Teil der Gottesrede (Hiob 38,4–21) geht es dabei
um die Erschaffung der Welt, insbesondere von Erde, Meer,
Licht und Finsternis. Im zweiten Teil (Hiob 38,22–38) stehen
unterschiedliche Wetterphänomene wie Schnee, Hagel, Regen, Eis, Blitz und Donner, aber auch astrologische Ordnungen im Mittelpunkt des göttlichen Fragenkatalogs.

Die Fragen des dritten Teils (Hiob 38,39 – 39,30) führen Hiob schließlich zu den Wildtieren. Hier werden insgesamt zehn Tiere mit ihren Lebensräumen vorgestellt: Löwinnen, Raben, Gämsen, Hirschkühe, Wildesel, Wildstier, Straußin, Ross, Habicht und Adler. Nach Auskunft des Bibelwissenschaftlers Othmar Keel handelt es sich um Tiere, die in der damaligen Welt vom Menschen als störend und gefährlich empfunden wurden. Während etwa der Hausesel die Lasten des Menschen trug, konnte der Wildesel die Aussaat auf den Feldern zerstören.[39]

Es fällt natürlich auf: Die Erschaffung und das Leben des Menschen werden gar nicht erwähnt! Und genau das ist auch die Absicht der Gottesreden. Othmar Keel und Silvia Schroer formulieren es so: »Gott verteidigt das Recht der Wildnis auf ihr eigenes Leben und stellt so den Anthropozentrismus Ijobs und seiner Freunde infrage.«[40] Denn bei allen Unterschieden sind sich Hiob und seine Freunde ja darin einig, dass Ordnung und Gerechtigkeit in der Welt vor allem auf den Menschen zugeschnitten sind.

Die Gottesreden des Hiobbuchs zeigen eine eigenständige Natur, die sich der menschlichen Verfügung und Beherrschung und auch dem menschlichen Verstehen entzieht. Hier wird eine kosmozentrische Perspektive entworfen, die den Anthropozentrismus hinter sich lässt.

Die Tiere sind für sich selbst da und gehören sich selbst. Hier wird nicht der Mensch, sondern Gott – einem altorientalischen Motiv folgend – als Herr der Tiere vorgestellt. Die Tiere haben das Recht auf ein unverzwecktes Leben, das sich nicht am Nutzen der Menschen orientiert. Auch dem Wildesel, dessen Existenz der Mensch als störend, nutzlos und verzichtbar empfinden mag (»Hat uns irgendetwas gefehlt?«), hat Gott das Leben und die Freiheit gegeben.

Die Menschen sind Teil eines größeren Ganzen, aber ihre Bedürfnisse sind nicht die einzigen und stehen nicht im Mittelpunkt des Weltgeschehens. Nicht alles dreht sich um sie und ihre Interessen.

Der brasilianische Befreiungstheologe Leonardo Boff, Träger des alternativen Friedensnobelpreises, hält nicht den biblischen Herrschaftsauftrag, sondern den Anthropozentrismus für die Wurzel der ökologischen Krise.[41] Die Überwindung des anthropozentrischen Denkens begreift er folglich als Befreiung für Natur und Tierwelt. Doch auch für den Menschen selbst ist der Post-Anthropozentrismus eine gute Nachricht, zumindest aus Sicht des Hiobbuches: »Die Botschaft der Gottesreden ist eigentlich eine den Menschen entlastende, weil er nicht Dreh- und Angelpunkt der ganzen Welt zu sein braucht, und damit ist sie eine wirklich tröstliche Botschaft.«[42]

> »Was wissen wir, ob es sich wirklich so verhält, dass
> der äußere Kreis der anderen Geschöpfe nur um des
> inneren, nur um des Menschen willen da ist? Was
> wissen wir, ob es sich nicht gerade umgekehrt verhält?
> Was wissen wir, ob nicht beide Kreise, der äußere und
> der innere, je ihre eigene Selbständigkeit und Würde ...
> haben? Was besagt ihre Verschiedenheit gegenüber der
> Tatsache, dass der Mensch Jesus als geschöpfliches
> Wesen beider Kreise Mittelpunkt ist?«[43]
> *Karl Barth*

Anwaltschaft

»Tu deinen Mund auf für die Stummen!«

Drei Jahre habe ich bei der Menschenrechtsorganisation *FIAN in Honduras* gearbeitet. Im Mittelpunkt der Arbeit von FIAN steht auch in Honduras das Menschenrecht auf Nahrung. Honduras gehört zu den ärmsten Ländern in Lateinamerika. Gerade unter der ländlichen Bevölkerung ist der Hunger groß. Dieses Paradox ist auf der ganzen Welt zu beobachten: Auf dem Land, also dort, wo die Nahrungsmittel angebaut werden, ist die Zahl der Hungernden besonders hoch. Warum ist das so?

Das Land ist historisch ungerecht verteilt zwischen Großgrundbesitzenden und Kleinbauern. Notwendige Agrarreformen wurden nicht beschlossen oder nicht umgesetzt. Viele Kleinbauern verfügen darum selbst über kein Land oder über zu wenig Land – und ihr Landbesitz ist oft unsicher. So sind in Honduras wie in vielen anderen Ländern gewaltsame Vertreibungen von Kleinbauern an der Tagesordnung. Wenn große Infrastrukturprojekte geplant sind oder Ackerland für Soja- oder Palmölplantagen benötigt wird, werden bäuerliche Siedlungen oft kurzerhand durch Polizei oder paramilitärische Gruppen aus dem Weg geräumt.

Als Menschenrechtsorganisation haben wir Kleinbäuer:innen in ihrem Kampf um Land und um ihr Recht auf Nahrung unterstützt. Dabei war der Grundsatz entscheidend: Es ist euer Kampf. Ihr seid die Protagonisten. Eure Gemeinschaft und eure Organisation sind die wichtigsten Akteure. Wir unterstützen euch – aber es ist euer Kampf.

Als Menschenrechtsorganisation haben wir uns bemüht, den Kampf der Menschen mit unserer Lobby- und Advocacy-Arbeit anwaltschaftlich zu verstärken. Auf nationaler Ebene durch Gespräche mit der Staatsanwaltschaft, mit der Polizei, mit dem Landwirtschaftsministerium, mit den Medien. Auf internationaler Ebene durch politische Kampagnen, Gespräche mit den Botschaften und den zuständigen Stellen in der Europäischen Union und bei den Vereinten Nationen.

Die Erfahrung hat gezeigt: Nur wenn die Menschen vor Ort ihr Leben selbst in die Hand nehmen, aktiv werden, sich organisieren und gemeinsam klare Ziele und Strategien verfolgen, wenn sie sich vernetzen und weitere Verbündete suchen, nur dann können sie mit ihrem Kampf für ihre Rechte erfolgreich sein. Als Menschenrechtsorganisation können wir dazu etwas beitragen, wir können sogar etwas Wichtiges beitragen, nämlich nationale und internationale Aufmerksamkeit. Aber, und das ist der entscheidende Punkt, unser Engagement kann das Engagement und die Organisation der Menschen vor Ort nicht ersetzen.

Was bedeutet das für die Tierrechtsbewegung? In der Tierrechtsbewegung sind Tiere nicht die Protagonisten. Tiere können nicht die Akteure im Kampf für Tierrechte sein, denn sie können ihre Interessen nur begrenzt selbst vertreten. Da der Einsatz für Tierrechte oft mit anderen Befreiungsbewegungen wie mit dem Kampf für Frauenrechte oder mit der Abschaffung der Sklaverei parallelisiert wird, ist es wichtig, diesen bedeutsamen Unterschied festzuhalten.

Was bedeutet es für eine Befreiungsbewegung, wenn sich die Betroffenen nicht selbst gegen ihre Unterdrückung und Ausbeutung wehren und organisieren können? Kann es Feminismus ohne die Beteiligung von Frauen geben? Kann eine Diktatur gestürzt werden ohne eine starke soziale Bewegung im Land? Es stimmt: Auch andere soziale Bewegungen sind auf Bündnisse, Unterstützung, Solidarität und Anwaltschaft angewiesen. Aber ohne das Engagement der Betroffenen selbst wird es kaum gehen.

Natürlich wehrt sich auch ein Tier, wenn Menschen oder andere Tiere ihm Schmerzen zufügen. Und natürlich sind einzelne Tiere einzelnen Menschen körperlich überlegen. Zudem erinnern uns Heuschreckenschwärme und Viren daran, dass Menschen nicht allmächtig sind. Schließlich sind viele Tiere wie Bienen (»Volk«) oder Ameisen (»Staat«) zu sozialer Organisation und Arbeitsteilung fähig. Aber Tiere sind nicht in der Lage, sich zu organisieren und für ihre Interessen und Rechte einzutreten. Darum sind sie der Macht und Herrschaft des Menschen nahezu vollständig ausgeliefert.

Ich finde es wichtig, dieses besondere Merkmal der Tierrechtsbewegung nicht vorschnell zu übergehen. Wir können nur für, aber nicht mit den Tieren kämpfen. *Nothing about us without us* (»Nichts über uns ohne uns«) – dieser Grundsatz aus der Bewegung für Rechte von Menschen mit Handicap kann leider nicht oder nur indirekt für die Tierrechtsbewegung gelten. Dass sich die »Betroffenen« nicht selbst für ihre Interessen einsetzen können, ist mindestens eine Besonderheit, wahrscheinlich aber auch eine ernst zu nehmende Schwäche der Tierrechtsbewegung.

Genau aus diesem Grund ist *Anwaltschaft für Tiere* besonders wichtig. Wenn Tiere nicht selbst ihre Stimme erheben können, dann müssen wir es tun. Wir müssen es in unseren persönlichen Lebenszusammenhängen tun, also vor allem im Blick auf unsere Ernährungs- und Konsummuster. Aber die Frage nach den Rechten der Tiere (→ Tierrechte) gehört auch auf die politische Tagesordnung unserer Kirchen (→ Kirche), Verbände, Organisationen und Parteien.

Im politischen Raum gilt das *Verbandsklagerecht* für Tierschutzverbände als wirksamstes Instrument der Anwaltschaft für Tiere. Tierhaltende Betriebe werden im Prinzip zwar von Amtstierärztinnen und -ärzten aufgesucht. Doch laut

Auskunft der hessischen Landestierschutzbeauftragten Madeleine Martin wird in Hessen ein Betrieb nur alle 13,8 Jahre kontrolliert, in Bayern sogar nur einmal in 48 Jahren. Martin bezeichnet diese Kontrollintervalle als »schockierend«. Überdies sind die Veterinärämter in den Landkreisen angesiedelt. Gut organisierte Interessen der Landwirtschaft und damit verbundene Loyalitätskonflikte in der Region führen laut Martin oft dazu, dass engagierte Amtstierärzte sich nicht immer auf die Unterstützung ihrer Vorgesetzten verlassen können.[44]

Aus diesem Grund wurde im Interesse einer größeren Unabhängigkeit bei der Vertretung von Tierinteressen seit 2007 in mehreren Bundesländern ein Tierschutzverbandsklagerecht eingeführt. Das seit langem geforderte Verbandsklagerecht für Tierschutzverbände auf Bundesebene steht jedoch noch aus. Auch der Wissenschaftliche Beirat für Agrarpolitik beim Bundeslandwirtschaftsministerium empfiehlt in seinem Gutachten »Wege zu einer gesellschaftlich akzeptierten Nutztierhaltung« (→ Industrielle Tierhaltung) ein solches nationales Verbandsklagerecht als wichtiges Instrument zur besseren Durchsetzung des Tierschutzes.

»*Animal Mainstreaming*«[45] bedeutet in diesem Zusammenhang, Tiere und ihre Interessen in allen Lebensbereichen und bei allen Entscheidungen auf allen gesellschaftlichen Ebenen immer mitzudenken und konsequent mitzuberücksichtigen. Der Baseler Philosophieprofessor Markus Wild hat diese Forderung wiederholt in die Tierrechtsdebatte eingebracht.[46] Juristisch kann sich Wild dabei auf Artikel 13 des Vertrags über die Arbeitsweise der EU berufen. Diese sogenannte »EU animal mainstreaming clause« verlangt, dass »den Erfordernissen des Wohlergehens der Tiere als fühlende Wesen in vollem Umfang Rechnung« getragen werde.

Wie das Gender Mainstreaming ist Tiergerechtigkeit also eine Querschnittsaufgabe, die nicht nur im Blick auf Tierhaltung oder Tierversuche relevant ist, sondern beispielsweise auch in Architektur und Stadtplanung. Und in der Theologie:

> »Tu deinen Mund auf für die Stummen
> und für die Sache aller, die verlassen sind.
> Tu deinen Mund auf und richte in Gerechtigkeit
> und schaffe Recht dem Elenden und Armen.«
> *(Sprüche 31,8–9)*

Wie wäre es, wenn wir in unseren heutigen Auslegungen der biblischen Texte immer auch an unsere stummen bzw. stumm und unsichtbar gemachten Mitgeschöpfe denken?

Arche

»... dass sie leben bleiben mit dir«

Schon Charles Darwin staunte über die Vielgestaltigkeit des Lebens in seinen unzähligen Formen. So schrieb er im Schlusssatz seiner »Entstehung der Arten« (1859): »Es ist wahrlich eine großartige Ansicht, dass der Schöpfer den Keim allen Lebens, das uns umgibt, nur wenigen oder nur einer einzigen Form eingehaucht hat und dass ... aus so einem einfachen Anfang sich eine endlose Reihe der schönsten und wundervollsten Formen entwickelt hat und immer noch entwickelt.«[47]

In Darwins Formulierung, dass das Leben ursprünglich in eine oder einige Formen hineingehaucht bzw. hineingeatmet wurde (*»having been originally breathed into a few forms or into one«*), klingt die zweite Schöpfungserzählung (→ Schöpfung) an: »Da machte Gott der Herr den Menschen aus Staub von der Erde und blies ihm den Odem des Lebens in seine Nase. Und so ward der Mensch ein lebendiges Wesen.« (Genesis 2,7)

Darwin, der vor seiner Reise mit der Beagle anglikanischer Pfarrer werden wollte und Theologie studiert hatte, kannte seine Bibel – und schlägt hier mit sprachlicher Eleganz und großer Leichtigkeit eine Brücke vom Schöpfungsglauben (→ Schöpfung) zur Evolution (→ Evolution): Im Ursprung (»originally«) wurde das Leben in eine oder einige Formen hineingehaucht. Und aus diesem Anfang haben sich dann all die vielfältigen Arten entwickelt – und entwickeln sich weiter. Unterschiedliche Spezies, in »schönsten und wundervollsten Formen«, sind in der Geschichte des Lebens entstanden, haben sich herausgebildet, entfaltet und entwickelt. All diese Bedeutungen stecken im letzten Wort von Darwins Werk: »to evolve« – Evolution.

Der *Verlust der Artenvielfalt* in unserer Zeit ist dramatisch. Viele Arten sind bereits ausgestorben. Unzählige sind vom Aussterben bedroht. So könnte bis 2050 beinahe der gesamte Lebensraum der Menschenaffen in Afrika verschwunden sein. Eine im Juni 2021 in der Fachzeitschrift »Diversity and Distributions« veröffentlichte Studie von über 60 Wissenschaftler:innen verschiedener Universitäten und Organisationen hat ergeben, dass bis zur Jahrhundertmitte 94 Prozent der heute von Gorillas, Schimpansen und Bonobos bewohnten Gebiete für die Primaten verloren gehen wird. Als Gründe werden neben dem Klimawandel auch das Abholzen von Wäldern genannt – zugunsten von Monokulturen wie Palmölplantagen.

Das Artensterben betrifft nicht nur die großen Säugetiere in anderen Ländern. In einem Naturschutzgebiet bei Krefeld wurden im Jahr 1989 Insektenfallen aufgestellt. Bei einer zweiten Bestandsaufnahme 25 Jahre später fand sich nur noch ein Viertel der damaligen Masse. Ein Einzelbefund?

Im Jahr 2022 hat das Bundesamt für Naturschutz den dritten und abschließenden Band seiner neuen Roten Liste zu den wirbellosen Tieren veröffentlicht. Insgesamt wurden in diesen drei Bänden mehr als 15.000 wirbellose Arten, darunter 14.000 Insektenarten, untersucht. Davon sind über 4.600 Arten, also nahezu 30 Prozent, in ihrem Bestand gefährdet. Die Gefährdung der Schmetterlinge und Hautflügler, zu denen auch die Bienen gehören, liegt sogar noch über diesem Durchschnittswert.

Ohne Insekten keine Vögel, denn Vögel brauchen Insekten als Nahrung. Verschiedenen Studien zufolge ist die Zahl der Vögel in Europa seit 1980 um 400 bis 600 Millionen Tiere zurückgegangen – ein Verlust von bis zu zwanzig Prozent. Die Zahl der europäischen Feldvögel hat sich halbiert. In

Deutschland gilt fast jede zweite Brutvogelart als vom Aussterben bedroht.

Zu viele Zahlen? Hier kommt die Zusammenfassung: Rund ein Drittel aller Tier- und Pflanzenarten in Deutschland gelten als gefährdet.[48]

Natürlich gibt es immer wieder auch gute Nachrichten. So leben nach Angaben des NABU heute wieder mehr als 1.000 Biber in Hessen. Die Biber wurden seit 1980 mit Erfolg ausgewildert, nachdem sie seit dem Ende des 16. Jahrhunderts in der Region als ausgerottet galten. Auch der Luchs streift wieder durch die Wälder in Deutschland. Auf 130 erwachsene Luchse hat das Bundesamt für Naturschutz die Zahl in 2021 geschätzt. Zugleich sind Luchse aber weiter vom Aussterben bedroht, da sich die Tiere vom Ort ihrer Wiederansiedlung kaum ausbreiten.

Trotz einzelner Erfolge ist die Entwicklung insgesamt alarmierend. Die solideste globale Bestandsaufnahme zum Verlust der Artenvielfalt liegt seit 2019 mit dem 1.700 Seiten starken Bericht des Weltbiodiversitätsrats (IPBES) vor.[49] Demnach ist von den geschätzten acht Millionen Tier- und Pflanzenarten weltweit in den kommenden Jahrzehnten eine Million vom Aussterben bedroht.

Die biologische Vielfalt geht dem IPBES-Bericht in allen Regionen der Erde zurück. Die Wälder Mittelamerikas sind seit 1960 um ein Viertel geschrumpft. Über der Hälfte der afrikanischen Säugetier- und Vogelarten droht bis 2100 das Aussterben. Im asiatisch-pazifischen Raum könnten bis 2050 keine wirtschaftlich nutzbaren Fischbestände mehr existieren. In Europa ist insbesondere der Rückgang der Insektenzahl als dramatisch zu bezeichnen. Bei all dem geht es nicht nur um das Überleben einzelner Arten, sondern um die Stabilität ganzer Ökosysteme.

Bei der Präsentation des Berichts sagte Robert Watson, der Vorsitzende des IPBES: »Wir erodieren global die eigentliche Basis unserer Volkswirtschaften, Lebensgrundlagen, Nahrungsmittelsicherheit und Lebensqualität.« Der Bericht macht deutlich, dass der Verlust der Biodiversität eine ebenso große Bedrohung für die Zukunft des Lebens darstellt wie der Klimawandel.

Befürchtet wird auch, dass durch den Verlust von Ökosystemen die Gefahr von Pandemien zunehmen wird. Nicht nur bei Covid 19 handelt es sich höchstwahrscheinlich um eine *Zoonose*, also um eine Krankheit, die von Tieren auf Menschen übertragen wird. 60 Prozent aller menschlichen Infektionskrankheiten sind Zoonosen, die meisten (75 Prozent) stammen von Wildtieren.[50] Tollwut, die Vogelgrippe, Aids und Corona sind die bekanntesten. Aber auch SARS, Ebola und die Influenza-Grippe gehören dazu.

Dabei stellen nicht nur Wildtiermärkte wie vermutlich im Fall des Corona-Virus ein Risiko für die artenübergreifende Verbreitung von Viren dar, da hier unterschiedliche Wildtierarten und Menschen auf engstem Raum zusammenkommen. Auch die Rodung von Wäldern kann zu Übertragungen führen, da sich heimatlos gewordene Tiere neue Lebensräume unter Umständen in größerer Nähe zum Menschen suchen, sich Lebensräume von Wildtieren und Menschen also zunehmend überschneiden.

Im Fall des Nipah-Virus (1997) ist das gut dokumentiert. Nach großflächigen Waldbränden suchten sich Flughunde in Malaysia neue Nahrungsquellen in Mangofarmen und übertrugen das Virus dort auf die ebenfalls Mangos fressenden Hausschweine. Von den Schweinen sprang der Erreger auf Bäuerinnen und Bauer über.[51] Im Blick auf diesen und andere Fälle hält ein Bericht des Umweltprogramms der Vereinten Nationen aus dem Jahr 2016 die intensive Nutztierhaltung für einen weiteren Risikofaktor, da Nutztiere (vor allem Schweine und Geflügel) als Zwischenwirte bei der Übertragung von Infektionen oft eine »epidemiologische Brücke« von den Wildtieren zu den Menschen bilden.[52]

»Halt biodiversity loss«: Das Ziel, dem Verlust der Biodiversität (zu der sowohl die Vielfalt der Arten als auch die Vielfalt der Ökosysteme gehören) ein Ende zu setzen, gehört dementsprechend auch zu den Sustainable Development Goals der Vereinten Nationen (SDG 15). Die jährlichen Berichte zur Umsetzung der SDG zeigen allerdings, dass beim Verlust der Artenvielfalt keine Trendwende in Sicht ist. Zur neuen Umsetzungsstrategie der 1993 in Kraft getretenen Konvention über die biologische Vielfalt (CBD) gehört insbesondere auch die Verringerung des Einsatzes von Dünge- und Pflanzenschutzmitteln.

Die biblischen Mythen von Sintflut und *Arche* gehören mit ihren Bildern von der Zerstörung und Bergung des Lebens zum kulturgeschichtlichen Erbe der Menschheit. Zu Beginn der Erzählung heißt es:

> »Als aber der HERR sah, dass der Menschen Bosheit groß
> war auf Erden und alles Dichten und Trachten ihres
> Herzens nur böse war immerdar, da reute es den HERRN,
> dass er die Menschen gemacht hatte auf Erden, und es
> bekümmerte ihn in seinem Herzen, und er sprach: Ich
> will die Menschen, die ich geschaffen habe, vertilgen
> von der Erde, vom Menschen an bis hin zum Vieh und
> bis zum Gewürm und bis zu den Vögeln unter dem
> Himmel; denn es reut mich, dass ich sie gemacht habe.
> Aber Noah fand Gnade vor dem HERRN.«
> *(Genesis 6,5–8)*

Dann fordert Gott Noah auf, einen »Kasten von Tannenholz« zu machen – mit drei Stockwerken, Kammern und einer Tür und einem Fenster:
»Denn siehe, ich will eine Sintflut kommen lassen auf Erden, zu verderben alles Fleisch, darin Odem des Lebens ist, unter dem Himmel. Alles, was auf Erden ist, soll untergehen.

Aber mit dir will ich meinen Bund aufrichten, und du sollst in die Arche gehen mit deinen Söhnen, mit deiner Frau und mit den Frauen deiner Söhne. Und du sollst in die Arche bringen von allen Tieren, von allem Fleisch, je ein Paar, Männchen und Weibchen, dass sie leben bleiben mit dir. Von den Vögeln nach ihrer Art, von dem Vieh nach seiner Art und von allem Gewürm auf Erden nach seiner Art: Von den allen soll je ein Paar zu dir hineingehen, dass sie leben bleiben« (Genesis 6,17–20).

In der ersten Schöpfungserzählung wird berichtet, dass Gott die Tiere des Wassers »ein jedes nach seiner Art«, die Vögel »einen jeden nach seiner Art« sowie Vieh, Gewürm und Tiere des Feldes »ein jedes nach seiner Art« geschaffen hat. Die Biodiversität gehört also nicht nur aus Sicht der Evolutionsbiologie und Ökologie, sondern auch in biblisch-theologischer Perspektive zu den Grundvoraussetzungen des Lebens. Das Leben gibt es nur im Plural der »endlosen Reihe der schönsten und wundervollsten Formen«, von denen Darwin sprach. Das Leben ist das Leben in der Vielfalt der Arten.

»Ein jedes nach seiner Art« – die Überlieferung von Sintflut und Arche greift diese (in der Schöpfungserzählung mehrfach wiederholte) Wendung auf. Im Angesicht der Bedrohung des Lebens legt die Erzählung Wert darauf, dass alle Arten gerettet werden. Je ein Paar soll in die Arche kommen – »von den Vögeln nach ihrer Art, von dem Vieh nach seiner Art und von allem Gewürm auf Erden nach seiner Art« (Genesis 6,20). Nicht ohne Grund ist die Arche zum Symbol des Artenschutzes geworden.

Entsprechend wird auch der hier schon anklingende Bundesschluss (→ Bund) nach der Sintflut ein Bund sein »mit euch und euren Nachkommen und mit allem lebendigen Getier bei euch, an Vögeln, an Vieh und allen Tieren auf Erden bei euch, von allem, was aus der Arche gegangen ist« (Genesis 9,9).

Und die Fische? Das Leben der Wassertiere ist von der Sintflut nicht bedroht. Folglich werden sie in der Aufzählung der zu rettenden Tiere auch nicht erwähnt. Aufgrund des engen Zusammenhangs zwischen Arche- und Bundesüberlieferung fehlen die Tiere des Wassers dann jedoch auch in der Bundesformulierung, obwohl sie natürlich zum Schöpfungsbestand der Artenvielfalt gehören und in der Schöpfungserzählung wie alle anderen Spezies auch »ein jedes nach seiner Art« geschaffen wurden.

Der Verlust der Biodiversität bedroht auch die Zukunft des menschlichen Lebens auf der Erde. Wir gefährden unsere Lebensgrundlagen und die Nahrungsmittelsicherheit, wie es der Vorsitzende des Weltbiodiversitätsrats formuliert hat. Doch die biblische Erzählung von Sintflut und Arche setzt einen klaren Akzent gegen ein anthropozentrisch verengtes Verständnis des Artenschutzes. Von allen Tieren soll Noah je ein Paar in die Arche bringen – nicht nur von »den Niedlichen und den Nützlichen«[53], wie Rainer Hagencord, der Leiter des Instituts für Theologische Zoologie, pointiert.

Die Arche ist Gottes Artenschutzprogramm für alle Formen des Lebens, nicht nur für die »Nutztiere« und die »Haustiere«. In den wenigen Sätzen von Genesis 6, 17–20 wird dieser Aspekt gleich dreimal betont: »Von allen Tieren«, »von allem Fleisch«, »von den allen« – je ein Paar. Und was ist das Ziel der großen Rettungsaktion? »Dass sie leben bleiben mit dir.« Im Blick ist also das Überleben aller Arten inklusive der menschlichen Spezies. Menschliches Leben soll mit nicht-menschlichem Leben im gemeinsamen Haus der Erde existieren können (→ Zoopolis).

Was sind die Ursachen der Sintflut? Die biblische Überlieferung bietet zwei unterschiedliche Antworten. Gleich zu Beginn der Erzählung sieht Gott, »dass der Menschen Bosheit groß war auf Erden und alles Dichten und Trachten ihres Herzens nur böse war immerdar.« (Genesis 6,5) Diese Worte begründen den Entschluss Gottes, das Leben auf der Erde zu vernichten.

In diesen Sätzen kommt eine Sicht auf den Menschen zum Ausdruck, die das Bild vom lieben Gott und dem Menschen als Krone der Schöpfung nachhaltig herausfordert. Am Ende der ersten Schöpfungserzählung wird die Schöpfung insgesamt von Gott als »sehr gut« bezeichnet. Es ist offenbar einzig der Mensch, dessen Verhalten Gott so sehr ärgert und enttäuscht, dass er ihn zunächst aus dem Paradies vertreibt und schließlich sogar die Erschaffung des Menschen insgesamt bereut. Das ist stark! Und das ist mehr als Realismus, nämlich eine ziemlich skeptische und pessimistische, ja negative Sicht des Menschen.

Als ob die Erzählung diese Sicht selbst korrigieren wollte, heißt es aber im weiteren Verlauf, dass »alles Fleisch seinen Weg verderbt hatte auf Erden« (Genesis 6,12). Hier wie an weiteren Stellen der Bibel werden Tiere also für moralisch verantwortungsfähige Wesen gehalten.

Und was sind die Ursachen der Sintflut in unserer heutigen Zeit? Die entscheidenden Gründe für den Verlust der Biodiversität sind Landwirtschaft, Fischerei, Klimawandel und Umweltverschmutzung – also die ökologischen Folgen unserer industrialisierten Lebensweise. Dem Bundesministerium für wirtschaftliche Zusammenarbeit und Entwicklung zufolge verläuft das Artensterben 100–mal schneller als ohne menschlichen Einfluss.[54]

So wie wir vom anthropogenen Klimawandel sprechen, müssen wir tatsächlich auch vom anthropogenen Artensterben sprechen. Die alte Geschichte von Sintflut und Arche hält uns – in ihrer ersten Erklärung der Ursachen der Sintflut – den Spiegel vor: Die Tiere gehen aufgrund menschlicher Schuld und Dummheit unter. Das Schicksal der Erde und der Arten, auch unserer eigenen Spezies, hängt vom Verhalten der Menschen ab.

Zur Schöpfungsspiritualität gehört die Klage über den Verlust der Arten ebenso wie die Freude über die Mitgeschöpfe, die noch oder wieder da sind. »Geh aus mein Herz und suche Freud, in dieser lieben Sommerzeit an deines Gottes Gaben« – das Sommerlied von Paul Gerhardt aus dem 17. Jahrhundert über Lerche, Täublein und Nachtigall, über Bienen, Hirsch und Reh lässt sich als Ausdruck von Freude und Klage zugleich singen. Ja, die Lerche schwingt sich in die Luft, aber leider nur noch jede zweite, denn seit 1980 ist die Hälfte aller Feldlerchen in Europa verschwunden. Aufgrund des weiterhin schnellen Rückgangs des Bestands wird die Feldlerche in Deutschland nun als »gefährdet« gelistet.

Schon Franz von Assisi wollte die Lerchen unter besonderen Schutz stellen: »Wenn ich einmal mit dem Kaiser sprechen kann, werde ich ihn bitten, um Gottes Liebe willen und kraft meiner Bitte eine schriftliche Verordnung zu erlassen, dass niemand die Schwestern Lerchen fangen oder ihnen irgendetwas Böses tun dürfe.«[55]

Zum Roten Faden der Enzyklika »Laudato si'« von Papst Franziskus aus dem Jahr 2015 gehört die Wahrnehmung aller Lebewesen in ihrem Eigenwert und nicht nur unter der Perspektive des menschlichen Nutzens. Zu Verlust und Bedrohung der Artenvielfalt schreibt Franziskus: »Doch es genügt nicht, an die verschiedenen Arten nur als eventuelle nutzbare ›Ressourcen‹ zu denken und zu vergessen, dass sie einen Eigenwert besitzen. Jedes Jahr verschwinden Tausende Pflanzen- und Tierarten, die wir nicht mehr kennen können, die unsere Kinder nicht mehr sehen können, verloren für immer. Die weitaus größte Mehrheit stirbt aus Gründen aus, die mit irgendeinem menschlichen Tun zusammenhängen. Unseretwegen können bereits Tausende Arten nicht mehr mit ihrer Existenz Gott verherrlichen, noch uns ihre Botschaft vermitteln. Dazu haben wir kein Recht.«[56]

Bund

Die Dritten im Bunde

>»Ich sei, gewährt mir die Bitte,
>in eurem Bunde der Dritte.«

Bei dem Versuch, mit einem »Dolch im Gewande« die Stadt vom Tyrannen zu befreien, wird Damon gefasst. Zur Strafe soll er ans Kreuz geschlagen werden. Auf Damons Bitte akzeptiert der tyrannische König Damons Freund als Bürgen. Drei Tage hat Damon Zeit, »die Schwester dem Gatten zu freien«. Kommt Damon nicht zurück, wird der Freund »statt deiner erblassen«. Wird Damon sein Versprechen halten und rechtzeitig zurückkehren, um seinen Freund vor dem Tod zu retten und sein eigenes Leben zu geben?

In Schillers Ballade »Die Bürgschaft« geht es um Freundschaft – um Liebe, Treue und Pflicht zwischen den beiden Freunden. Die Frist ist fast verstrichen, der Freund wird schon am Kreuz emporgezogen, da bahnt sich Damon einen Weg durch die gaffende Menge:

>»Mich Henker! ruft er, erwürget,
>Da bin ich, für den er gebürget!«

Das Volk ist erstaunt. Auch der König ist von der Freundschaft der beiden Männer überwältigt:

>»Und die Treue, sie ist doch kein leerer Wahn,
>so nehmt auch mich zum Genossen an,
>Ich sei, gewährt mir die Bitte,
>in eurem Bunde der Dritte.«

Anders als der König in Schillers Ballade müssen die Tiere nicht darum bitten, in den Bund Gottes mit aufgenommen zu werden. Der Bund Gottes nach der Sintflut ist ein *Bund mit Menschen und Tieren*. Wie die Menschen sind auch die Tiere Gottes Bündnispartner: Sie sind die Dritten im Bunde.

>»Siehe, ich richte mit euch einen Bund auf und mit euren
>Nachkommen und mit allem lebendigen Getier bei euch,
>an Vögeln, an Vieh und an allen Tieren auf Erden bei
>euch, von allem, was aus der Arche gegangen ist, was
>für Tiere es sind auf Erden.«
>*(Genesis 9,9–10)*

Das ist ziemlich deutlich. Der Bund Gottes ist ein Bund mit Noah, mit seiner Familie und mit den Nachkommen, aber eben zugleich auch mit allem lebendigen Getier, mit Vögeln, Vieh und allen Tieren auf Erden, mit allen Tieren, die aus der Arche gegangen sind. Ich wiederhole das hier, weil es auch in der Bibel selbst mehrfach wiederholt wird. Schon beim Bau der Arche (→ Arche) lässt der biblische Text Gott betonen:

>»Und du sollst in die Arche bringen von allen Tieren,
>von allem Fleisch, je ein Paar, Männchen und Weibchen,
>dass sie leben bleiben mit dir. Von den Vögeln nach ihrer
>Art, von dem Vieh nach seiner Art und von allem Ge-
>würm auf Erden nach seiner Art: Von den allen soll je
>ein Paar zu dir hineingehen, dass sie leben bleiben.«
>*(Genesis 6,19–20)*

In der Sintflut stirbt »alles Fleisch, darin Odem des Lebens ist, unter dem Himmel« (Genesis 6,17) bzw. »alles, was Odem des Lebens hatte auf dem Trockenen« (Genesis 7,22). Entsprechend wird von allem lebendig atmenden Fleisch je ein Paar gerettet: Alle Tiere, alles Fleisch – Menschen, Vögel, Vieh, Gewürm.

Dem entspricht wiederum, dass auch der Bundesschluss nach dem Ende der Sintflut alle Arten atmenden Fleisches berücksichtigt, explizit benennt und miteinschließt. Dabei fällt auf, dass diese Tatsache mehrfach wiederholt wird:

> »Und Gott sprach: Das ist das Zeichen des Bundes, den ich geschlossen habe zwischen mir und euch und allem lebendigen Getier bei euch auf ewig: Meinen Bogen habe ich gesetzt in die Wolken; der soll das Zeichen sein des Bundes zwischen mir und der Erde. Und wenn es kommt, dass ich Wetterwolken über die Erde führe, so soll man meinen Bogen sehen in den Wolken. Alsdann will ich gedenken an meinen Bund zwischen mir und euch und allem lebendigen Getier unter allem Fleisch, dass hinfort keine Sintflut mehr komme, die alles Fleisch verderbe. Darum soll mein Bogen in den Wolken sein, dass ich ihn ansehe und gedenke an den ewigen Bund zwischen Gott und allem lebendigen Getier unter allem Fleisch, das auf Erden ist. Und Gott sagte zu Noah: Das sei das Zeichen des Bundes, den ich aufgerichtet habe zwischen mir und allem Fleisch auf Erden.«
> *(Genesis 9,12–17)*

Hier wird erinnert und noch einmal erinnert, betont und noch einmal betont: Der Bund Gottes nach der Sintflut ist ein Bund mit Menschen und Tieren. Ein Bund mit allem lebendigen Getier, mit Vögeln, Vieh und allen Tieren auf Erden. Ein Bund mit allem Fleisch auf Erden. Ja, ein Bund mit der Erde selbst.

Was ist ein Bund? Ein Bund ist ein Vertrag, ein Abkommen, ein Bündnis, ein Zusammenschluss, eine gegenseitige Verpflichtung. Ein Bündnis schafft eine besondere, enge Verbindung zwischen den Bündnispartnern. Ein Bundesschluss drückt Zusammengehörigkeit und Gemeinschaft aus. Dabei kann es vor allem um Pflichten gehen wie in einem Staatenbund.

Möglich ist auch eine gemeinsame Verpflichtung auf gemeinsame Ziele, wie zum Beispiel im Konziliaren Prozess, in dem sich die Mitgliedskirchen des Ökumenischen Rats der Kirchen in einem »Prozess der gegenseitigen Verpflichtung (Bund) für Gerechtigkeit, Frieden und Bewahrung der Schöpfung« engagierten. Grundlage eines Bundes kann aber auch Liebe, Freundschaft und Treue sein wie in Schillers Vorstellung vom Bund der Freundschaft oder im Bund der Ehe.

Mir gefällt die Idee, den Bund Gottes mit Menschen, Tieren und der Erde als einen Ausdruck von Gottes Liebe und Freundschaft zu verstehen: Gott liebt Menschen und Tiere. Gott ist eine Freundin von Menschen und Tieren, ein Freund allen Lebens, ein Freund der Erde. Aber auch in der biblischen Überlieferung ist ein solcher Bund mit Zusagen und Pflichten verbunden:

> »Und ich richte meinen Bund so mit euch auf, dass
> hinfort nicht mehr alles Fleisch ausgerottet werden soll
> durch die Wasser der Sintflut und hinfort keine Sintflut
> mehr kommen soll, die die Erde verderbe.«
> *(Genesis 9,11)*

Die Überlieferung von Sintflut, Arche und Bund erzählt von einem Gott, der sich gegenüber Menschen, Tieren und Erde verpflichtet hat, das Leben allen Fleisches zu bewahren. Sehr angemessen übersetzt die Bibel in gerechter Sprache das Wort »Bund« darum mit »Bundesverpflichtung«. Genau darum geht es: Um Freundschaft, Liebe, Treue – und die damit verbundene Verpflichtung bzw. Verantwortung.

In der anthropozentrischen Lesart dieser Texte verpflichtet sich Gott nur darum zur Bewahrung von Erde und Tieren, um die Lebensgrundlagen für die Menschen zu erhalten. Davon ist in den biblischen Texten allerdings keine Rede. Wenn es am Ende eigentlich nur um den Menschen ginge, bräuchte es keinen Bund mit den Tieren und der Erde.

Die tier-ökologische Lesart der Texte betont demgegenüber, dass die Tiere in diesen Texten eben nicht als »Nutztiere« des Menschen, sondern als eigenständige und gleichberechtigte Partner in Gottes Bund dargestellt werden. Sie sind »Fleisch, darin Odem des Lebens ist«. Die Tiere sind – mit Anklang an die Schöpfungserzählungen (→ Schöpfung) – atmendes Fleisch, atmendes Leben. Darum gilt auch ihnen Gottes Bundesverpflichtung.

Schließlich: Beim Bund Gottes mit Menschen und Tieren (und der Erde) handelt es sich um *einen* Bund. Es gibt also nicht einen Bund mit den Menschen und einen weiteren mit den Tieren. Es ist ein und derselbe Bund.

Der Vertragsinhalt ist dabei für alle klar: Es geht um die Schonung allen Fleisches, um den Respekt vor allem Leben. Menschen, Vögel, Vieh, Gewürm – Gott will, »dass sie leben bleiben«. Lebendiges darf nicht »ausgerottet« werden.

Was bedeutet das Motiv vom Bund Gottes mit den Mitgeschöpfen für unseren Umgang mit den Tieren und für unsere Ernährung? Was bedeutet das für unseren wachsenden Bedarf an Ackerflächen vor allem auch für den Anbau von Futtermitteln in anderen Teilen der Erde, der den Lebensraum vieler Tierarten immer weiter verkleinert und das Artensterben vorantreibt?

Die Vorstellung vom Bund Gottes mit den Tieren gehört für mich zu den stärksten biblischen Motiven für ein neues Bild der Tiere. Aber was heißt hier »neu«? Tatsächlich ist dieser Gedanke ja so alt wie die Bibel selbst! In unserer kirchlichen Praxis ist dieser Teil der Geschichte von Sintflut, Arche und Bund aber leider ziemlich in den Hintergrund geraten. Viele Kinderbibeln kennen nur den »Bund Gottes mit den Menschen«.

Nun verstehe ich natürlich alle Notwendigkeiten zur Elementarisierung. Über eine anthropozentrisch verengte Theologie und Spiritualität muss man sich dann aber nicht wundern. Wie selbstverständlich in vielen theologischen Texten von der »Geschichte Gottes mit den Menschen« die Rede ist – als ob es kein Universum, keine Natur und keine Tiere gäbe, die ebenfalls zu Gottes Geschichte gehören. Als ob sich Gott nur für die Menschen interessieren würde!

In der Überlieferung vom Bund Gottes mit den Tieren kann eine Theologie der Tiere die biblische Wertschätzung der Tiere wiederentdecken, die zumindest an dieser Stelle weiter und »moderner« anmutet als eine exklusiv auf den Menschen verengte Theologie.

Der Bund Gottes mit den Tieren erinnert uns: Die Tiere sind Gottes Bündnispartner. Sie sind die Dritten im Bunde.

Der neue Bund

Weißt du was
murmelte das Murmeltier zu Gott

Beim nächsten Mal
machen wir den Bund
einfach ohne den Menschen

Bernd Kappes

Ehrfurcht vor dem Leben
Leben, das leben will

Die westliche Kultur- und Geistesgeschichte ist vom Anthropozentrismus geprägt. Bei Descartes erfährt der Anthropozentrismus seine denkerische Zuspitzung in der Vorstellung vom Menschen als »Herr und Meister der Natur« (→ Anthropozentrismus). Nur der Mensch bzw. nur das denkende Selbst ist Subjekt. Die Natur wird zum Objekt der menschlichen Erkenntnis und Nutzung. Als Mittel für menschliche Zwecke hat die Natur nur insofern einen Wert, als sie dem Menschen dienlich ist. Ansonsten ist die Natur ohne eigenen Wert, sie ist wertlos.

Auch die dominante Tradition des Christentums hat den Menschen als Herrscher über die Tiere verstanden (→ Herrschaft). In der Geschichte des Christentums haben nur einzelne das biblische Motiv der Mitgeschöpflichkeit theologisch und spirituell ernst genommen. Zu diesen Menschen gehört neben Franz von Assisi (→ Franz von Assisi) auch der Arzt, Philosoph, Theologe und Musiker Albert Schweitzer (1875–1965). Die »Ehrfurcht vor dem Leben«, der zentrale Begriff seines Denkens, ist als bewusstes Gegenprogramm zur cartesianisch-anthropozentrischen Denktradition zu verstehen.[57]

> »Ich saß auf einem der Schleppkähne … Am Abend des dritten Tages, als wir uns beim Sonnenuntergang in der Nähe des Dorfes Igendja befanden, mussten wir an einer Insel in dem über einen Kilometer breiten Fluss entlang fahren. Auf einer Sandbank, zur Linken, wanderten vier Nilpferde mit ihren Jungen in derselben Richtung wie

wir. Da kam ich, in meiner großen Müdigkeit und Verzagtheit plötzlich auf das Wort ›Ehrfurcht vor dem Leben‹, das ich, soviel ich weiß, nie gehört und nie gelesen hatte.«[58]

Im September 1915 wird Schweitzer von Lambarene nach N'Gomo gerufen, um dort eine Kranke zu behandeln. Während der mehrtägigen, 200 Kilometer langen Flussfahrt auf dem Ogowe sitzt Schweitzer auf dem Deck des Schleppkahns »um den elementaren und universellen Begriff des Ethischen ringend, den ich in keiner Philosophie gefunden hatte.«[59] Die Suche nach dem richtigen Begriff hat Schweitzer erschöpft und mutlos werden lassen: »Blatt um Blatt beschrieb ich mit unzusammenhängenden Sätzen.«[60] Es ist die Begegnung mit den Nilpferden, die Schweitzer den Begriff schenkt: Ehrfurcht vor dem Leben.

»Vier Nilpferde mit ihren Jungen – in derselben Richtung wie wir«: Vier Nilpferde unterwegs wie wir. Lebendig wie wir. Leben, das leben will – wie wir. Schweitzer meint, dass wir dem Leben dieser Flusspferdefamilien mit Ehrfurcht begegnen sollen, ja, dass wir allem Leben mit Ehrfurcht begegnen sollen.

Die »Ehrfurcht vor dem Leben« hat der Friedensnobelpreisträger später in einer berühmten Wendung weiter entfaltet: »Ich bin Leben, das leben will, inmitten von Leben, das leben will.« Dieser Satz des evangelischen Theologen ist offen und anschlussfähig für Menschen aller Religionen und Weltanschauungen. Es handelt sich nicht um eine Aufforderung, sondern um eine Aussage, die die Spannung zweier Erkenntnisse zum Ausdruck bringt: die Erfahrung des Verbundenseins mit allem Leben einerseits und die Tatsache einer fundamentalen Konkurrenz allen Lebens andererseits.

Schweitzers Blick auf die Welt ist realistisch: »Das auf Wahrheit ausgehende Denken muss sich eingestehen, dass ein Geist der Gütigkeit in dem Weltgeschehen nicht am Werke ist. Die Welt bietet uns das trostlose Schauspiel von Regungen des Willens zum Leben, die fort und fort gegeneinander stehen. Eine Existenz erhält sich durch Bekämpfung und Vernichtung der anderen. Die Welt ist Grausiges in Herrlichem, Sinnloses in Sinnvollem, Leidvolles in Freudvollem.«[61]

Im Kampf ums Dasein steht mein Wille zum Leben mit dem Lebenswillen anderer Lebewesen im Konflikt. Ich will leben – und andere wollen auch leben. Diese Lebenskonkurrenz konnte Schweitzer nicht nur abstrakt-philosophisch, sondern auch ganz konkret beschreiben:

> »Auf tausend Arten steht meine Existenz mit anderen in Konflikt. Die Notwendigkeit, Leben zu vernichten und Leben zu schädigen, ist mir auferlegt. Wenn ich auf einsamem Pfade wandle, bringt mein Fuß Vernichtung und Weh über die kleinen Lebewesen, die ihn bevölkern. Um mein Dasein zu erhalten, muss ich mich des Daseins, das es schädigt, erwehren. Ich werde zum Verfolger des Mäuschens, das in meinem Hause wohnt, zum Mörder des Insekts, das darin nisten will, zum Massenmörder der Bakterien, die mein Leben gefährden können. Meine Nahrung gewinne ich durch Vernichtung von Pflanzen und Tieren. Mein Glück erbaut sich aus der Schädigung der Nebenmenschen.«[62]

Aus der Einsicht in die Konkurrenz allen Lebens zieht der Philosoph nun allerdings keine sozialdarwinistischen Konsequenzen. Dass andere auch leben wollen, bedeutet für Schweitzer gerade nicht, dass alle Individuen mit ganzem Einsatz um die Durchsetzung ihrer Lebensinteressen kämpfen müssen, sondern dass wir allem Leben mit Respekt und Ehrfurcht begegnen sollen. Diese ethische Überzeugung speist sich aus der Erfahrung der Mitgeschöpflichkeit und der Verbundenheit mit allem Leben. Vier Nilpferde und ihre Jungen: Unterwegs wie wir. Leben wie wir.

»Was ist also das Erkennen, das gelehrteste wie das kindlichste: Ehrfurcht vor dem Leben, vor dem Unbegreiflichen, das uns im All entgegentritt, und das ist wie wir selbst, verschieden in der äußeren Erscheinung und doch innerlich gleichen Wesens mit uns, uns furchtbar ähnlich, furchtbar verwandt. Aufhebung des Fremdseins zwischen uns und anderen Wesen.«[63]

Dass das Leben der Mitgeschöpfe dem unseren »furchtbar ähnlich und furchtbar verwandt« ist, können wir intuitiv, sinnlich und erfahrungsbezogen, also »kindlich« erleben, aber auch akademisch-intellektuell, also »gelehrt« erkennen – heute noch besser als zu Schweitzers Zeiten mit Hilfe der Erkenntnisse der Evolutionsbiologie (»furchtbar verwandt«) und der modernen Verhaltensbiologie (»furchtbar ähnlich«).

»In allem findest du dich wieder. Der Käfer, der tot am Wege liegt – er war etwas, das lebte, um sein Dasein rang wie du, an der Sonne sich erfreute wie du, Angst und Schmerzen kannte wie du, und nun nichts mehr ist als verwesende Materie – wie du über kurz oder lang sein wirst.«[64]

Für Schweitzer gibt es keinen Unterschied zwischen dem menschlichen Lebenswillen und dem Lebenswillen anderer Geschöpfe. Die Ehrfurcht vor dem Leben ist darum Ehrfurcht vor *allem* Leben: Jedes Leben verdient Respekt, Achtung, Ehrfurcht. Nächstenliebe wird zu einer ethischen Forderung, die sich über den Menschen hinaus auf alle Lebewesen bezieht. Damit sprengt Schweitzer die Anthropozentrik der traditionellen Ethik: »Der große Fehler aller bisherigen Ethik ist, daß sie es nur mit dem Verhalten des Menschen zum Menschen zu tun zu haben glaubte. In Wirklichkeit aber handelt es sich darum, wie er sich zur Welt und allem Leben, das in seinen Bereich tritt, verhält. Ethisch ist er nur, wenn ihm das Leben als solches, das der Pflanze und des Tieres wie das des Menschen, heilig ist.«[65]

Mit der Ehrfurcht vor dem Leben hat der Theologe eine Spiritualität der Mitgeschöpflichkeit begründet. Er hat allerdings keine ethische Systematik entwickelt, um in Konfliktfällen zu einer Entscheidung zu gelangen. Wenn alles Leben Ehrfurcht verdient – macht es dann einen Unterschied, ob wir Mäuschen, Insekten oder Bakterien das Leben nehmen? Wenn alles Leben heilig ist – ist es dann egal, ob ich eine Pflanze oder ein Tier zur Nahrungsgewinnung »vernichte«? In unserer alltäglichen Lebenspraxis sind Abstufungen in der moralischen Berücksichtigung unterschiedlicher Formen des Lebens unvermeidlich. Die moderne Tierethik (→ Tierrechte) hat hier zu weiteren Differenzierungen beigetragen.

»Wie die Hausfrau, die die Stube gescheuert hat, Sorge trägt, dass die Tür zu ist, damit ja der Hund nicht hereinkomme und das getane Werk durch die Spuren seiner Pfoten entstelle, also wachen die europäischen Denker darüber, dass ihnen keine Tiere in der Ethik herumlaufen.«[66] Wir haben es auch Albert Schweitzer zu verdanken, dass die Tiere heute selbstverständlich nicht nur in der Ethik, sondern zunehmend auch in der Theologie sowie in anderen Geistes- und Sozialwissenschaften herumlaufen. Die intensiver werdende Auseinandersetzung mit den Mensch-Tier-Verhältnissen wird als »Animal Turn« bezeichnet.

Es bleibt das Verdienst Schweitzers, dass er mit der Ehrfurcht vor dem Leben die anthropozentrische Engführung unserer westlichen Weltanschauung überwunden hat. Die Ehrfurcht vor allem Leben ist zuallererst Ausdruck einer Haltung, mit der wir uns in eine Spiritualität der Verbundenheit mit allem Leben einüben können.

Evolution

Nahe und ferne Verwandte

Der britische Zoologe Sir Richard Owen war sich sicher, den Plan des Schöpfers entdeckt zu haben. Gründlich hatte er die Gliedmaßen unterschiedlicher Säugetiere untersucht und dabei auffällige *Ähnlichkeiten* festgestellt. Owen stellte fest, dass der Bauplan dieser Gliedmaßen immer gleich ist: Ein Knochen, zwei Knochen, Knöchelchen, Finger.

Beim Menschen notierte er: Ein Knochen im Oberarm, zwei Knochen im Unterarm, viele kleine Knochen im Handgelenk, fünf Finger. Doch ob es sich um den Arm eines Menschen, die Flügel eines Vogels oder die Flossen eines Wals handelt: All diese Gliedmaßen sind nach demselben Schema gebaut: ein Knochen, zwei Knochen, Knöchelchen, Finger. Ob Menschen, Fledermäuse, Maulwürfe, Pferde, Krokodile, Robben, Eidechsen, Pinguine oder Buckelwale: Unterschiedlich sind lediglich Form und Länge der Knochen sowie die Zahl der Knöchelchen und Finger bzw. Zehen.

Auch Schädel und Wirbelsäule, ja der gesamte Körperbau der Säugetiere folgt einem grundlegenden Konstruktionsprinzip. Als Owen 1849 sein Buch »On the Nature of Limbs« (Über die Natur der Gliedmaßen) veröffentlichte, sah er in diesen Übereinstimmungen das Werk göttlicher Ordnung. Er prägte dabei den Begriff der Homologie, der auch heute noch in der vergleichenden Anatomie verwendet wird. Als homologe Organe werden Organe unterschiedlicher Arten mit gleichem Grundbauplan bezeichnet. Die Verwandtschaft von Arm, Flügel und Flosse ist dabei leicht nachzuvollziehen. Doch auch bei Haifischschuppen und menschlichem Zähnen handelt es sich um homologe Organe, da beide Organe in mehreren charakteristischen Merkmalen übereinstimmen.

Owen bekämpfte später Darwins Evolutionstheorie – und hatte zugleich die besten Argumente für Darwin geliefert. Denn Darwin schlussfolgerte: Arten mit homologen Organen müssen einen gemeinsamen Vorfahr haben. Als dessen Nachkommen unterschiedliche Lebensräume besiedelten, führte die Anpassung zu Unterschieden bei äußerem Bau (als Bein oder Flügel) und Funktion (schwimmen oder fliegen) der Organe. Der innere Grundbauplan ist aber erhalten geblieben. Auch Haifischschuppen und menschliche Zähne gehen also auf das Organ eines gemeinsamen Vorfahren zurück, bevor sich die Arten und ihre Organe unterschiedlich weiterentwickelten. »Bein von meinem Bein und Fleisch von meinem Fleisch«: Diese Worte (Genesis 2,23) aus der zweiten Schöpfungserzählung (→ Schöpfung) erscheinen in diesem Kontext in einem völlig neuen Licht.

Neben den homologen Organen, die sich im Laufe der Evolution unterschiedlich weiterentwickelt haben, gibt es natürlich auch Organe, deren Aufbau und Funktion bei unterschiedlichen Arten gleich geblieben ist. Bei einer traditionellen Hausschlachtung in den Herrmannsdorfer Landwerkstätten lädt der Gründer Karl Ludwig Schweisfurth die Gäste ein, genau hinzusehen, wenn ein Schwein vor ihren Augen ausgenommen wird. Herz, Lunge, Darm, Niere, Blase, Leber – eindringlich ruft Schweisfurth den Gästen zu: »Genauso sieht es auch in Ihnen aus! Genauso!«

Heute wissen wir, dass die Gemeinsamkeiten aller Säugetiere weit über den gemeinsamen Bauplan ihrer Körper hinausreichen. So lassen sich auch bei den Genen Übereinstimmungen finden. Bei Menschen und Schimpansen beträgt die Übereinstimmung 98,5 Prozent. Das bedeutet, dass Menschen und Schimpansen so nah verwandt sind wie Pferd und Esel. Auch hinsichtlich Gehirnstruktur und neuronaler Prozesse gibt es bei den Säugetieren Gemeinsamkeiten bis in kleinste

Details. Bei den Hormonen zeigt sich, dass etwa Sexualhormone und Stresshormone bei Menschen, Fledermäusen, Nashörnern und Delfinen in gleicher Form vorkommen.

Wie gehört der Mensch in den Gesamtzusammenhang allen Lebens? Was ist der Ort des Menschen in der Natur? Die Menschheitsgeschichte ist ein (kleiner) Teil der Naturgeschichte. Die Geschichte der Erde und des Lebens auf der Erde ist ein (kleiner) Teil der *Geschichte des Kosmos*.

Um zu veranschaulichen, wie sich die Geschichte der Menschen zur Geschichte der Erde verhält, hat der Theologe Larry Rasmussen vorgeschlagen, dass wir uns die Geschichte der Erde als ein zehnbändiges Werk vorstellen: Jeder Band hat 500 Seiten. Und jede Seite erzählt die Geschichte von einer Million Jahren.

Das Leben beginnt überhaupt erst im achten Band. Dabei wird zunächst von den Pflanzen erzählt. Menschliches Leben begegnet erst auf der vorletzten Seite des letzten Bandes. Und um unsere heutige Zivilisation geht es in den letzten drei Wörtern auf der letzten Seite des letzten Bandes. »Die menschliche Geschichte bildet also nur einen sehr späten und kurzen Teil in der gesamten großen Erdgeschichte.«[67]

Menschliches Leben ist eine späte Erscheinung auf der Erde. Vor 13,8 Milliarden Jahren begann die Geschichte des Universums mit dem Urknall. Die Erde entstand vor 4,6 Milliarden Jahren. Vor 3,5 Milliarden Jahren begann das Leben auf der Erde.

Wie aus unbelebter Materie tatsächlich zelluläres Leben entstehen konnte, ist bis heute ein Geheimnis. Die ersten Formen des Lebens waren vermutlich den heutigen Bakterien sehr ähnlich. Die ersten Hominiden, also die frühesten menschenähnlichen Wesen, tauchten vor zwei Millionen Jahren auf: Der homo erectus. Dieser »Urmensch« unterschied sich von den anderen Affen durch seinen aufrechten Gang. Den homo sapiens gibt es erst seit 200.000 Jahren. Die letzten 12.000 Jahre werden zur menschlichen Zivilisation im engeren Sinne gerechnet.

Vor uns waren vor uns schon die Tiere da, die Würmer, Quallen und Dinosaurier. Die Tiere sind tatsächlich unsere älteren Geschwister. Wie eng unser menschliches Leben und unser menschlicher Körper mit der Entwicklung des tierlichen Lebens verbunden ist, wurde mir deutlich, als eine Bekannte am Hals operiert werden musste. Anfangs wollte sie nicht mit der Sprache heraus: Da müsse etwas weggemacht werden. Später erzählte sie doch: Es waren die Kiemen, die für Probleme sorgten. Die Kiemen? Meine Bekannte – ein Fisch?

Tatsächlich: Der Fisch in uns. Das Reptil in uns. Der Affe in uns. So lauten die Titel einer dreiteiligen TV-Dokumentationsreihe, die sich mit den Forschungsergebnissen des US-amerikanischen Paläontologen Neil Shubin auseinandersetzt. Dabei hat es nur die *evolutionäre Verwandtschaft* mit den Affen in unser Allgemeinbewusstsein geschafft. Das Steißbein, an dem einmal ein Schwanz hing, erinnert uns manchmal schmerzhaft daran. Doch auch die Fische und Reptilien gehören zu unserem Stammbaum. Und LUCA kann uns erklären, warum das so ist.

LUCA ist unser aller »Last Universal Common Ancestor«, der letzte gemeinsame universelle Vorfahr. Dabei handelt es sich um den berühmten ersten Einzeller, der vor etwa 3,5 Milliarden Jahren im Wasser entstanden ist. Alles Leben auf der Erde stammt von dieser Uropa-Uroma-Zelle ab: Tiere, Pflanzen, Menschen. Aus dem Einzeller wurden Vielzeller, aus denen sich schließlich Meerestiere und Wasserpflanzen entwickelten.

Noch viel später, vor etwa 370 Millionen Jahren, gingen die Meerestiere an Land. Flossen wurden zu Beinen. In der Geschichte der Evolution entwickelten sich die Kiemenbögen zu unserem Unterkiefer, zu den Knochen des Mittelohrs und zum Stimmapparat (Kehlkopf). Von der Evolutionsgeschichte unseres Körpers merken wir meistens nichts. Doch bei manchen Menschen macht sich am Hals das Erbe der Kiemenbögen eben plötzlich bemerkbar oder ist als winziges Loch am Rand der Ohrmuschel schon immer zu sehen.

Und was das Reptil in uns betrifft: In den ersten Wochen der Schwangerschaft wird erkennbar, dass unsere Vorfahren Eier legten. Zu Beginn des Embryonalstadiums ist beim Ultraschall ein Dottersack sichtbar. Dotter gibt es allerdings nicht mehr, und auch die entsprechenden Gene sind nicht mehr aktiv. Ebenso ist auch die Schutzhaut aus toten Zellen auf der Oberseite unserer Epidermis ein evolutionäres Überbleibsel, das uns an unsere Verwandtschaft mit den Reptilien erinnert.

»Verwandtschaft« ist das Stichwort: Als Menschen sind wir nicht nur mit anderen Menschen verwandt. Als Menschen sind wir nicht nur Nachfahren von Adam und Eva, sondern auch von LUCA, der ersten Zelle, von der alles Leben auf der Erde abstammt. Darum sind wir mit allem verwandt, was lebt. Auch Pflanzen, Tiere, Pilze und Bakterien gehören zu unseren – näheren und entfernteren – Verwandten.

Die Übereinstimmung naturwissenschaftlicher Erkenntnisse mit dem weisheitlich-spirituellen Wissen indigener Völker von der Verwandtschaft des menschlichen Lebens mit der gesamten belebten Welt halte ich für bemerkenswert. »Sie sind ja unsere Familie«[68], schreibt die indigene Biologieprofessorin Robin Wall Kimmerer.

Von den Schildkröten, die an der Pazifikküste in El Salvador zum Eierlegen an den Strand kommen, stammen wir zwar nicht ab, wir sind aber mit ihnen verwandt, denn spätestens Tiktaalik ist unser gemeinsamer Vorfahr – das Darwin noch nicht bekannte und von ihm als »Urzeitwesen« bezeichnete Übergangstier zwischen Fisch und Landlebewesen, das vor langer Zeit aus dem Wasser an Land gekrochen ist und erst im Jahr 2004 von Neil Shubin in Kanada entdeckt wurde. Tiktaalik besaß Brustflossen mit deutlich ausgebildeten Arm-

und Handwurzelknochen. Shubin erkannte, dass dieser »Fisch mit Fingern« in der Lage war, sowohl zu schwimmen als auch in seichtem Wasser und im Schlamm am Ufer herumzukriechen.[69]

Wie nah wir mit anderen Tieren verwandt sind, kann eine tiefe und berührende Erkenntnis sein. Mit allen Tieren haben wir einen Körper gemeinsam, der aus Zellen mit DNA gebaut ist. Sehr viele Tiere, darunter alle Insekten, teilen überdies unseren Körperbauplan, in dem es Vorne und Hinten, Oben und Unten, Links und Rechts gibt. Wirbeltiere verfügen über Schädel und Rückgrat wie wir. Viele Wirbeltiere haben Hände und Füße bzw. Flossen oder Flügel, die alle nach demselben Schema konstruiert sind. Mit allen Säugetieren teilen wir das Säugen des Nachwuchses mit Milch (neben Behaarung/Fell, Gebiss und Mittelohrknochen). Und auch im Blick auf Fühlen, Denken und Verhalten sind uns viele Tiere ähnlich (→ Verhaltensbiologie).

Über den Zusammenhang zwischen dem einen gemeinsamen Ursprung allen Lebens und der wunderbaren Vielgestaltigkeit des Lebens staunte schon Darwin in seinem Schlusssatz der »Entstehung der Arten« (1859): »Es ist wahrliche eine großartige Ansicht, dass der Schöpfer den Keim allen Lebens, das uns umgibt, nur wenigen oder nur einer einzigen Form eingehaucht hat und dass … aus so einem einfachen Anfang sich eine endlose Reihe der schönsten und wundervollsten Formen entwickelt hat und immer noch entwickelt.«[70]

Darwins Erkenntnis der gemeinsamen Abstammung von Mensch und Tier bzw. der Herkunft des Menschen aus dem Tierreich muss keine Kränkung für das menschliche Selbstbewusstsein sein, wie Sigmund Freud vermutete. Mit Darwin können wir uns freuen über das Wunder des Lebens in all seinen unterschiedlichen Formen – und über die Verwandtschaft und Gemeinschaft mit den Tieren.

Was ist der Ort des Menschen in der Natur? Was ist der Mensch – im Verhältnis zum Tier? Wir Menschen sind nicht der Mittelpunkt des Universums. Die unvorstellbare lange Geschichte des Kosmos, der Erde und die Evolution allen Lebens auf der Erde laufen auch nicht auf den Menschen zu. Als Menschen stehen wir Natur und Tierwelt nicht gegenüber. Wir sind Teil der Natur und Teil der Tierwelt.

Im Prinzip wissen wir das alles. »Aber wo ist die Erinnerung an die tierliche Herkunft des Menschen in der Kulturgeschichte geblieben?«, fragt der Theologe Thomas Ruster. »Haben die Menschen ihr evolutionäres Gedächtnis verloren? Haben sie ihre tierliche Vergangenheit verdrängt?«[71] Obwohl wir eigentlich um die Nähe und Verwandtschaft aller Spezies wissen, ist unser Selbstbewusstsein weiterhin geprägt vom Gegenüber »Mensch/Tier« und »Kultur/Natur«.

Von »Schöpfung« können wir heute nur im Rahmen des Evolutionsparadigmas sprechen. Die Evolutionstheorie ist Teil unseres heutigen Weltbilds. Auch als Theologe habe ich nur dieses und kein anderes. Natürlich entwickeln sich auch die Erkenntnisse der Naturwissenschaft weiter. Aber vom jeweiligen Stand der Forschung muss auch die Theologie ausgehen. Die Rede von der Schöpfung kann heute also nur auf Grundlage und im Rahmen der Evolutionstheorie stattfinden und muss sich auf diese beziehen (→ Schöpfung).

Für das Verhältnis von *Schöpfung und Evolution* ist dabei bedeutsam, dass sich die Erkenntnisse der Evolutionstheorie nur auf die *creatio continua* und nicht auf die *creatio originalis* beziehen. Mit anderen Worten: Die Evolutionstheorie macht keine Aussagen über Entstehung und Anfang allen Lebens, sondern über seine Entwicklung. Aus diesem Grund hat der Theologe Jürgen Moltmann darauf hingewiesen, dass es im Blick auf das Geheimnis des Ursprungs des Lebens zwischen der Evolutionstheorie und der »Schöpfung am Anfang« *(creatio originalis)* gar keine Widersprüche geben kann.[72]

Das fortgesetzte Wirken Gottes in der Geschichte der Natur und des Menschen *(creatio continua)* wiederum ist gut anschlussfähig an den offenen Prozess der Entwicklung des Lebens im Rahmen des evolutionären Denkens. Denn auch in der Perspektive der *creatio continua* ist die Schöpfung kein fertiges und abgeschlossenes Produkt, sondern ein offener Prozess.

Evolutionsbiologisch betrachtet sind wir Menschen am weit verzweigten Baum des Lebens nicht die Krone, sondern nur ein kleines Ästchen. Von den Tieren sind wir nicht durch einen großen Graben getrennt, sondern bei Menschen und Tieren handelt es sich um viele Äste desselben Baums. Auch Tiere (und Pflanzen) gehören zu unserer Verwandtschaft. Wir sind nicht nur Teil der menschlichen Gemeinschaft, sondern Teil der Natur, Teil der größeren Gemeinschaft allen Lebens auf der Erde. Der Mensch ist nicht nur ein soziales Wesen, sondern ein »biosoziales« Wesen, wie der US-amerikanische Theologe Larry Rasmussen formuliert.[73] Anders gesagt: Wir sind Erdlinge unter anderen Erdlingen, eine (ganz spezielle) Spezies unter anderen (ganz speziellen) Spezies.

So notierte schon Darwin im Jahr 1838 in seinem Tagebuch: »Der Mensch hält sich in seiner Arroganz für ein großartiges Werk, des besonderen Eingreifens einer Gottheit würdig. Es dürfte bescheidener und, wie ich glaube, auch richtig sein, ihn aus den Tieren entstanden anzusehen.«[74]

Franz von Assisi

Schwester Grille und Bruder Wolf

Der heilige Franz (1182–1226) hatte die schöne Angewohnheit, gefangene Tiere freizulassen. Einmal wurde ein Hase zu ihm gebracht, der in eine Falle geraten war. Franziskus sprach zum ihm: »Bruder Häslein, komm her zu mir! Warum hast du dich so überlisten lassen?« Der Hase sprang in Franziskus' Schoß und ruhte dort, während Franziskus ihn »mit mütterlicher Zärtlichkeit« streichelte. Daraufhin wurde der Hase im nahen Wald freigelassen.[75]

Auch Fischen gegenüber hegte Franziskus »die gleiche Liebe und Zärtlichkeit«. Als er auf dem See von Rieti von einem Fischer mit einem großen Fisch beschenkt wird, spricht er diesen sofort als Bruder an und setzt ihn umgehend wieder ins Wasser. Gleichwohl empfängt Franziskus den Fisch »heiter und freundlich«. So wird der Fischer nicht beschämt, denn Franziskus freut sich aufrichtig über das »von Herzen« kommende Geschenk.[76]

In ähnlicher Weise nimmt Franziskus das Wasservöglein, das ihm bei der Überfahrt von Rieti nach Greccio als Geschenk angeboten wird, mit Freuden an. Auch hier öffnet er sogleich seine Hände »und lud es sanft ein, frei davonzufliegen«. Da der Vogel aber nicht fort wollte, »gebot er dem Vöglein mit zärtlichen Worten, sich ohne Furcht wieder in seine alte Freiheit zu begeben«.[77]

Im Blick auf die freilassenden Worte und Gesten hat Anton Rotzetter, Kapuziner, Schriftsteller in franziskanischer Tradition und Mitbegründer des Instituts für Theologische Zoologie, seinem Buch über Franz von Assisi und die Tiere den Titel »Die Freigelassenen« gegeben. Tatsächlich hätte das Buch auch die »Freigekauften« heißen können, denn in einigen Tiergeschichten wird erzählt, wie Franziskus Tiere gezielt freikauft und damit vom Tod erlöst.

So begegnet Franziskus in der Mark Ancona einem Mann, der zwei mit Stricken gebundene Lämmer auf der Schulter zum Markte trug. Als er die Lämmer blöken hört, streichelt er sie voll Mitleid, wie eine Mutter es mit ihrem weinenden Kind hat. Er fragt den Mann, der die Lämmer trägt: »Warum bindest du so meine Brüder, die Lämmer, hängst sie auf und quälst sie?« Der aber antwortet, dass er die Lämmer zum Markt trage, weil er den Erlös benötige. Franziskus fragt ihn, was nach dem Verkauf mit den Lämmern geschehen wird. Darauf erklärt ihm der Mann, dass die Käufer sie schlachten und essen würden. Darauf Franziskus: »Das soll nicht geschehen! Nimm statt des Geldes den Mantel, den ich trage, und überlass mir die Lämmer!« Am Tag zuvor hatte Franziskus sich einen Mantel gegen die Kälte geliehen. Der Mann aber freute sich, denn der Mantel war weit mehr wert, als der Erlös der beiden Lämmer ihm eingebracht hätte.[78]

Im Mittelpunkt dieser Geschichten steht die Freiheit der Tiere, die Franziskus bewahren oder wiederherstellen will. Damit wir das auf jeden Fall verstehen, bringen es einige Legenden explizit auf den Begriff: »Freilassen«, »frei in den Wald zurückkehren«, »frei davonfliegen«, »sich wieder in die alte Freiheit begeben«. Die Geschichten betonen, dass dort, wo Nähe zwischen Franziskus und den Tieren entsteht, diese Nähe von den Tieren selbst gewählt und gewollt ist. Aus freien Stücken und in aller Freiheit bleiben der junge Hase und der Wasservogel bei Franziskus. Franziskus ermutigt seinerseits die Tiere, in ihre alte Freiheit zurückzukehren.

Das ethische Ideal von Freiheit und Selbstbestimmung der Tiere drückt sich auch im Tierhaltungsverbot aus, das Franziskus für die neue Ordensgemeinschaft vorgesehen hatte. Das Verbot in der nichtbullierten Regel sollte ohne Ausnahme gelten:»Ich gebiete allen meinen Brüdern … auf keinen Fall … ein Tier zu halten.«[79]

Im Kontext der franziskanischen Tiergeschichten erscheint das konsequent: Franziskus achtet die Freiheit der Tiere und befreit sie aus Gefangenschaft. Jede Form von Tierhaltung würde diesem Anliegen entgegenstehen. So überrascht es nicht, dass Franziskus die beiden freigekauften Lämmer in die Obhut des Mannes zurückgibt »mit dem Auftrag, sie nie mehr zu verkaufen und ihnen kein Leid mehr anzutun, sondern sie sorgfältig zu erhalten, zu nähren und zu hüten.«[80]

Es bleibt offen, warum das Verbot der Tierhaltung nicht in die offiziell anerkannte Ordensregel aufgenommen wurde. Hat die neue Gemeinschaft später vielleicht doch Tiere gehalten? Dagegen spricht, dass unter den fünfzig Tiergeschichten, welche die frühen Quellen bezeugen, keine einzige von einer Begegnung des Franziskus mit »Nutztieren« der Bruderschaft berichtet. Die Legenden erzählen ausschließlich von Begebenheiten mit wildlebenden oder mit von anderen Menschen gehaltenen Tieren.

Andererseits haben sich die Tiere, die dauerhaft bei Franziskus und den Brüdern bleiben, aus freien Stücken dafür entschieden. Die Tierlegenden setzen also keine eigene Tierhaltung voraus, sondern zielen im Gegenteil auf Befreiung und Freiheit der Tiere. Wie in der nichtbullierten Regel setzen auch die Tiergeschichten einen deutlichen Akzent gegen Besitz, Haltung und Nutzung von Tieren durch den Menschen.

Der Einsatz für die Freiheit der Tiere gründet bei Franziskus in einer großen Liebe zu den Tieren. Alle Tiergeschichten betonen seine (»mütterliche«) Zärtlichkeit zu den Tieren. Franziskus streichelt die Tiere und spricht sanft und liebevoll mit ihnen. Sein Herz wird von Mitleid und Erbarmen bewegt, wenn er sieht, wie die blökenden Lämmer zur Schlachtbank geführt werden. Das Schicksal der Tiere ist ihm nicht egal, sondern rührt ihn an.

Der unbedingte Respekt vor der Freiheit der Tiere erwächst bei Franziskus aus seiner Haltung, Tiere als Schwestern und Brüder anzusehen und anzusprechen. Damit geht Franziskus einen entscheidenden Schritt weiter als wir es heute üblicherweise tun, wenn wir von den Tieren als unseren Mitgeschöpfen sprechen.

Der Begriff der Geschwisterlichkeit ist bei uns in der Regel auf unsere Mitmenschen beschränkt. Im Unterschied dazu praktiziert Franziskus in Wort und Tat eine Spiritualität der Geschwisterlichkeit, die die Grenze unserer Spezies überschreitet und auch die Tiere mit einbezieht – und letzten Endes wie im Sonnengesang auch Bruder Sonne, Schwester Wasser und Mutter Erde umfasst.

Tiere als Schwestern und Brüder anzusprechen ist mehr als Poesie, zumindest bei Franz von Assisi. Die Sprache des Franziskus ist Ausdruck gelebter Schöpfungsspiritualität. Die Tiere ebenso wie die Mitglieder der eigenen Glaubens- und Lebensgemeinschaft gleichermaßen als Geschwister anzusehen und anzusprechen bedeutet eine radikale Aufwertung der Tiere.

Man könnte umgekehrt auch sagen: Diese Wortwahl ist ein markanter Einspruch gegen die allgemein übliche Abwertung der Tiere. Tiere als Geschwister anzusehen, bedeutet, ihr Recht auf Leben und Freiheit zu respektieren. Weil Tiere für Franziskus Schwestern und Brüder sind, begegnet er ihnen mit Zärtlichkeit und Mitgefühl und entlässt sie immer wieder in die Freiheit.

Franz von Assisi hat die Freiheit der Tiere geachtet – und gleichzeitig immer wieder ihre Nähe gesucht. Warum? Aus welchem Grund bemühte er sich um Kontakt und Begegnung mit den Tieren? In der berühmten Vogelpredigt bittet Franziskus die Vögel, das Wort Gottes zu hören. Er hält den Vögeln eine Predigt und ermahnt sie, den Schöpfer zu loben und zu lieben. Liegt seine Motivation also in dem Wunsch, die Tiere mit Worten zu bepredigen?

Die Spuren weiterer Tiergeschichten führen uns auf andere Wege. So erhält Franz an einem frühen Morgen Besuch von Vögeln verschiedener Gattungen. Nicht alle erscheinen gleichzeitig. »Zuerst kam einer, sang seine liebliche Weise und flog wieder weg, dann kam ein anderer, sang und flog wieder weg; und so machten es alle.« Daraus schöpfte Franziskus »größten Trost«, heißt es in der Geschichte.[81]

Um Trost und Tröstung geht es auch in der Geschichte von der Grille, die sich eines Tages auf einem Zweig eines Feigenbaums befand, sodass Franziskus sie anfassen konnte. Er streckt die Hand nach ihr aus: »Komm her zu mir, Schwester Grille!« Die Grille kletterte an den Fingern seiner Hand hinauf, während er sie mit einem Finger der anderen Hand streichelte: »Sing, meine Schwester Grille!« Und sofort begann sie zu singen. Und es heißt, dass »der selige Franziskus sehr getröstet wurde und Gott lobte«.[82]

In beiden Geschichten findet Franziskus Trost in der Begegnung mit den Tieren. In einer dritten Geschichte freut sich Franziskus am Gesang der Nachtigall und lässt sich von ihr zum gemeinsamen Lob des Schöpfers im Wechselgesang einladen. Der sinnliche Kontakt mit den Tieren – Tiere sehen, hören, berühren, riechen – tut ihm offenbar gut. Nur das Schmecken des Fleisches kommt in den Geschichten nicht vor, obwohl Franziskus offenbar kein Vegetarier war und seine Brüder dazu anhielt, alle Speisen anzunehmen, die ihnen als Bettelmönchen angeboten wurden.

In allen Geschichten bleibt die Freiheit der Tiere zu jeder Zeit gewahrt. Er greift nicht nach der Grille, sondern bittet sie, zu ihm zu kommen. Am Ende der Geschichten bringt Franziskus die Tiere in ihren jeweiligen Lebensraum – Wasser, Wald, Feigenbaum – zurück. In anderen Erzählungen sind und bleiben die Tiere jederzeit frei, zu kommen und zu gehen, wie beim Besuch der Vögel oder im Gebet mit der Nachtigall. Vermutlich freut sich Franz von Assisi auch darüber, dass sich die Tiere über seine Gegenwart freuen und sich in seinem Schoß geborgen fühlen.

In diesem Zusammenhang ist es bemerkenswert, dass nicht nur die Vogelpredigt mit der erfolgreichen Predigt an die Vögel überliefert ist, sondern auch eine »gescheiterte« Vogelpredigt: Franziskus, in Andacht versunken, begegnet auf dem Weg Vögeln, denen er predigen will, wie er es zuvor bereits bei anderen Vögeln getan hatte. Diesmal aber flogen alle Vögel davon.[83]

Keiner wartete. Das klingt frustrierend. Somit ist unter den franziskanischen Tiergeschichten also auch das Scheitern einer erhofften Begegnung überliefert. Aber was heißt Scheitern? Vielleicht will diese Geschichte gar nicht als Scheitern gedeutet werden, sondern als Ausdruck des notwendigen Respekts vor der Freiheit der Tiere?

Zur Freiheit der Tiere gehört, dass sie sich entziehen können, wenn sie aufgrund ihrer Art bzw. »Eigenart« oder aufgrund ihrer momentanen Befindlichkeit den Kontakt mit Menschen meiden wollen. Zur Freiheit der Tiere gehört auch, dass sie Menschen lästig werden können. So wird von einer Mäuseplage berichtet, bei der »so viele Mäuse hin und her, über ihn und um ihn herumsprangen, dass sie ihn nicht schlafen ließen. Während er aß, kletterten sie auf seinen Tisch hinauf, sodass seine Gefährten und er selbst es als eine teuflische Versuchung betrachtete, was es ja auch war.«[84] Auch in der franziskanischen Spiritualität geht es nicht darum, das Mensch-Tier-Verhältnis zu romantisieren und zu verklären.

Vielmehr erinnert der vertrauensvolle und angstfreie Umgang zwischen Franziskus und den Tieren an die biblischen Bilder des eschatologischen Tierfriedens (→ Frieden). Dies wird besonders deutlich in der Legende vom Wolf von Gubbio, der Tiere und Menschen »verschlang« und viel Schaden in der Gegend anrichtete. Franziskus führt mit »Bruder Wolf« einen Friedensvertrag herbei, sodass Menschen und Wolf gewissermaßen schiedlich-friedlich miteinander bzw. nebeneinander leben können.

Franziskus sieht die Tiere als Geschwister an. Er sucht ihre Nähe, denn ihre Nähe tut ihm gut. Er begegnet den Tieren mit Empathie und Zärtlichkeit. Auch von vielen anderen Heiligen sind Legenden überliefert, die von ihrer besonderen Nähe zu den Tieren berichten. Offenbar zeigt sich die Heiligkeit der Heiligen auch in ihrem vertrauensvollen und friedlichen Umgang mit den Tieren. Bei Franziskus ist bemerkenswert, wie er aus dem Geist der Geschwisterlichkeit heraus sorgsam auf die Freiheit der Tiere achtet, wo diese durch andere Menschen bedroht ist, aber auch dort, wo er selbst Tieren begegnet.

Über den heiligen Aussteiger, der vor 800 Jahren den Vögeln das Wort Gottes predigte, mag man vielleicht ein wenig schmunzeln. Der Franziskus aber, der auch gegenüber den Tieren das Evangelium der Freiheit und der Befreiung lebte, bleibt auch in unserer Zeit eine unbequeme Herausforderung.

Frieden

Der Traum vom Frieden zwischen Mensch und Tier

UN-Generalsekretär António Guterres spricht auf Klima- und Umweltgipfeln immer wieder von unserem »Krieg gegen die Natur«. Dieser Krieg sei sinnlos und selbstmörderisch und habe zu drei miteinander verbundenen Krisen geführt: Klimakrise, Artensterben und Umweltverschmutzung.

Auch der brasilianische Befreiungstheologe Leonardo Boff, Träger des alternativen Nobelpreises, betrachtet das Verhältnis des Menschen zur Natur strukturell als feindselig. Der Jahrhunderte alte Krieg gegen die Erde sei in den letzten Jahrzehnten zu einem »totalen Krieg«[85] geworden. Boff ist in großer Sorge über die Zukunft auch des menschlichen Lebens auf der Erde.

Gehört zum Krieg des Menschen gegen die Natur auch der Krieg gegen die Tiere? In seinem Klassiker »Tiere essen« schreibt Jonathan Safran Foer im Blick auf die Fischerei-Industrie: »Mir wurde klar, dass Krieg genau das richtige Wort ist, um unsere Beziehung zu Fischen zu beschreiben.«[86] Ist das nur eine um maximale Aufmerksamkeit bemühte Polemik? Eine Zuspitzung, die uns wachrütteln will, über deren Recht und Angemessenheit man aber streiten kann?

Foer verwendet das Wort »Krieg« bewusst und reflektiert in dreifacher Hinsicht: »In der Fischerei wird buchstäblich und systematisch Kriegstechnologie eingesetzt: Radar, Echolote (früher zur Lokalisierung feindlicher U-Boote), für die Navy entwickelte elektronische Navigationssysteme und satellitengestützte GPS.«[87] Desweiteren vergleicht er die wissentliche Überfischung der Bestände, die zu einer völligen Auslöschung der betroffenen Arten führen kann, mit einem Vernichtungskrieg.

Schließlich bezieht Foer Krieg als Analysebegriff auch auf die Geisteshaltung, von der unsere industrielle Fischerei geprägt ist: Fische nur unter Kostengesichtspunkten zu betrachten und dabei Umweltzerstörung und Tierleid systematisch zu ignorieren, sei ein Ausdruck des menschlichen Herrschergeistes.

Führen wir einen Krieg gegen die Fische? Der Verzehr eines Fischbrötchens sieht nicht aus wie Krieg. Und Fischbrötchen essende Menschen sehen nicht aus wie Handelnde in einem Krieg. Aber Foers Analyse bezieht sich auch nicht auf einzelne Menschen, sondern auf Strukturen und Politik der industriellen Fischerei, die kriegerische Formen und Ausmaße angenommen hat. Durch unseren Konsum haben wir freilich wiederum Teil an diesen Strukturen, auch wenn wir das gar nicht wissen oder möchten oder wissen möchten. Unser Konsum könnte in Foers Logik und Sprache als »kriegstreibend« bezeichnet werden.

Führen wir einen Krieg gegen die Fische? Laut Greenpeace sind die Bestände von Thunfisch, Schwertfisch, Marlin, Kabeljau, Heilbutt, Rochen und Flunder seit Beginn der industriellen Fischerei in den 1950er Jahren um 90 Prozent zurückgegangen.[88] Ihre Populationen schwinden in beängstigendem Tempo (→ Arche). Überfischung ist eine Realität und bedroht die Regenerationsfähigkeit der Bestände. Einige Fischbestände sind bereits zusammengebrochen. Der Kabeljau – auch Dorsch genannt – in der Nord- und Ostsee steht kurz vor dem Kollaps. Die Bestände könnten sich gar nicht mehr oder nur äußerst langsam erholen.

Tatsache ist auch: Der alte Mann und das Meer – der einsame Kampf eines alten Fischers mit einem großen Fisch – das war gestern. Heute können moderne Trawler mit Sonar-Technik Fischbestände schnell und präzise orten. Die Schiffe der Fischerei-Industrie sind mit leistungsstarken Motoren ausgerüstet und ziehen kilometerlange Netze durch die Meere. Greenpeace stellt nüchtern fest: »Die Fische haben keine Chance.«

Auch die Tiere in unseren Ställen haben keine Chance. Jonathan Safran Foer schreibt dazu: »Je mehr ich über die landwirtschaftliche Nutztierhaltung wusste, umso mehr begriff ich, dass die radikalen Veränderungen im Fischfang der letzten 50 Jahre für etwas weitaus Größeres stehen. Wir führen einen Krieg gegen alle Tiere, die wir essen, oder genauer gesagt, wir lassen einen Krieg gegen sie führen. Dieser Krieg ist neu und hat einen Namen: Massentierhaltung.«[89]

Starke Worte – und starke Zahlen: Allein in Deutschland werden jedes Jahr rund 600 Millionen Hühner, 60 Millionen Schweine, 40 Millionen Puten und 25 Millionen Enten geschlachtet. Das sind monströse Zahlen. Aus diesen Zahlen wird auch deutlich: In Deutschland leben Millionen von so genannten »Nutztieren«. Diese Tiere leben unter uns, doch wir sehen sie kaum. Zumindest nicht, solange sie leben.

Denn das Leben dieser Tiere ist für uns unsichtbar geworden. Stallanlagen und Schlachthöfe sind längst aus Dörfern und Städten ausgewandert. Bei einer Fahrt übers Land muss man wissen, wie ein Stall mit 40.000 Masthähnchen aussieht. Andernfalls fährt man schnell daran vorbei, ohne die versteckte Gegenwart der Tiere wahrzunehmen. Wie in vielen anderen Städten wurden in Kassel und Rom Schlachthöfe zu Kulturzentren. Was wie eine gute Nachricht der Konversion aussieht, bedeutet allerdings nur, dass dafür an anderen Orten außerhalb der Städte noch größere Schlachtfabriken gebaut wurden.

Das Leben der Tiere ist kurz und den Menschen wenig wert. Tiere werden mit industriellen Methoden gehalten, getötet und verarbeitet. Die »Schlachtkörper« dieser »Nutztiere« sind Rohstoffe für die »Fleischproduktion«. Wie die industrielle Fischerei ist für Foer darum auch die industrielle Tierhaltung Ausdruck des menschlichen Herrschergeistes und des Kriegs gegen die Tiere.

Krieg – und Frieden. Zu den zentralen Texten der Bibel und zu den biblischen Grundlagen der Theologischen Zoologie gehört die *Vision eines messianischen Friedensreiches:*

> »Und es wird ein Reis hervorgehen aus dem Stamm Isais und ein Zweig aus seiner Wurzel Frucht bringen. Auf ihm wird ruhen der Geist des HERRN, der Geist der Weisheit und des Verstandes, der Geist des Rates und der Stärke, der Geist der Erkenntnis und der Furcht des HERRN. Und Wohlgefallen wird er haben an der Furcht des HERRN. Er wird nicht richten nach dem, was seine Augen sehen, noch Urteil sprechen nach dem, was seine Ohren hören, sondern wird mit Gerechtigkeit richten die Armen und rechtes Urteil sprechen den Elenden im Lande, und er wird mit dem Stabe seines Mundes den Gewalttätigen schlagen und mit dem Odem seiner Lippen den Gottlosen töten. Gerechtigkeit wird der Gurt seiner Lenden sein und die Treue der Gurt seiner Hüften. Da wird der Wolf beim Lamm wohnen und der Panther beim Böcklein lagern. Kalb und Löwe werden miteinander grasen, und ein kleiner Knabe wird sie leiten. Kuh und Bärin werden zusammen weiden, ihre Jungen beieinanderliegen, und der Löwe wird Stroh fressen wie das Rind. Und ein Säugling wird spielen am Loch der Otter, und ein kleines Kind wird seine Hand ausstrecken zur Höhle der Natter. Man wird weder Bosheit noch Schaden tun auf meinem ganzen heiligen Berge; denn das Land ist voll Erkenntnis des HERRN, wie Wasser das Meer bedeckt.«
> *(Jesaja 11,1–9)*

Eine Vision. Eine Utopie. Ausdruck der Hoffnung auf eine andere, bessere Welt. In dieser anderen Welt wird nicht der »menschliche Herrschergeist« (Foer), sondern ein anderer Geist wehen. Denn auf dem Messias wird der Geist Gottes ruhen: Der Geist der Weisheit und des Verstandes, des Rates und der Stärke, der Erkenntnis und Furcht Gottes. Von diesem Geist erfüllt wird die Herrschaft des Messias den Armen und Elenden Recht und Gerechtigkeit schaffen.

Zur messianischen Utopie des Jesaja gehört aber nicht nur die soziale Hoffnung auf Recht und Gerechtigkeit für die Armen, sondern auch die ökologische Vision vom Tierfrieden. Dabei handelt es sich einerseits um einen Frieden zwischen Tier und Tier: »Da wird der Wolf beim Lamm wohnen.« (Jesaja 11,6). Zum anderen umfasst das Bild den Frieden zwischen Mensch und Tier: »Ein Säugling wird spielen am Loch der Otter.« (Jesaja 11,8) Die Feindschaft zwischen Mensch und Schlange, die biblisch mit der Erzählung vom Sündenfall begründet wird (»Er wird dir den Kopf zertreten, und du wirst ihn in die Ferse stechen« – Genesis 3,15), wird damit überwunden.

In der Aufzählung wird jeweils ein gefährdetes Lebewesen (Nutztiere/Kleinkinder) mit einem gefährlichen Wildtier in Verbindung gebracht. Der Theologe Michael Rosenberger hat überdies darauf aufmerksam gemacht, dass in den szenischen Bildern der Gewaltfreiheit erwachsene und junge sowie männliche und weibliche Tiere Erwähnung finden. Rosenberger: »Differenzierter könnte man nicht verdeutlichen, dass alle Lebewesen in den großen Frieden des Messias einbezogen sind.«[90]

Beim »Traum vom Frieden zwischen Mensch und Tier« (Rosenberger) stand seinerzeit offensichtlich die Gefahr im Vordergrund, die von wilden Tieren für die Menschen ausging: Löwe und Knabe, Säugling und Otter, Kleinkind und Natter. Die Gefährdungslage ist heute in der Regel umgekehrt: Es ist vor allem der Mensch, der eine Gefahr für Natur und Tiere bedeutet. Unsere utopische Bildsprache müsste heute vermutlich eher Hochseetrawler und Fischschwärme oder Schweine und Schlachthöfe in einer friedlichen Vision zusammenbringen.

Bemerkenswert ist, dass der Friede zwischen den Tieren bis hin zum *Vegetarismus* der Tiere reicht: »Der Löwe wird Stroh fressen wie das Rind.« (Jesaja 11,7) Der Traum aus dem Jesajabuch knüpft damit an die erste Schöpfungserzählung (→ Schöpfung) an, nach der für Menschen und Tiere nur Pflanzen als Nahrung gegeben ist:

> »Und Gott sprach: Sehet da, ich habe euch gegeben alle
> Pflanzen, die Samen bringen, auf der ganzen Erde, und
> alle Bäume mit Früchten, die Samen bringen, zu eurer
> Speise. Aber allen Tieren auf Erden und allen Vögeln
> unter dem Himmel und allem Gewürm, das auf Erden
> lebt, habe ich alles grüne Kraut zur Nahrung gegeben.«
> *(Genesis 1,29–30)*

Die eschatologische Utopie der Endzeit entspricht also der Vision vom Anfang der Zeit. In der guten Schöpfung »vor dem Fall« und in der Friedensvision des messianischen Reichs gibt es kein Fressen und Gefressen-Werden. Alle Geschöpfe leben friedlich und ohne Gewalt zusammen. Für den Alttestamentler Erich Zenger ist das *gewaltfreie Zusammenleben* aller Lebewesen der zentrale Punkt der Utopie der Schöpfungserzählung. Vegetarismus ist in dieser Perspektive eine Praxis des Friedens und der Gewaltfreiheit, die sich an den Werten und Normen der von Gott geschaffenen Urzustände bzw. an den von Gott zu schaffenden Zuständen der Endzeit orientiert.

»Man wird weder Bosheit noch Schaden tun«, heißt es abschließend (Jesaja 11,9). Darum geht es: Niemand soll Schaden tun. Kein Lebewesen soll Schaden erleiden. Die Gewaltzusammenhänge zwischen Geschöpfen und Mitgeschöpfen sind unterbrochen und aufgehoben. Der Krieg zwischen den Menschen und gegen die Tiere hat ein Ende. Die Gewalt ist überwunden. Der Traum des Jesaja vom Frieden zwischen Mensch und Tier wird zu Beginn des Markusevangeliums aufgegriffen. Nach der Taufe Jesu wird berichtet, wie Jesus vom Geist in die Wüste getrieben wird:

> »Und er war in der Wüste vierzig Tage und wurde versucht von dem Satan und war bei den Tieren, und die Engel dienten ihm.«
> *(Markus 1,13)*

Die kurze Notiz, dass Jesus in der Wüste »bei den Tieren« lebte, wird erst vor dem Hintergrund von Jesaja 11 verständlich. In der Bibelwissenschaft heute herrscht weitgehend Konsens, dass damit nicht das gefährliche Leben in der Wüste beschrieben werden soll. Vielmehr ist das Zusammenleben Jesu mit den wilden Tieren als Zeichen der anbrechenden Heilszeit zu verstehen: Mit dem Auftreten Jesu wird die Verheißung aus Jesaja 11 vom Frieden zwischen Mensch und Tier erfüllt. Für eine solche Deutung spricht überdies, dass es unmittelbar im Anschluss an den kurzen Hinweis auf das Zusammenleben Jesu mit den wilden Tieren in der Wüste heißt:

> »Nachdem aber Johannes überantwortet wurde, kam Jesus nach Galiläa und predigte das Evangelium Gottes und sprach: Die Zeit ist erfüllt, und das Reich Gottes ist nahe herbeigekommen.«
> *(Markus 1,14–15)*

Mit dieser Formulierung wird an programmatischer Stelle zu Beginn des Markusevangeliums zum Ausdruck gebracht, dass mit Jesus von Nazareth das Reich Gottes angebrochen ist – und damit auch der von Jesaja verheißene Schöpfungsfriede.

Ich habe den Eindruck, dass die biblischen Friedensvisionen weiter und tiefer reichen als unser landläufiges Verständnis vom Frieden. Sowohl in kirchlichen als auch in säkularen Kontexten wird Friede meist nur sozial als Frieden zwischen Menschen und Völkern verstanden. Die biblische Erinnerung kann zu einem umfassenden ökologischen Friedensverständnis beitragen, das die Tiere und die Natur insgesamt mit einbezieht.

Die Utopie eines Friedens mit der Natur und mit den Tieren begegnet uns als Gegenwelt und Gegenkultur. Die Vision vom Frieden ist auch eine Vision vom Frieden mit den Tieren.

Gewalt

»Warum schlägst du mich?«

Mit der Gewalt ist es wie mit einem Eisberg. Wir sehen nur die Spitze. Das gilt auch für Gewalt gegen Tiere. Wir sehen nur die Spitze eines gigantischen Eisbergs der Gewalt gegen Tiere. Warum ist das so?

Zum einen liegt es daran, dass ein Großteil der Gewalttaten vor unseren Augen verborgen bleibt. Wir sehen das Fleisch auf unserem Teller. Von Haltung, Transport und Tötung der Tiere sehen wir in der Regel nichts. Wir haben auch keinen Zutritt zu den Forschungslaboren, in denen Tierversuche stattfinden. Natürlich können wir uns informieren. Es mangelt nicht an kritischen Reportagen in unseren Medien. Aber in unseren unmittelbaren Lebenszusammenhängen erleben wir nur selten unmittelbar Gewalt gegen Tiere.

Dass wir viele Formen der Gewalt überhaupt nicht sehen, hat aber noch einen anderen Grund. Dabei geht es um die Frage, wie unsere Wahrnehmung geschult ist. In vielen Fällen haben wir einfach nicht gelernt, Gewalt als Gewalt zu erkennen. Der norwegische Friedensforscher Johan Galtung, Gründervater der Friedens- und Konfliktforschung und Träger des alternativen Nobelpreises, unterscheidet drei Erscheinungsformen der Gewalt: Personale Gewalt, strukturelle Gewalt und kulturelle Gewalt.[91]

Unter personaler oder direkter Gewalt versteht Galtung die Gewalt, die eine Person einer anderen Person direkt zufügt. Das können Schläge, aber auch Drohungen sein. Die direkte Form der Gewalt umfasst also sowohl körperlich-physische als auch seelisch-psychische Gewalt. Im Blick sind hier gewalttätige Handlungen, bei denen einzelne oder Gruppen anderen vorsätzlich körperliche und/oder seelische Verletzungen zufügen.

Mit struktureller Gewalt sind gesellschaftliche Strukturen gemeint, die zu vermeidbaren Beeinträchtigungen menschlicher Bedürfnisse führen und bestimmte Personengruppen strukturell schädigen. Alle Formen der Diskriminierung gehören zu dieser Erscheinungsform der Gewalt wie Rassismus und Sexismus oder die ungleiche Verteilung des Wohlstands auf nationaler und internationaler Ebene. Wenn sich in einem Land etwa der Landbesitz in den Händen weniger konzentriert und Kleinbäuer:innen zu wenig Land zum Leben haben, dann ist der dadurch entstehende Hunger eine Form struktureller Gewalt. Auch der Konsum eines Kaffees, der mit mangelnder Entlohnung derer verbunden ist, die in den Kaffeeplantagen arbeiten, ist eine Form struktureller Gewalt. Die lateinamerikanische Befreiungstheologie hat in diesem Zusammenhang den Begriff der »strukturellen Sünde« in das theologische Nachdenken eingebracht.

Schließlich nennt Galtung die kulturelle Gewalt als dritte Ausdrucksform der Gewalt. Damit ist die Form der Gewalt gemeint, mit der direkte und strukturelle Gewalt kulturell begründet und gerechtfertigt werden. So kann die Ideologie des Nationalsozialismus als kulturelle Gewalt verstanden werden, welche die direkte und strukturelle Gewalt etwa gegen Menschen jüdischer Herkunft begründet hat. Gemeint sind hier also Werte und Normen, Überzeugungen und Weltanschauungen einer Gesellschaft, einer Gruppe oder einer Person. So wurde und wird Gewalt in der Erziehung sowie häusliche Gewalt durch Rollenbilder und gesellschaftliche Normen legitimiert und begünstigt.

Galtung schließt seine Analyse mit der Feststellung ab, dass die drei genannten Formen der Gewalt wie in einem Dreieck aufeinander bezogen sind und einander bedingen.

Das »Gewaltdreieck« beschreibt die Wechselwirkungen zwischen personaler, struktureller und kultureller Gewalt. So können unsere Ideen und Vorstellungen bestimmte Formen der direkten Gewalt legitimieren: »Wer sein Kind liebt, der züchtigt es!« Umgekehrt verfestigt die Alltagspraxis personaler oder struktureller Gewalt unsere kulturellen Vorstellungen und ideologischen Überzeugungen.

Was bedeutet Galtungs erweitertes Verständnis von Gewalt für unser Verhältnis zu den Tieren? Die Geschichte von *Bileams Eselin* hält uns den Spiegel vor und entlarvt die menschliche Gewalt gegen Tiere als das, was sie ist: Gewalt.

> »Da stand Bileam am Morgen auf und sattelte seine Eselin und zog mit den Fürsten der Moabiter. Aber der Zorn Gottes entbrannte darüber, dass er hinzog. Und der Engel des Herrn trat in den Weg, um ihm zu widerstehen. Er aber ritt auf seiner Eselin, und zwei Knechte waren mit ihm. Und die Eselin sah den Engel des Herrn auf dem Wege stehen mit einem bloßen Schwert in seiner Hand. Und die Eselin wich vom Weg ab und ging auf dem Felde; Bileam aber schlug sie, um sie wieder auf den Weg zu bringen. Da trat der Engel des Herrn auf den Pfad zwischen den Weinbergen, wo auf beiden Seiten Mauern waren. Und als die Eselin den Engel des Herrn sah, drängte sie sich an die Mauer und klemmte Bileam den Fuß ein an der Mauer, und er schlug sie noch mehr. Da ging der Engel des Herrn weiter und trat an eine enge Stelle, wo kein Platz mehr war auszuweichen, weder zur Rechten noch zur Linken. Und als die Eselin den Engel des Herrn sah, fiel sie auf die Knie unter Bileam. Da entbrannte der Zorn Bileams, und er schlug die Eselin mit dem Stecken. Da tat der Herr der Eselin den Mund auf, und sie sprach zu Bileam: Was hab ich dir getan, dass du mich nun dreimal geschlagen

hast? Bileam sprach zur Eselin: Weil du Mutwillen mit mir treibst! Ach dass ich jetzt ein Schwert in der Hand hätte, ich wollte dich töten! Die Eselin sprach zu Bileam: Bin ich nicht deine Eselin, auf der du geritten bist von jeher bis auf diesen Tag? War es je meine Art, es so mit dir zu treiben? Er sprach: Nein. Da öffnete der HERR dem Bileam die Augen, dass er den Engel des HERRN auf dem Wege stehen sah mit einem bloßen Schwert in seiner Hand, und er neigte sich und fiel nieder auf sein Angesicht. Und der Engel des HERRN sprach zu ihm: Warum hast du deine Eselin nun dreimal geschlagen? Siehe, ich habe mich aufgemacht, um dir zu widerstehen; denn der Weg vor mir führt ins Verderben. Und die Eselin hat mich gesehen und ist mir dreimal ausgewichen. Wäre sie mir nicht ausgewichen, wollte ich dich jetzt töten, die Eselin aber am Leben lassen. Da sprach Bileam zu dem Engel des HERRN: Ich habe gesündigt; ich hab's ja nicht gewusst, dass du mir entgegenstandest auf dem Wege. Und nun, wenn dir's nicht gefällt, will ich wieder umkehren.«

(Numeri 22,21–34)

In dieser Geschichte geht es um den Zorn Gottes und den Zorn Bileams, um das Schwert des Engels (verbunden mit Tötungsabsicht) und das Schwert Bileams (ebenfalls verbunden mit Tötungsabsicht), um Gewalt zwischen Mensch und Tier, aber auch um Beziehung und Partnerschaft zwischen Bileam und seiner Eselin.

Was ist passiert? Das Volk Israel ist auf dem Weg durch die Wüste, vom Sinai zum verheißenen Land. Balak, der König der Moabiter, fürchtet sich vor Israel. Darum bittet er den Seher Bileam darum, das Volk Israel zu verfluchen. Bileam sattelt seine Eselin und macht sich mit den Fürsten der Moabiter auf den Weg. Darüber entbrennt der Zorn Gottes. Ein Engel stellt sich Bileam mit einem Schwert in den Weg, um ihn auf-zuhalten. Der Seher aber sieht den Engel nicht.

Aber Bileams Eselin sieht den Engel: Darum weicht die Eselin zunächst vom Weg ab. Dann drängt sie sich an eine Mauer und klemmt dabei Bileams Fuß ein. Schließlich, als der Weg so eng wird, dass kein Ausweichen möglich ist, geht die Eselin in die Knie. Der dreifach zunehmenden räumlichen Enge auf dem Weg entspricht die dreifache Eskalation der Gewalt: Zunächst schlägt Bileam seine Eselin. Dann schlägt er sie noch mehr. Schließlich schlägt er sie zornentbrannt mit dem Stecken.

»Warum schlägst du mich?«, fragt die Eselin. »Warum schlägst du deine Eselin?«, fragt der Engel. Bileams Augen werden geöffnet, so dass auch er nun die Gegenwart des En-gels wahrnehmen kann. Er erkennt: »Ich habe gesündigt.« Und er verspricht: »Ich will wieder umkehren.«

Auch Johan Galtung würde in der Geschichte von Bileams Eselin zunächst die direkte Gewalt Bileams gegenüber seiner Eselin auffallen: Bileam schlägt die Eselin, er schlägt sie noch mehr, er schlägt sie mit dem Stock. Galtung würde dann aber nicht bei der Wahrnehmung der personalen Gewalt stehen bleiben.

Er würde vermutlich davon ausgehen, dass diese perso-nale Gewalt von ideologischer Gewalt gedeckt ist und in be-stimmten kulturellen Vorstellungen gründet: Es war und ist normal, einen vermeintlich sturen Esel zu schlagen. Es wurde und wird für notwendig gehalten, einen Esel noch mehr und mit einem Stock zu schlagen, wenn er sich dem menschlichen Willen noch immer nicht fügt. Kulturelle Gewalt bedeutet, dass wir das Schlagen eines Esels entweder gar nicht als Ge-walt wahrnehmen oder für legitim halten.

Schließlich: Bileam reitet auf der Eselin. Was würde Gal-tung dazu sagen? Wer sitzt auf wessen Rücken? Wer trägt wessen Last? Ist Reitsport auch für die Tiere ein Vergnügen? Sind alle oder bestimmte Formen des Reitsports eine Form von Gewalt? Nicht nur in Kriegen sind »Reittiere« zu Tode geritten worden.

Oder ist der Mensch auf dem Rücken des Tieres ein Bild der Partnerschaft und des freundschaftlichen Miteinanders und damit auch ein Ausdruck gegenseitiger Abhängigkeit und Angewiesenheit der Weggefährten?

Man kann hier unterschiedlicher Meinung sein. Wichtig ist aber in jedem Fall, dass wir in unseren Gewaltanalysen auch die Tiere berücksichtigen. Gewalt ist nicht nur ein soziales Phänomen zwischen Menschen, sondern betrifft auch die Interaktion zwischen Menschen und Tieren. Nur ein sozial-ökologisches Verständnis von Gewalt befähigt uns zur Wahrnehmung unserer Gewalt auch gegen Tiere.

Wenn wir über die menschliche Gewalt gegen Tiere nachdenken, kommt es entscheidend darauf an, dass wir mit Galtung ein *Gewaltverständnis* überwinden, das auf direkte personale Gewalt reduziert ist. Auch bei der Analyse der Gewalt gegen Tiere müssen wir von einem Verständnis von Gewalt als direkte, strukturelle und kulturelle Gewalt ausgehen. Der Analyse der kulturellen Gewalt kommt dabei eine besondere Rolle zu.

Nur das Verständnis von Gewalt als kultureller Gewalt erlaubt es uns, bestimmte Formen von Gewalt überhaupt als Gewalt zu erkennen. Für den Philosophen Descartes war das Schreien eines gequälten Hundes nichts anderes als das Quietschen einer nicht geölten Uhr. Heute können wir sein mechanistisches Weltbild als eine Form kultureller Gewalt durchschauen, die viele Gewalttaten nicht nur legitimierte, sondern als Gewalt unsichtbar machte. Ob Philosophie, Wissenschaft oder Religion – die Gesamtheit unserer Vorstellungswelten ist eine potenzielle Quelle kultureller Gewalt.

Die Analyse der kulturellen Gewalt ermöglicht es uns, in eine gesellschaftliche Debatte darüber einzutreten, was im Sinne des Tierschutzgesetzes ein »vernünftiger Grund« zur

Gewaltanwendung bis hin zur Tötung von Tieren ist – und was nicht (→ Tierrechte). Denn was wir als vernünftig und unvernünftig betrachten, ist kulturell geprägt. Es hängt von unseren Werten und Normen und von unserem kulturellen Selbstverständnis als Menschen ab. War es vernünftig von Bileam, seine Eselin dreimal zu schlagen? Wäre es nicht vernünftiger gewesen, achtsamer mit dem ungewöhnlichen Verhalten des Tieres umzugehen? »War es je meine Art, es so mit dir zu treiben? Er sprach: Nein« (Numeri 22,30).

Ist es vernünftig, dass allein in Deutschland bisher jährlich 50 Millionen männliche Küken geschreddert werden, weil sie weder für die »Eierproduktion« noch für die »Fleischproduktion« »verwertbar« sind? Ist es vernünftig, Hühnerschnäbel und Ringelschwänze zu »kürzen«, damit die Tiere in unsere »Haltungssysteme« bzw. Käfige passen (→ Industrielle Tierhaltung)?

Kulturelle Gewalt heißt: Unsere Vorstellungen davon, was Gewalt ist und welche Gewalt gerechtfertigt ist, sind kulturell geprägt. In der Auseinandersetzung mit kultureller Gewalt müssen wir unser kollektives und individuelles Verständnis von Gewalt immer wieder hinterfragen. Das Schlagen von Kindern zu Erziehungszwecken haben wir mittlerweile ebenso wie das Kükenschreddern als illegitime Gewalt erkannt.

Der *Sprache* kommt im Zusammenhang der kulturellen Gewalt eine besondere Rolle zu, denn Sprache schafft Wirklichkeit mittels kollektiver Vorstellungen und Überzeugungen. Der Philosoph Jacques Derrida hat auf die Abwertung hingewiesen, die im Begriffspaar Mensch-Tier wie auch in anderen Begriffspaaren (Mann-Frau, Schwarz-Weiß, Geist-Natur, Vernunft-Gefühl) liegt (→ Speziezismus). Die Unterscheidung zwischen Menschen und Tieren ist nicht in der Natur zu finden, sondern begrifflich von uns konstruiert. Die binäre Rede von Menschen und Tieren hält Derrida für die Grundlage der Gewalt gegen Tiere.[92]

Der philosophischen Schule des Dekonstruktivismus folgend konnte die Ökolinguistik zeigen, wie das Begriffspaar Mensch-Tier in unserer Sprache entfaltet und die sprachliche Trennung von Menschen und Tieren und die damit verbundene Abwertung des »Animalischen« weiter ausdifferenziert wurde. Der Linguist Reinhard Heuberger hat dargestellt, wie Menschen als *Bevölkerung* ein Gebiet *bewohnen, essen, schwanger* sind, *sterben* und ihre *Leichen* bestattet werden, während Tiere als *Population vorkommen, fressen, läufig* und *trächtig* sind, *verenden* oder *geschlachtet* (und nicht getötet) werden und ihre *Kadaver* entsorgt werden.[93] Die Aufzählung ließe sich fortsetzen.

Die Ökolinguistik hat auch untersucht, wie wir mit der Zuordnung von Tieren zu unterschiedlichen Gruppen einen bestimmten, nämlich verdinglichenden Blick auf diese Tiere herstellen und damit auch kollektiv und unbewusst über die Legitimität der unterschiedlichen Behandlung entscheiden. Ein »Versuchstier« ist ein Tier, das für Versuche zur Verfügung steht. Ein »Mastschwein« ist dazu da, gemästet zu werden. »Milchvieh« ist Vieh, das (uns) Milch gibt. Bei »Schädlingen« und »Ungeziefer« ist die Verdinglichung von Tieren besonders deutlich (→ Karnismus).

In der englischen Sprache sind alle Tiere einfach »it«, also Ding und Sache. Nur Haustiere sind »he« oder »she«, also namentliches und personales Gegenüber. Jemand, nicht etwas: Mit dem Slogan *Someone, not Something!* protestiert die Tierrechtsbewegung gegen eine Sprache und Kultur, die Tiere als Dinge und Objekte bezeichnet und behandelt.

Zur Sprachgewalt ist auch die Vielzahl an Euphemismen in unserem Reden über Nutztiere zu zählen: Sauenkäfige heißen Ferkelschutzkörbe, die Sterberate von Ferkeln wird als Ferkelverluste bezeichnet, Maßnahmen zur Linderung von Gelenkkrankheiten werden als Komfort im Stall präsentiert. In seinem »Kritischen Wörterbuch« hat der Agrarökonom Philipp von Gall diese und weitere Beispiele zusammengetragen.[94]

Sprache als eine Quelle kultureller Gewalt gegen Tiere zu verstehen bedeutet, sich im Zuge der Sprachkritik die sprachliche Verdinglichung und Abwertung von Tieren sowie die Beschönigung der Tiernutzung bewusst zu machen.

In »Geflochtenes Süßgrass« beschreibt Robin Wall Kimmerer eine indigene Kultur und Sprache, die sich von der europäischen Tradition radikal unterscheidet.[95] Als Naturwissenschaftlerin weiß Kimmerer die Sprache der Wissenschaft mit ihrer sorgfältigen Beobachtung und einem präzisen Vokabular durchaus zu schätzen. Zugleich beobachtet sie aber einen »grundlegenden Grammatikfehler«: »Die wissenschaftliche Sprache schafft Distanz, sie reduziert ein Wesen auf seine funktionalen Elemente; sie ist eine Sprache der Gegenstände.«[96]

Dieser Sprache und Weltsicht fehlt etwas, nämlich – und das ist für Kimmerer zentral – das Verständnis dafür, dass wir als Menschen nicht von Dingen und Objekten umgeben sind, sondern von einer lebendigen Welt lebendiger Wesen. So wirbt sie für eine »Grammatik des Belebten« und berichtet von ihrer indigenen Sprachwelt, in der nicht zwischen männlich und weiblich, sondern zwischen belebt und unbelebt unterschieden wird.

Tiere und Pflanzen zählen auf Potawatomi »natürlich« zur belebten Welt, aber auch Berge, Wasser und Feuer. Unbelebt sind nur die Objekte, die von Menschen gemacht wurden. So lautet die Frage nach einem Tisch: »Was ist das?« Nach einem Apfel wird aber gefragt: »Wer ist dieses Wesen?«[97]

Kimmerer hält fest: »Die Sprache erinnert uns in jedem Satz an unsere Verwandtschaft mit der gesamten belebten Welt.«[98] Und so will sie auch als Professorin »zweisprachig« sein und ihren Studierenden nicht nur wissenschaftliche Regeln und lateinische Namen beibringen, sondern auch »die Welt als Nachbarschaft nichtmenschlicher Bewohner zu kennen.«[99]

Kimmerer ist davon überzeugt, dass unsere Weltsicht, die durch Sprache geformt und in Sprache Gestalt gewinnt, unmittelbare Auswirkungen auf unseren Umgang mit Tieren und Pflanzen hat: »Ein anderes Leben zu benutzen, um sein eigenes zu erhalten, ist sehr viel gravierender, wenn man die Wesen, die geerntet werden, als Personen wahrnimmt, als nicht-menschliche Personen, die mit Bewusstsein, Intelligenz und Geist ausgestattet sind – und die zu Hause von ihren Familien erwartet werden. *Jemanden* zu töten ist etwas anderes, als *etwas* zu töten.«[100]

Vor dem Hintergrund der Gewalttheorie Galtungs und der ökologischen und indigenen Sprachkritik lese ich die Geschichte von *Bileams Eselin* heute so: Wir sind – zunächst – gefangen in unseren kulturellen Vorstellungen von Gewalt. Wir nehmen nicht alle Formen der Gewalt als Gewalt wahr bzw. halten aufgrund unserer kulturellen Prägungen bestimmte Formen der Gewalt für normal und notwendig. »Warum schlägst du mich?«, fragt die Eselin. Es sind die Tiere, die uns nach dem Recht unserer Gewalt fragen, wenn wir bereit sind, sie zu hören.

»Warum schlägst du deine Eselin?«, fragt der Engel. Es ist die Wahrnehmung des Göttlichen in der Schöpfung und in allen Geschöpfen, die unsere Gewaltzusammenhänge unterbricht – wenn Gott unsere Augen öffnet, damit wir den Engel sehen können, der uns im Weg steht und damit unsere selbstverständlichen Annahmen und Routinen produktiv durchkreuzt und heilsam blockiert.

In der Erzählung werden Bileams Augen nach dem Gespräch mit seiner Eselin geöffnet. Er nimmt die Gegenwart des Engels wahr. Er erkennt: »Ich habe gesündigt.« Und er verspricht: »Ich will wieder umkehren.« Das heißt für mich: Nach der achtsamen Wahrnehmung des Tieres ist Bileam auch zur Wahrnehmung des Göttlichen in der Lage. In der Begegnung mit Tier und Gott versteht Bileam, dass er sich gegenüber seiner Eselin falsch verhalten hat. Er will umkehren und sein Verhalten ändern.

Auch wir können uns weiter einüben in eine achtsame und respektvolle Wahrnehmung der Tiere, auch unter der Perspektive von Gewalt und Gewaltverminderung. Auch wir können unser Verhalten ändern. Unser Umgang mit den Tieren sollte vom ethischen Grundprinzip der Gewaltfreiheit geprägt sein. »Gewalt überwinden« war das Motto einer Dekade des Ökumenischen Rats der Kirchen. Ein solches ökumenisches Programm würde sich heute mit besonderer Aufmerksamkeit auch der Situation unserer Mitgeschöpfe widmen.

Wo immer es möglich ist, wo immer Gewalt gegen Tiere also nicht für unser Überleben oder zu unserem Schutz nötig ist, sollten wir Tieren ohne Gewalt begegnen. So war es nach biblischer Überlieferung von Anfang an gedacht (→ Schöpfung), und so soll es am Ende der Zeiten wieder sein (→ Frieden). Selig sind die Friedfertigen!

Die Frankfurter Rundschau berichtet 2022: »Zum fünften Mal ruft der Verein »Ärzte gegen Tierversuche« bis Ende März zur bundesweiten Abstimmung auf, um auf besonders grausame und absurde Tierversuche aufmerksam zu machen. Wie der Verein in Köln mitteilte, ist unter anderem das Greifswalder Friedrich-Loeffler-Institut für einen Versuch nominiert, bei dem Schafe mit der Pockenseuche infiziert werden. Daneben gibt es laut ›Ärzte gegen Tierversuche‹ vier weitere Kandidaten für den Negativpreis »Herz aus Stein«: In Bochum werde Mäusen das Rückenmark gequetscht, um die Nervenheilung zu untersuchen. In Bonn würden Wüstenrennmäuse mit Larven eines Fadenwurms infiziert, die in ihrer Brusthöhle zu bis zu 120 Würmern heranwüchsen. In Düsseldorf würden Hunden Zähne gezogen und Löcher in den Kiefer gefräst, in die Zahnstücke gelegt und Titanimplantate geschraubt würden. In

Würzburg werde ein Gewicht auf den Schädel von Mäusen fallen gelassen, um daraus resultierende Defizite in der Lernfähigkeit der Tiere zu untersuchen. Der Verein setzt sich nicht nur gegen Tierversuche, sondern auch für tierversuchsfreie Methoden ein. Er hat eine Datenbank über tierversuchsfreie Verfahren entwickelt, in der sich mehr als 1100 Einträge befinden.« *(Frankfurter Rundschau, 25. März 2022)*

Herrschaft

Sollen Menschen über Tiere herrschen?

> »Seid fruchtbar und mehret euch und füllet die Erde
> und machet sie euch untertan und herrschet über die
> Fische im Meer und über die Vögel unter dem Himmel
> und über alles Getier, das auf Erden kriecht.«
> (Genesis 1,28)

Nach der Erschaffung der Landtiere und Menschen lässt der erzählende Text Gott den sogenannten »Herrschaftsbefehl« an die Menschen erteilen: Macht euch die Erde untertan und herrscht über die Tiere! Das *dominium terrae* ist ein doppelter Auftrag zur Herrschaft – über die Erde und über die Tiere.

Mit Verweis auf den biblischen Herrschaftsbefehl hat der Schriftsteller und Umweltaktivist Carl Amery in seinem Buch »Das Ende der Vorsehung – Die gnadenlosen Folgen des Christentums« im Jahr 1972 die These aufgestellt, dass das Christentum schuld an der ökologischen Krise sei. Fünf Jahre zuvor hatte der Wissenschaftshistoriker Lynn White in seinem Aufsatz »The Historical Roots of our Ecological Crisis« bereits dieselbe kritische Analyse vorgetragen. Das Christentum als historische Wurzel der ökologischen Krise – stimmt das?

Der südafrikanische Theologe Ernst Conradie beschäftigt sich seit Jahrzehnten mit der Ökologischen Theologie und gehört zu ihren Vordenkern. Zu den Hauptaufgaben der »eco-theology« zählt Conradie eine *doppelte Kritik:* Die christliche Kritik der ökologischen Zerstörung – und die ökologische Kritik des Christentums.[101]

Mit anderen Worten: Christ:innen können sich nur dann glaubhaft um eine ökologische Transformation bemühen, wenn sie gleichzeitig auch vor der eigenen Haustür kehren. Die selbstkritische Auseinandersetzung mit den biblischen und theologischen Traditionen und das Bemühen um eine »Grüne Reformation« des Christentums sind dabei zugleich ein wesentlicher Beitrag von Theologie und Kirche zum gesellschaftlichen Ökologiediskurs.[102]

Conradie vergleicht die doppelte Aufgabe der Ökologischen Theologie mit parallelen Herausforderungen der Feministischen und der Schwarzen Theologie: Zur christlichen Kritik des Patriarchats gehört auch die feministische Kritik des Christentums. In der Schwarzen Theologie verbindet sich der rassismuskritische Blick auf das Christentum mit der christlichen Kritik der weißen Vorherrschaft.[103]

Im Zuge einer ökologischen Kritik des Christentums geht es darum, biblische Texte aus der Perspektive einer ökologischen Hermeneutik neu zu lesen. Die lateinamerikanische Befreiungstheologie bezeichnet diesen Vorgang des Neu-Lesens als »re-lectura«. Dabei wird auch Texten, die sich als »eco-friendly« erweisen, die aber traditionell weniger Beachtung fanden, neue Aufmerksamkeit gewidmet.

Die biblischen Texte sind in einem Zeitraum von etwa 1.000 Jahren entstanden. Schon aus diesem Grund ist die Bibel in wunderbarer Weise mehrstimmig und divers. In den biblischen Texten begegnen wir einer Vielzahl von Weltbildern und Theologien aus unterschiedlichen Zeiten und Kontexten. Die Bibel ist ein Konzert vielfältiger Stimmen, die sich manchmal deutlich und zum Teil auch ganz bewusst widersprechen, weil sie im Dialog miteinander geschrieben oder komponiert wurden.

Beim Thema Herrschaft wird die Vielstimmigkeit der Bibel besonders deutlich. Was soll für uns gelten? Das »Herrschen« aus der ersten oder das »Bebauen und Bewahren« aus der zweiten Schöpfungserzählung (→ Schöpfung)? Die *eine* biblische Sicht der Dinge gibt es nicht, auch nicht die *eine* biblische Sicht der Tiere. Wie bei anderen Themenbereichen auch, stellt sich die Frage, von welchem Standpunkt aus wir Bibel lesen. Wir müssen also von klaren ökologisch-tierethischen Prämissen ausgehen und unsere Überlieferungen danach in Blick nehmen und bewerten. Welche Elemente unserer Tradition tragen befreienden, welche unterdrückerischen Charakter?

Eine ökologisch-tierethische Kritik des Christentums wird sich also unter anderem mit dem biblischen Auftrag zur Herrschaft über Erde und Tiere auseinandersetzen müssen. Das ist eine harte Nuss. Gehören die ökologische Krise und die Ausbeutung der Tiere tatsächlich zu den gnadenlosen Folgen des Christentums?

In »Eine kurze Geschichte der Menschheit« beschreibt der israelische Historiker Yuval Noah Harari die Menschheit als »die mörderischste Tierart in der Geschichte des Planeten Erde.«[104] So sind nach Ankunft der ersten Menschen in Australien 23 von 24 größeren Tierarten aufgrund von Jagd, Brandrodung und Klimawandel ausgestorben.[105]

Dieses massenhafte Artensterben wiederholte sich immer wieder, wenn sich Menschen in einem neuen Erdteil niederließen. Auch in Amerika war nach 2.000 Jahren menschlicher Präsenz vom Artenreichtum nicht mehr viel übrig. In Nordamerika starben 34 von 47 Großsäugetierarten aus, in Südamerika 50 von 60.[106] Für Harari ist klar, dass »der weise Mensch die größte Katastrophe war, von der die Tier- und Pflanzenwelt der Erde je heimgesucht wurde.«[107]

Aus Hararis historischer Analyse wird deutlich: Die Gewaltherrschaft des Menschen über Erde und Tiere begann nicht erst mit der jüdisch-christlichen Tradition. Gnadenlose Folgen hatte das Leben des Menschen aufgrund seiner wachsenden Überlegenheit über die Mitwelt schon vor Beginn des Christentums.

Richtig ist allerdings, dass der Herrschaftsauftrag aus Genesis 1,28 in der Geschichte des Christentums immer wieder zur Legitimierung hemmungsloser Ausbeutung und Gewalt gegenüber Natur und Tieren verwendet wurde. Mentalitätsgeschichtlich ist der Auftrag zur Herrschaft über die Tiere auch in säkularisierter Form in unserem kollektiven Bewusstsein und Unterbewusstsein tief verwurzelt und weiter wirkmächtig. Die ökologische Kritik der Herrschaftsvorstellung ist darum auch gesellschaftspolitisch relevant.

Was also ist gemeint mit »Macht euch die Erde untertan und herrscht über die Tiere«? Und was ist damit nicht gemeint?

Sicher nicht gemeint ist mit den Worten aus Genesis 1,28 eine willkürliche Tyrannei und Gewaltherrschaft über die Tiere im Sinne eines despotischen Anthropozentrismus (→ Anthropozentrismus). Ein solches Missverständnis, das den kreatürlichen Zusammenhang von Menschen und Tieren zerreißt, war und ist nur durch eine unsachgemäße Isolierung des *Herrschaftsbefehls* von anderen biblischen Aussagen über Tiere möglich. Wie andere Bibelstellen auch muss das *dominium terrae* im Zusammenhang gelesen werden. Dabei sollen hier drei Kontexte unterschieden werden:

Zum unmittelbaren Umfeld von Genesis 1,28 gehört zuallererst: Genesis 1,29–30! Es ist tatsächlich irritierend, dass der Zusammenhang mit den direkt folgenden Versen so selten gesehen und kaum bewusst ist:

»Und Gott sprach: Sehet da, ich habe euch gegeben alle Pflanzen, die Samen bringen, auf der ganzen Erde, und alle Bäume mit Früchten, die Samen bringen, zu eurer Speise. Aber allen Tieren auf Erden und allen Vögeln unter dem Himmel und allem Gewürm, das auf Erden lebt, habe ich alles grüne Kraut zur Nahrung gegeben« (Genesis 1,29–30).

Unmittelbar nach dem Gebot der Herrschaft ergeht hier also das Gebot einer pflanzlichen Ernährung an die Menschen. Der Herrschaftsauftrag ist folglich vor allem eines nicht: Er ist keine biblische Lizenz zum Töten. Wenn das Töten von Tieren aber ausdrücklich nicht zur Herrschaft des menschlichen Tieres über die nicht-menschlichen Tiere gehört – was bleibt dann noch von der Herrschaft? Die Herrschaft des Menschen über die Tiere verliert hier genau den Aspekt, der sie für viele Menschen überhaupt erst interessant macht. Der Herrschaftsvorstellung werden hier gewissermaßen die Fangzähne gezogen. Durch das Gebot der pflanzlichen Ernährung wird die menschliche Herrschaft über die Tiere radikal eingeschränkt.

Im Blick auf die Macht des Faktischen und die Realität der Gewalt wird der Fleischverzehr nach der Sintflut zwar erlaubt, allerdings nicht ohne die Herrschaft über die Tiere durch das Tabu des Blutgenusses und den Bund Gottes mit den Tieren erneut umgehend zu begrenzen (→ Vegetarismus).

Zudem steht die erste Schöpfungserzählung mit ihrem Herrschaftsauftrag im direkten Gespräch mit der unmittelbar folgenden zweiten Schöpfungserzählung, die keinen Herrschaftsauftrag kennt und mit den Worten »bebauen/dienen und bewahren« (Genesis 2,15) gerade nicht auf eine Leitkultur des Herrschens, sondern der Rücksicht und Bewahrung zielt.

Seinen richtigen Ort und seine angemessene Deutung findet der Herrschaftsauftrag schließlich im Kontext weiterer biblischer Motive, die Menschen und Tiere als Mitgeschöpfe beschreiben (→ Schöpfung), den Bund Gottes als einen Bund auch mit der Erde und den Tieren verstehen (→ Bund), die selbstverständlich von Gottes permanenter Fürsorge für die Tiere ausgehen (vgl. die Überlegungen zu Psalm 104 weiter unten) und die Tiere in die Verheißungen von Frieden und Befreiung einbezogen sehen (→ Frieden und → Hoffnung).

Wenn mit den Worten aus Genesis 1,28 also nicht Tyrannei und Gewaltherrschaft über die Tiere gemeint ist, was ist dann damit gemeint?

»Einige Klarstellungen zum dominium terrae« hat der Alttestamentler Klaus Koch 1983 vorgenommen und dabei dar- bzw. klargestellt, dass zum Bedeutungsspektrum des Herrschaftsvokabulars im Alten Testament nicht wie bis dahin zumeist angenommen nur das brutale Niedertreten, sondern auch »das normale Walten des Hirten über seine Herde«[108] gehört, also die Sorge für Sicherheit und Nahrung der Tiere. Dieser Auslegung sind seitdem die meisten Bibelwissenschaftler:innen gefolgt, so auch der Alttestamentler Christof Hardmeier in der gemeinsam mit dem Philosophen und Umweltethiker Konrad Ott verfassten Studie »Naturethik und biblische Schöpfungserzählung«.[109]

Hardmeier und Ott interpretieren den Auftrag zur Herrschaft über die Tiere als Erlaubnis zur Nutztierhaltung und das »Untertanmachen« der Erde als Auftrag, das Land zu betreten, in Besitz und Dienst zu nehmen und zu bearbeiten. Folglich stellt das *dominium terrae* eine theologische Reflexion über die bäuerliche Kultur nach der neolithischen Revolution in Form von Ackerbau und Viehzucht dar. Das *dominium terrae* fragt nach den Ursprüngen der bäuerlichen Lebensweise und begründet diese theologisch-ätiologisch, also mittels des Erzählprinzips der Darstellung einer Ursache bzw. eines Ursprungs.

In exegetischer Perspektive ist der Herrschaftsbefehl also gerade kein Freibrief, der die Tiere zum Freiwild der Menschen macht. Der Herrschaftsbefehl redet auch nicht der Ausbeutung oder gar Vernichtung von Tierarten das Wort. Im Blick sind vielmehr die Nutztiere und die damit verbundene Sorge des Menschen. Kurz: Es geht nicht um Unterwerfung und Ausbeutung der gesamten Natur, sondern um Bearbeitung und Nutzung des Ackers. Und es geht auch nicht um

Herrschaft über alle Tiere, sondern um die Sorge für die Nutztiere.

Wenn es in Sprüche 12,10 heißt, dass »sich der Gerechte seines Viehs erbarmt« bzw. nach anderen Übersetzungsmöglichkeiten »die Bedürfnisse seines Viehs kennt«, »weiß, was sein Tier braucht« und »sich um das Leben seines Viehs kümmert«, dann kommt darin die Sorge für Schaf und Ziege, Ochs und Esel zum Ausdruck (→ Tierrechte). Der Bibelwissenschaftler Bernd Janowski ist darum der Auffassung, dass die in Sprüche 12,10 beschriebene Sorge des Gerechten für seine Nutztiere »möglicherweise« dem Verständnis der Herrschaft über die Tiere in Genesis 1,28 entspricht.[110]

Das »*dominium* über die Erde« bedeutet den Auftrag Gottes an die Menschen, die Erde urbar zu machen, zu kultivieren und im Sinne von Genesis 2,15 zu bebauen und bewahren. Dabei wird das Bebauen durch das Bewahren begrenzt: So verstanden soll die Kultivierung des Kulturlandes durch Fürsorge und Zurückhaltung geprägt sein.

Das »*dominium* über die Tiere« bedeutet den Auftrag, für die (Nutz-)Tiere zu sorgen. So gesehen und zugespitzt bleibt vom großen Herrschaftsauftrag am historisch-exegetischen Ende nur das oft mühevolle Hüten von Schafen und Ziegen.

In beiden Spielarten des *dominium* geht es also weniger um Dominanz als um Hege und Pflege. Statt vom »Herrschaftsauftrag« sollten wir darum besser und richtiger von einem »Kulturauftrag« und einem »Sorgeauftrag« bzw. einem Auftrag zur Verantwortung des Menschen gegenüber der Erde und den Tieren sprechen (→ Anthropologische Differenz).

Dem entspricht die Vorstellung vom Menschen als *Gottes Ebenbild:* »Lasset uns Menschen machen, ein Bild, das uns gleich sei« (Genesis 1,26). Was steht hinter dieser Vorstellung vom Menschen als Bild Gottes?

Durch die Aufrichtung von Stelen oder Statuen mit ihrem Bild pflegten altorientalische Könige sich und ihre Herrschaft in ihrem Herrschaftsbereich präsent zu setzen. In Übernahme dieser Vorstellung und ihrer Demokratisierung – nicht nur der König, sondern alle Menschen sind Bilder Gottes – wird der Mensch hier als Statue Gottes und damit als Repräsentant Gottes auf der Erde vorgestellt. »Bild Gottes« ist dabei nicht wesensmäßig-ontologisch zu verstehen, sondern funktional im Hinblick auf seinen Auftrag: Als Gottes Ebenbild trägt der Mensch keine göttliche Substanz in sich, sondern nimmt eine Aufgabe wahr.

Mit dieser Aufgabe steht der Mensch in Verantwortung vor Gott. Als Bild Gottes ist er darum weniger als Würdenträger, sondern eher als Mandats- und Verantwortungsträger zu beschreiben. Denn bei der Gottesebenbildlichkeit geht es nicht um das Sein des Menschen, sondern um sein Verhalten und seine Verantwortung gegenüber der Erde und den Mitgeschöpfen und vor Gott. Im *dominium terrae* ist dieser Auftrag als Auftrag zu Sorge und Verantwortung näher bestimmt. Als Gottes Ebenbild ist der Mensch, der sich von den Tieren durch seine besondere Fähigkeit zu moralischem Handeln unterscheidet (→ Anthropologische Differenz), in die Verantwortung gegenüber den Tieren gerufen.

Dass wir Menschen die Schöpfung bewahren sollen, hält die frühere Kuratoriumsvorsitzende des Instituts für Theologische Zoologie, Bischöfin Bärbel Wartenberg-Potter, für »eine weitere Anmaßung des anthropozentrisch geprägten Menschen«.[111] Tatsächlich: Der Wald braucht (eigentlich) keine Försterin und die Natur braucht (eigentlich) keinen Gärtner. Und nach einer Jahrtausende andauernden Geschichte menschlicher Naturzerstörung sollten wir den Menschen eher als Bock betrachten, der sich nicht auch noch selbst zum Gärtner machen sollte!

Andererseits kann das Bild vom *Menschen als Gärtner* als realistische Beschreibung der faktischen Machtposition des heutigen Menschen im Gesamtzusammenhang des natürlichen Lebens gelten. In unserer Zeit führt die Verbindung der Nutzung fossiler Energie mit Wissenschaft, Technik und industrieller Produktion dazu, dass kein Teil der Erde von menschlichen Eingriffen verschont bleibt. Die menschliche Zivilisation hat überall ihre Spuren hinterlassen, im tiefsten Ozean wie auf den höchsten Gipfeln. Genau das ist mit der Rede vom Anthropozän gemeint. Wir leben im Zeitalter des Menschen, in dem die Aktivitäten des Menschen sogar die geologischen Rahmenbedingungen des Lebens verändern.

So betrachtet hängt alles davon ab, in welcher Weise wir Menschen unsere Macht gebrauchen: Als Macht im Sinne von Herrschaft und Ausbeutung oder als gärtnernde Macht der Sorge und Fürsorge, der Hege, Pflege und Verantwortung? Darum ist es wichtig, dass wir den biblischen Herrschaftsauftrag heute neu und richtig als Auftrag zu Sorge und Verantwortung verstehen.

Der US-amerikanische Sozialethiker Larry Rasmussen, der zu den theologisch-ethischen Debatten zur Schöpfungsverantwortung und ökologischen Theologie im Kontext der ökumenischen Bewegung in den letzten Jahrzehnten Wesentliches beigetragen hat, hat in seinem Band »Earth-Honoring Faith« die historischen Veränderungen des *menschlichen Naturverhältnisses* nachgezeichnet:[112]

Waren die Menschen zu 95 Prozent der Menschheitsgeschichte Jäger und Sammler, so setzen die Heiligen Schriften von Judentum, Christentum und Islam das Naturverhältnis nach der neolithischen Revolution voraus, die ab 10.000 vor Christus zu Sesshaftigkeit und Tierhaltung geführt hat. Ab 3.000 vor Christus kam es zur Bildung von Städten, Handwerk, Religionen, Philosophie und Eliten. Insbesondere mit der städtischen Kultur schritt die Trennung von Mensch und Natur weiter voran. Durch Ackerbau und Viehzucht wurde die Natur nun durch den Menschen geformt und geordnet. Der Blick des Menschen auf die Natur veränderte sich.

Die Lebenswirklichkeit, Weltanschauung und Verbundenheit mit Natur und Tierwelt der Naturvölker sind nicht in die Bibel eingegangen. So spiegelt auch der Auftrag zur Kultivierung des Landes und zur Fürsorge für die Tiere die Lebensbedingungen der Menschen nach der neolithischen Revolution wider. Wenn wir heute nach biblischen Orientierungen für die notwendige sozial-ökologische Transformation oder für ein anderes Mensch-Tier-Verhältnis suchen, müssen wir die Texte der Bibel als historische Dokumente verstehen und uns bewusst machen, von welchen Kontexten, Lebenswirklichkeiten und Weltanschauungen sie geprägt sind – und von welchen nicht.

Um es klar zu sagen: Auch das Verständnis von Herrschaft als Sorge und Verantwortung bleibt der anthropozentrischen Weltsicht verhaftet. Diese Vorstellung des Anthropozentrismus ist nicht mehr despotisch, und das ist sicher ein bedeutsamer Fortschritt. Aber auch eine sanfte Anthropozentrik ist anthropozentrisch. Auch das Bild des Menschen als Gärtner oder Verwalter *(steward)*, also Haushälter oder Hausmeister, schreibt dem Menschen eine anthropozentrisch-zentrale Rolle im Weltgeschehen zu: Ohne den Menschen wird's nicht gehen. Der Mensch muss es richten.

Wie gesagt: Mit guten Gründen kann man gerade diese Vorstellung eines »guten« Anthropozentrismus in ihrem Realismus im Blick auf die faktische Machtfülle des Menschen als besonders anschlussfähig für unsere Situation im Kontext der ökologischen Krise betrachten. Zugleich führt uns die ökologische Spurensuche zu weiteren biblischen Texten, die das Verhältnis des Menschen zu Natur und Tierwelt mit einem ganz anderen Blick beschreiben. In *Psalm 104* begegnet uns ein Natur- und Menschenbild, das vielleicht doch Erinnerungen an das frühe kulturelle Erbe der Menschheit bewahrt hat:

»Du lässest Brunnen quellen in den Tälern,

dass sie zwischen den Bergen dahinfließen,

dass alle Tiere des Feldes trinken

und die Wildesel ihren Durst löschen.

Darüber sitzen die Vögel des Himmels

und singen in den Zweigen.

Du tränkst die Berge von oben her,

du machst das Land voll Früchte, die du schaffest.

Du lässest Gras wachsen für das Vieh

und Saat zu Nutz den Menschen,

dass du Brot aus der Erde hervorbringst,

dass der Wein erfreue des Menschen Herz

und sein Antlitz glänze vom Öl

und das Brot des Menschen Herz stärke.

Die Bäume des HERRN stehen voll Saft,

die Zedern des Libanon, die er gepflanzt hat.

Dort nisten die Vögel,

und die Störche wohnen in den Wipfeln.

Die hohen Berge geben dem Steinbock Zuflucht

und die Felsklüfte dem Klippdachs.

Du hast den Mond gemacht, das Jahr danach zu teilen;

die Sonne weiß ihren Niedergang.

Du machst Finsternis, dass es Nacht wird;

da regen sich alle Tiere des Waldes,

die jungen Löwen, die da brüllen nach Raub

und ihre Speise fordern von Gott.

Wenn aber die Sonne aufgeht, heben sie sich davon

und legen sich in ihre Höhlen.

Dann geht der Mensch hinaus an seine Arbeit

und an sein Werk bis an den Abend.

HERR, wie sind deine Werke so groß und viel!

Du hast sie alle weise geordnet, und die Erde ist voll
deiner Güter.

Da ist das Meer, das so groß und weit ist,

da wimmelt's ohne Zahl, große und kleine Tiere.

Dort ziehen Schiffe dahin;
da ist der Leviatan, den du gemacht hast,
damit zu spielen.
Es wartet alles auf dich,
dass du ihnen Speise gebest zu seiner Zeit.«
(*Psalm 104,10–27*)

Dieser Psalm besingt Vielfalt, Schönheit und Ordnung der Schöpfung. Im Gesamtzusammenhang der Schöpfung wird der Mensch überhaupt nur an zwei Stellen erwähnt, zum ersten Mal in den Versen 14–15. Die belebte und unbelebte Natur wird hier zwar durchaus auch unter der Perspektive des Nutzens beschrieben (»Saat zu Nutz den Menschen«), aber die menschliche Naturnutzung ist weder exklusiv noch zentral: Auch die Tiere des Feldes trinken aus den Bächen, Gras wächst für das Vieh, die Vögel nisten in den Zedern, die Berge geben dem Steinbock Zuflucht.

In Vers 23 wird der Mensch als Arbeiter beschrieben, dessen Arbeit sich bescheiden in den Schöpfungszusammenhang einfügt: Wenn die Sonne aufgeht, »dann geht der Mensch hinaus an seine Arbeit und an sein Werk bis an den Abend.« Das ist alles? Ja, das ist alles. Kann man die Rolle des Menschen in der Schöpfung noch tiefer hängen? Er fällt fast gar nicht auf …

Dem Menschen wird in der Weltsicht von Psalm 104 keine herrschende oder auch nur gärtnernde Funktion im Gesamtzusammenhang des Geschaffenen zugeschrieben. Die Schöpfung ist gut geordnet und braucht keine Herrscherin und keinen Gärtner. Der Mensch herrscht nicht über die Natur, sondern ist in sie eingebettet. Er wird als Gleicher unter Gleichen beschrieben, als Teil der großen Schöpfungsgemeinschaft. Ihm kommt kein Vorrang und keine Sonderstellung zu.

Der Psalm macht überhaupt keinen Unterschied zwischen menschlichen und nicht-menschlichen Tieren, zwischen belebter und unbelebter Natur. Nicht Nützlichkeit, nicht menschliche Herrschaft oder Verantwortung sind hier die leitenden Vorstellungen, sondern Teilsein und Teilhabe des Menschen in der Schöpfung. Alle Lebewesen haben von Gott den zu ihnen passenden Lebensraum erhalten. Der Mensch wird von Gott ernährt wie alle anderen Lebewesen auch. Die genauen Naturbeobachtungen werden durch die Beschreibungen Gottes als Schöpfer und Ernährer allen Lebens zum Lob der Schöpfung und des Schöpfers.

Menschenbild, Naturverständnis sowie die Vorstellung des Mensch-Natur-Verhältnisses sind in Psalm 104 nicht anthropozentrisch, sondern ökologisch. Hier hat jemand sehr aufmerksam, wertschätzend und mit einem ganzheitlichen Blick auf die Schöpfung geschaut, die Welt nicht in Mensch-Natur oder Mensch-Tier aufgeteilt, sondern das Leben in seinem Zusammenhang betrachtet: Alles hat eine eigene, vom Menschen völlig unabhängige Schönheit und Daseinsberechtigung.

Hoffnung

Kommen die Tiere in den Himmel?

»Kommen die Tiere in den Himmel?«, wird Rainer Hagencord, Leiter des Instituts für Theologische Zoologie, in einem Gespräch gefragt. »Wohin denn sonst?«, fragt Hagencord zurück.

Die Suche nach dem Ort des Menschen in der Schöpfung und nach Respekt und Gerechtigkeit im Umgang des Menschen mit den Tieren ist ein zentrales Anliegen der Theologischen Zoologie. Doch beschränkt sich die Theologie nicht auf Anthropologie und Ethik im Angesicht der Tiere, sondern fragt auch nach Ursprung und Zukunft allen Lebens: Kommen die Tiere in den Himmel?

Ja, wohin denn sonst. Was zunächst nach einer schwierigen theologischen Frage aussieht, stellt uns tatsächlich lediglich vor die Notwendigkeit, unsere Vorstellungen von Hoffnung und Erlösung, Heil und Heilung, Rettung und Befreiung zu Ende zu denken. Sollte Gott zwar das Universum, Sonne und Erde, Pflanzen, Tiere und Menschen erschaffen haben, sich danach aber nur noch für das Schicksal des Menschen interessieren? Wäre eine Zukunft des menschlichen Lebens ohne Mitgeschöpfe überhaupt eine himmlische Vorstellung?

Wenn Gott Menschen und Tiere als lebendige Wesen schafft und auch den Tieren die Erde als Haus des Lebens bereitet (→ Schöpfung), wenn Gott Menschen und Tiere in der Arche rettet und einen Bund auch mit den Mitgeschöpfen schließt (→ Bund) und Menschen und Tiere gleichermaßen ernährt und erhält, dann erscheint es tatsächlich selbstverständlich, dass die Verheißungen einer Zukunft des Lebens auch den Tieren gelten.

Der Theologe und Biologe Günter Altner betont, dass uns der Schöpfungsglaube nicht nur an den gemeinsamen Ursprung und an die gemeinsame Geschichte allen Lebens erinnert, sondern auch an die gemeinsame Zukunft von Mensch und Natur.[113] Die Schöpfungstradition erzählt von der Einheit von Menschen und Tieren im Blick auf ihren gemeinsamen Ursprung, aber auch im Blick auf ihre gemeinsame Zukunft.

Die biblischen Verheißungen des Friedens und der Befreiung gelten allen Geschöpfen. Vehement kritisiert Altner den »soteriologischen Artegoismus«[114] einer anthropozentrischen Theologie, in deren Vorstellung Gott sich allein für den Menschen und sein Heil interessiert. Demgegenüber gilt: Der Schöpfer allen Lebens ist der Befreier allen Lebens.

Der Prophet Jesaja *(Jesaja 11,1–9)* beschreibt das messianische Reich als ein Reich des Friedens, in dem Menschen und Tiere friedlich und gewaltfrei zusammenleben (→ Frieden). In dieser Vision von der Zukunft des Lebens haben die Tiere nicht nur irgendwo auch einen Platz (etwa in einer Schutzzone oder einem Tierpark), sondern der utopische Kern des Bildes liegt gerade in einem neuen Miteinander von Mensch und Tier. Die Gegenwart der Tiere ist für dieses Hoffnungsbild konstitutiv und unverzichtbar. Die Zukunft des Lebens gibt es nur als gemeinsame Zukunft von Menschen und Tieren. Aber auch umgekehrt gilt biologisch-theologisch: Es gibt keine Zukunft des menschlichen Lebens ohne eine Zukunft des Lebens der Tiere.

Das Markusevangelium nimmt gleich zu Beginn *(Markus 1,13)* auf die Vision des Jesaja Bezug. Unmittelbar nach seiner Taufe lebt Jesus 40 Tage in der Wüste bei den wilden Tieren – ein Zeichen, dass mit Jesus die von Jesaja verheißene Zeit des Heils und des messianischen Friedens mit den Tieren beginnt.

Auch *Paulus* entwirft ein Bild der Hoffnung, das den Blick über den Menschen hinaus auf die Schöpfung weitet:

»Denn ich bin überzeugt, dass dieser Zeit Leiden nicht
ins Gewicht fallen gegenüber der Herrlichkeit, die an
uns offenbar werden soll. Denn das ängstliche Harren
der Kreatur wartet darauf, dass die Kinder Gottes offenbar werden. Die Schöpfung ist ja unterworfen der Vergänglichkeit – ohne ihren Willen, sondern durch den,
der sie unterworfen hat –, doch auf Hoffnung; denn
auch die Schöpfung wird frei werden von der Knechtschaft der Vergänglichkeit zu der herrlichen Freiheit
der Kinder Gottes. Denn wir wissen, dass die ganze
Schöpfung bis zu diesem Augenblick seufzt und in
Wehen liegt.«

(Römer 8,18–22)

Die Schöpfung befindet sich in den Worten des Paulus in einer Zeit des Leidens und der Geburtswehen. Die Neutestamentlerin Luise Schottroff betont, dass entgegen der vorherr-
schenden exegetischen Tradition die paulinische Darstellung
der Situation der Schöpfung nicht negativ zu verstehen ist.[115]
Das Missverständnis gehe auf die einseitige Deutung der Ge-
burtserfahrung als eine ausschließliche Erfahrung von Leid
und Schmerz zurück.

Demgegenüber verweist Schottroff darauf, dass in der Ge-
burtsmetapher vor allem die Erwartung des neuen Lebens
zum Ausdruck kommt. Das Interesse des Textes liegt
Schottroff zufolge darin, die Macht der Hoffnung in der Gegenwart zu zeigen. Statt um »ängstliches Harren« (so die
Lutherübersetzung seit 1541) gehe es vielmehr um die hoff-
nungsvolle Erwartung des neuen Lebens, in der sich Schmerz
und Freude verbinden.

Mensch und Kreatur sind in der Hoffnung miteinander
verbunden. Das Bild des Seufzens bzw. Stöhnens und der
Wehen deutet an, dass der Schmerz und die Angst der Geschöpfe durch die Geburt neuen Lebens überwunden werden
wird. Herrlichkeit, Hoffnung und Freiheit – diese Verheißun-

gen gelten den Kindern Gottes und der Kreatur: dem Menschen, seinen Mitgeschöpfen, der gesamten Schöpfung. Mensch und Kreatur werden hier in einer Schicksalsgemeinschaft zusammen gedacht und nicht voneinander getrennt: Alle Geschöpfe sind im Leiden (unter der Knechtschaft der Vergänglichkeit bzw. der Gewalt) miteinander verbunden, aber auch in der Gemeinschaft der Sehnsucht und der Hoffnung.

Auch Paulus denkt Zukunft, Erlösung, Freiheit und Befreiung hier also im ökologischen Zusammenhang von Mensch und Natur: Die Schöpfung als Ganze seufzt und liegt in Wehen – und die gesamte Schöpfung wird frei werden. Die Zukunft des Lebens muss ökologisch-theologisch ganzheitlich und umfassend verstanden werden. Die Zusage des erlösenden und befreienden Handeln Gottes ist bei Paulus nicht auf die Menschen beschränkt, sondern gilt der gesamten Schöpfung.

Doch auch in den eschatologischen Texten des Neuen Testaments, in denen nicht wie in Römer 8 explizit von der außermenschlichen Schöpfung die Rede ist, erstreckt sich der Horizont der Hoffnung deutlich über den Menschen hinaus. Mit der »Nähe des Heils für die ganze Schöpfung« wird laut Schottroff in allen frühchristlichen Gemeinden gerechnet.

Schottroff schreibt: »Die Hoffnung der ersten Christengeneration war Hoffnung auf die Königsherrschaft Gottes, einen neuen Himmel und eine neue Erde, die Verwandlung der gesamten Schöpfung und der gesamten Menschheit.«[116] Wie umfassend die Zukunft allen Lebens gedacht werden konnte, wird insbesondere in den apokalyptischen Bildern von der neuen Schöpfung *(creatio nova)* deutlich, in denen Gott einen neuen Himmel und eine neue Erde schafft (vgl. Offenbarung 21,1–8).

Einen anderen Blick auf die Zukunft von Mensch und Tier wirft das Buch *Kohelet:*

»Ich sprach in meinem Herzen: Es geschieht wegen der
Menschenkinder, damit Gott sie prüfe und sie sehen,
dass sie selber sind wie das Vieh. Denn es geht dem
Menschen wie dem Vieh: Wie dies stirbt, so stirbt auch
er, und sie haben alle *einen* Odem, und der Mensch hat
nichts voraus vor dem Vieh; denn es ist alles eitel. Es
fährt alles an *einen* Ort. Es ist alles aus Staub geworden
und wird wieder zu Staub. Wer weiß, ob der Odem der
Menschen aufwärtsfahre und der Odem des Viehes
hinab unter die Erde fahre?«
(Kohelet 3,18–21)

Dieser weisheitliche Text aus dem dritten Jahrhundert vor
Christus legt großen Wert auf die gemeinsame Geschöpflichkeit von Mensch und Tier und die damit verbundene gemeinsame Sterblichkeit. Dabei werden Motive aus der zweiten
Schöpfungserzählung (→ Schöpfung) aufgegriffen: Menschen
und Tiere wurden aus »Staub« geschaffen und haben denselben göttlichen Lebensatem. Da alles »eitel«, also vergänglich
ist, teilen Menschen und Tiere auch das Schicksal des Todes.

Dabei kommt es dem biblischen Text vor allem auf diesen
Aspekt an: Im Blick auf die Sterblichkeit gibt es zwischen
Menschen und Tieren überhaupt keinen Unterschied. In die-
ser Hinsicht sind die Menschen wie die Tiere: »Es geht dem
Menschen wie dem Tier. Wie dies stirbt, so stirbt auch er. Der
Mensch hat dem Tier nichts voraus. Es ist alles aus Staub ge-
worden und wird wieder zu Staub.« Bei der abschließenden
Frage, ob der Odem des Menschen aufwärts und der Odem
der Tiere unter die Erde fährt, handelt es sich um eine rheto-
rische Frage, denn die Antwort ist im Text bereits gegeben:
»Es fährt alles an einen Ort.«

Kohelet steht in Auseinandersetzung mit der Frage nach
einer unsterblichen Seele in der griechischen Philosophie. Dabei macht das Buch Kohelet die Perspektive der biblischen
Schöpfungserzählungen stark, indem es die gemeinsame Ge-

schöpflichkeit von Menschen und Tieren radikal ernst nimmt. Ob Mensch oder Tier: Wenn kein Atem mehr da ist, sterben die Geschöpfe und werden wieder Staub. Von einer unsterblichen Seele wissen die Schöpfungserzählungen nichts und will darum auch Kohelet nichts wissen.

Die Stärke des Textes besteht darin, an der gemeinsamen Geschöpflichkeit und der damit verbundenen Verwandtschaft von Menschen und Tieren unbeirrt festzuhalten. Die Mitgeschöpflichkeit begründet Nähe und Verbundenheit und eben auch die gemeinsame Sterblichkeit von Mensch und Tier.

Im konsequenten Festhalten an der Geschöpflichkeit auch des Menschen liegt allerdings noch eine weitere Stärke. Der »Prediger« des Buch Kohelet wird in der Regel als Skeptiker beschrieben. Aber ist die schöpfungstheologische Erzählung von Geschöpflichkeit und Vergänglichkeit allen Lebens nicht auch ein Hoffnungsbild? Können wir nicht Frieden schließen mit den Grundbedingungen unseres Lebens und die Tatsachen annehmen, die schon auf den ersten Seiten der Bibel so wunderbar klar beschrieben werden: »Im Schweiße deines Angesichts sollst du dein Brot essen, bis du wieder zu Erde wirst, davon du genommen bist. Denn Staub bist du und zum Staub kehrst du zurück« (Genesis 3,19).

Ist es vielleicht nicht nur eine realistische, sondern auch tröstliche Vorstellung, dass der Mensch als »Erdling« (Adam/human) eines Tages wieder zur Erde (Adama/Humus) zurückkehrt und zu Muttererde wird, von der er genommen ist? Kann das Bild des Aufgehoben-Seins von Menschen und Tieren in lebendiger Erde als Geburtsort neuen Lebens nicht auch heilsam sein?

Ja, auch das sind rhetorische Fragen. In seinem Buch »Earth-Honoring Faith« beschreibt der Theologe Larry Rasmussen unsere menschliche Identität im Anschluss an den biblischen Schöpfungsglauben als zutiefst mit der Erde verbunden: »Wir erstehen aus der Erde, leben eine kleine Weile auf ihr, um sie zu bebauen, und kehren dann zu ihr zurück.[117]

Einzig der Schweiß des Angesichts, mit dem wir alle (die einen weniger, die anderen mehr) unser Brot essen, sollte in der Beschreibung des menschlichen Schicksals nicht vergessen werden.

In der Verkündigung Jesu (→ Jesus) werden die Tiere nur selten explizit erwähnt. Andererseits zeigt gerade die Beiläufigkeit, mit der von den Mitgeschöpfen etwa im Gleichnis vom Senfkorn die Rede ist, wie selbstverständlich die Tiere auch zu den Bildern der Hoffnung auf das Reich Gottes dazu gehören:

> »Und er sprach: Womit wollen wir das Reich Gottes vergleichen, und durch welches Gleichnis wollen wir es abbilden? Es ist wie mit einem Senfkorn: Wenn das gesät wird aufs Land, so ist's das kleinste unter allen Samenkörnern auf Erden; und wenn es gesät ist, so geht es auf und wird größer als alle Kräuter und treibt große Zweige, so dass die Vögel unter dem Himmel unter seinem Schatten wohnen können.«
>
> (*Markus 4,30–32*)

Der Bibelwissenschaftlerin Silvia Schroer zufolge stellt der Senfkornbaum hier in Anlehnung an altorientalische Traditionen den Weltenbaum dar. Der Baum, Symbol des Lebens, wird hier als Bild für das Reich Gottes beschrieben und bietet ganz selbstverständlich auch einen Lebensraum für die Vögel. Schroer hält fest: »Ein Reich Gottes ohne Tiere wird es nicht geben.«[118]

Schließlich: »Gehet hin in alle Welt und predigt das Evangelium aller Kreatur« (Markus 16,15). So lautet die weniger bekannte Sendung am Ende des Markusevangeliums. Aller Kreatur das Evangelium zu predigen, verlangt von uns sicher nicht, die Tiere zu be-predigen, wie es Franz von Assisi mit Erfolg (und zum Teil ohne Erfolg) getan hat (→ Franz von Assisi).

»Geht hinaus in die ganze Welt und verkündet das Evangelium der ganzen Schöpfung!« (Bibel in gerechter Sprache). Im Markusevangelium bittet der auferstandene Jesus seine Jüngerinnen und Jünger, das Evangelium in Wort und Tat auch zu den Mitgeschöpfen zu bringen. Die gute Nachricht von der Befreiung gilt auch den Tieren. Auch sie gehören zu den Adressaten des Evangeliums. Das Evangelium ist die frohe Botschaft vom Reich Gottes, von der Befreiung von Leid, Unfreiheit und Ausbeutung. Hoffnung für die Tiere!

»Als D. M. Luther gefragt wurde, ob auch in jenem
Leben und Himmelreich würden Hunde und andere
Tiere sein, antwortete er und sprach: Ja, freilich. Denn
die Erde wird nicht so leer, wüste und einödig sein. ...
Gott wird ein neues Erdreich und neuen Himmel schaffen. Wird auch neue Tölpelein und Hündlein schaffen,
deren Haut wird golden sein und die Haare oder Loden
von Edelsteinen. Da wird keiner den anderen fressen
wie Kröten, Schlangen und dergleichen giftige Tiere, die
um der Erbsünde willen hier vergiftet und schädlich
sind. Alsdann werden sie uns nicht allein unschädlich,
sondern auch lieblich, lustig und angenehm sein, dass
wir werden mit ihnen spielen.«[119]
Martin Luther

Industrielle Tierhaltung

Arme Schweine

In Deutschland werden pro Jahr 700 Millionen Tiere im Rahmen der Produktion von Fleisch, Milch und Eiern getötet. Weltweit wird die Zahl der jährlich getöteten Nutztiere auf 60 Milliarden Säugetiere und Vögel geschätzt. Dazu kommen jedes Jahr ein bis drei Billionen Wassertiere aus Fischerei und Aquakultur. Der Schriftsteller Jonathan Safran Foer stellt im Blick auf diese globalen Zahlen fest: »Unser Planet ist ein Tierhaltungsbetrieb.«[120]

Es ist wichtig, sich beim Nachdenken über das Mensch-Tier-Verhältnis mit biblisch-theologischen, naturwissenschaftlichen, philosophischen und ethischen Perspektiven auseinanderzusetzen. Genauso wichtig ist es aber, die Realität der heutigen Tierhaltung wahrzunehmen. In der Auseinandersetzung mit dieser Wirklichkeit können und müssen Theologie und Spiritualität konkret, praktisch und politisch werden.

Wie geht es den Tieren in den Ställen? Die Situation der Tiere in den Ställen ist in der Regel vor unseren Augen verborgen. Es ist das Verdienst der Tierschutzorganisationen, das Tierleid in der Massentierhaltung immer wieder sichtbar zu machen.

Aber ist »Massentierhaltung« überhaupt der richtige *Begriff* für die heutige Nutztierhaltung? Die eben genannten Zahlen sprechen dafür. Wenn in der Nutztierhaltung allein in Deutschland jedes Jahr 700 Millionen Tiere getötet werden, dann ist das eine Masse. Und auch in einzelnen Stallanlagen wird eine für Menschen, die mit der Situation unvertraut sind, oft kaum vorstellbare Zahl von Tieren gehalten. Aber natürlich kann auch bei einer kleinen Zahl von Tieren die Haltung schlecht sein. Das betrifft das Schwein im dunklen Verschlag ebenso wie die Kuh in Anbindehaltung.

Der Begriff »industrielle Tierhaltung« verweist demgegenüber auf die ökonomische Optimierung der Tierhaltung mittels industrieller und arbeitsteiliger Verfahren, also mit Kostensenkungen durch technisierte Haltungssysteme einerseits und Produktionssteigerungen durch Hochleistungszucht anderseits. Dabei gilt wie für andere profitorientierte Lebensbereiche auch: Die Masse macht's!

Aus diesem Grund hatte und hat die Ausrichtung der Tierhaltung an industriellen Mustern eine enorme Konzentration der Tierbestände zur Folge. Wachse oder weiche! Der Strukturwandel in der Landwirtschaft führt dazu, dass kleinere Betriebe aufgeben und große Betriebe weiter wachsen.

Im Ergebnis halten immer weniger Betriebe immer größere Mengen von Nutztieren – mit immer höheren »Leistungen« pro Tier, also zum Beispiel 300 Eier jährlich pro Legehenne statt früher 30 oder 8.500 Liter Milch jährlich pro Milchkuh statt 2.000 Liter noch vor 100 Jahren. Die Leistungssteigerung wird dabei mit zwei Strategien erreicht: zum einen mit »verbesserter« Zucht und zum anderen mit »verbesserter« Fütterung. Mehr Tiere mit mehr Leistung: Diese Intensivierung der Nutztierhaltung steckt im Begriff der »Intensivhaltung«.

Die UN-Ernährungs- und Landwirtschaftsorganisation (FAO) definiert Intensivtierhaltung anhand eines doppelten Kriteriums: Bei weniger als zehn Prozent des Futters vom eigenen Betrieb und mehr als zehn »Großvieheinheiten« pro Hektar betrieblicher landwirtschaftlicher Nutzfläche spricht die FAO von Intensivtierhaltung. Bei beiden Kriterien geht es um das Verhältnis von Tieren und Fläche, nämlich um den

Anteil der Futterproduktion vom eigenen Acker und um die sogenannte »Besatzdichte«.

Massentierhaltung, industrielle Tierhaltung, Intensivtierhaltung – welchen Begriff man auch wählen mag: Wenn Politiker:innen und Interessenvertreter:innen von »bäuerlichen Familien« sprechen, für die sich Verbände und Politik einsetzen würden, dann schreiben sie in aller Regel bewusst ein falsches Bild vom idyllischen Bauernhof fort und verschleiern die dominante Realität der heutigen Nutztierhaltung.

Auch das Fleisch, das viele Menschen in gutem Glauben beim Metzger ihres Vertrauens kaufen, kommt zum allergrößten Teil aus Intensivtierhaltung, denn 98 Prozent der in Deutschland zum Verzehr bestimmten Tiere stammen aus industrieller Tierhaltung, bei Schweinen sogar 99,3 Prozent.[121]

In TV-Dokumentationen über die agrarindustrielle Tierhaltung sind immer wieder schockierende Bilder von Tieren zu sehen, deren Leiden offensichtlich ist. Handelt es sich dabei um einzelne schwarze Schafe unter den agrarindustriellen Tierhaltungsbetrieben? Oder ist das *Tierleid* ein strukturell bedingter Teil des Systems der industriellen *Tierhaltung?*

Antworten auf diese Frage liefert die Nutztier-Ethologie, also die wissenschaftliche Untersuchung und Bewertung von Tierhaltungssystemen. Bernhard Hörning ist Professor für ökologische Tierhaltung. Bei seinen Vorträgen wird den Zuhörenden schnell schwindelig. Das liegt zum einen an der Vielzahl der Fakten und Zahlen, die Hörning auf seinen Folien zu präsentieren hat.

Vor allem liegt es aber an den Erkenntnissen selbst, die zu den Auswirkungen der Intensivtierhaltung auf die Tiergesundheit vorliegen. Hörnings Fazit: »Die Haltungsbedingungen der Intensivhaltung und die hohen Leistungen belasten die Tiere erheblich.«[122] Das ist wissenschaftlich-nüchtern formuliert. Der Tierarzt Matthias Wolfschmidt von der Verbraucherschutzorganisation foodwatch sagt es so: »Die Bedingungen, unter denen heute Fleisch, Milch und Eier produziert werden, machen Millionen Nutztiere systematisch krank.«[123]

Die Auseinandersetzung mit den Problemen der Intensivtierhaltung sollte nicht moralisieren, sondern politisch sein. Denn die Entscheidungen einzelner Betriebsleitungen finden innerhalb gesetzlicher, politisch geschaffener Rahmenbedingungen statt, die bestimmte Entwicklungen in der Tierhaltung begünstigen und andere Konzepte behindern. Es geht hier also vor allem um agrarpolitische Fragen. Wo die Ebene individueller Entscheidungen betroffen ist, sind Produzenten und Konsumenten gleichermaßen in der Pflicht.

Kühe

Jan Gerdes, der zusammen mit der Tierrechtlerin Karin Mück das Kuh-Altersheim »Hof Butenland« ins Leben gerufen hat (heute ein Lebenshof für viele Tierarten), ist der Meinung: »Der größte Irrtum ist, dass die Menschen denken, eine Kuh gibt automatisch Milch.«[124] Deutschland ist der größte Milcherzeuger der EU. Rund vier Millionen Milchkühe werden in Deutschland gehalten. Fast die Hälfte der Milch ist für den Export bestimmt. Im Jahr 2020 halten 41 Prozent der Betriebe mit 12 Prozent der Milchkühe ihre Tiere in Anbindehaltung. In Bayern hat die Anbindehaltung einen Anteil von 43 Prozent, davon 79,5 Prozent ganzjährig ohne Auslauf.[125] Hörning:

>»Bei der Anbindehaltung sind die Tiere nebeneinander
>am Hals angebunden mit dem Kopf über dem Futter-
>trog. Diese Haltung schränkt das arteigene Verhalten
>der Tiere erheblich ein; Fortbewegung ist nicht möglich,
>Sozialkontakte sind es nur begrenzt. Die Bewegungsab-
>läufe beim Hinlegen und Aufstehen sowie die Ruhepo-
>sitionen sind eingeschränkt und Verletzungen beim
>Kontakt mit den Stalleinrichtungen sind möglich, zumal
>die älteren Stallungen für die heutigen Milchkühe oft zu
>klein sind.

Oft kommt der sogenannte Kuhtrainer zum Einsatz – ein
Elektrobügel über dem Rücken der Kuh, der sie veran-
lassen soll, beim Koten einen Schritt zurückzumachen,
um die Standfläche sauber zu halten. Trotz der genannten Tierschutzprobleme gibt es in Deutschland keinerlei
Tierschutzvorschriften für dieses Haltungssystem, anders als in Österreich oder der Schweiz. Dort gilt auch
die Vorschrift, den Kühen an mehreren Monaten im Jahr
Auslauf ins Freie zu gewähren.«[126]

Nach durchschnittlich drei Jahren »Milchproduktion« werden die Kühe geschlachtet, weil sich die Milchleistung verringert und nicht mehr den gewünschten Profit abwirft. Zwei
Drittel der Kühe müssen laut Hörnig dabei aufgrund von Erkrankungen wie Unfruchtbarkeit oder Euter- und Klauenent-
zündungen zum Schlachthof. Diese Krankheiten sind vor allem auch durch die permanent hohen Milchleistungen
bedingt, die die Tiere auszehren. Bei der Schlachtung sind die
Kühe in der Regel vier bis fünf Jahre alt. Die natürliche Lebenserwartung einer Kuh liegt bei 15 bis 20 Jahren.

Im Dokumentarfilm »Das System Milch« von Grim-
me-Preisträger Andreas Pichler kommt der Leiter eines großen Milchviehbetriebs mit 750 Kühen zu Wort: »Wir müssen
immer mehr Menge produzieren, um die Kosten wieder rein-
zuholen. Den Liter Milch so günstig wie möglich – nur darum
geht es.«

Im selben Film blickt ein kleinerer Familienbetrieb mit
heute 250 Kühen auf das Jahr 1978 mit seinerzeit 35 Kühen
zurück. Die schwäbische Familie sieht die Entwicklung
durchaus kritisch: »Was sind heute 35 Kühe? Das ist gar
nichts! Heute geht es darum, dass die Kühe immer mehr und
immer höhere Leistungen bringen, damit man ja möglichst
das Höchste rausholt.«

Damit die Kühe weiter Milch geben, werden sie künstlich
bzw. zwangsweise besamt. Nach der Geburt wird das Kalb

von der Mutter bald getrennt, obwohl ein intensiver Körperkontakt zur normalen Beziehung zwischen Mutter und Kalb gehört.

Männliche Kälber werden in der Milchproduktion nicht benötigt. »Sie sind ein Abfallprodukt für uns«, sagt der Leiter des industriellen Milchviehbetriebs im Film ganz offen: »Sie machen nur Arbeit, die sich nicht rentiert.« Milchviehbetriebe verkaufen die Bullenkälber darum so schnell wie möglich an einen Bullenmäster.

Allerdings wird die Vermarktung der männlichen Kälber immer schwieriger, da die auf eine hohe Milchproduktion gezüchteten Rinder kaum Fleisch ansetzen. Die männlichen Kälber aus der Milchkuhhaltung werden also auch für die Mast zunehmend wertlos. Aufgrund der intensiven Haltung von »Fleischrassen« ist Deutschland jedoch zugleich der zweitgrößte Erzeuger von Rindfleisch in der EU.

Im Blick auf die Bedeutung der Trächtigkeit sind sich kleine und große Betriebe einig: »Die Trächtigkeit ist das Wichtigste bei der Haltung von Milchvieh. Wenn eine Kuh nicht mehr tragend wird, wird sie irgendwann früher oder später abgehen. Irgendwann muss sie halt gehen.« Regisseur Andreas Pichler kommentiert das folgendermaßen: »Wir trinken die Milch von Kühen, die ständig schwanger sind. Denn ohne Kalb keine Milch und ohne Milch keine Existenzberechtigung.«

Schweine

Pro Jahr werden in Deutschland rund 55 Millionen Schweine geschlachtet. Damit ist Deutschland der größte Schweinefleischproduzent der EU und der drittgrößte Schweineerzeuger der Welt. Ein wachsender Teil des Schweinefleisches wird exportiert. Die Exportorientierung ist politisch gewollt und hat zu einem enormen Preisdruck geführt, der zu Lasten der von der politischen Rhetorik gern bemühten »bäuerlichen Familien« geht, die diesem Druck vielfach nicht standhalten können und aufgeben müssen.

Im Zuge der Industrialisierung und Intensivierung der Tierhaltung wurden auch bei der Schweinehaltung arbeits- und kostensparende Systeme eingeführt. Bei Schweinen bedeutet das vor allem: Spaltenböden. Dabei fallen die Ausscheidungen der Tiere durch einen Betonrost, so dass sie leicht entsorgt werden können.

Die Tiere leben also rund um die Uhr über ihren Exkrementen, obwohl zu ihrem artspezifischen Verhalten gehören würde, ihre Ausscheidungen möglichst weit vom Liege- und Fressbereich fallen zu lassen. Überdies leiden sie durch die Betonböden häufig unter entzündlichen Hautverletzungen. Da das Versorgen der Tiere mit Stroh und das damit verbundene Entmisten der Ställe als zu arbeitsintensiv gilt, haben heute nur sechs Prozent der Schweine in Deutschland Stroh zur Verfügung.[127] Alle anderen leben auf Voll- und Teilspalten, wo ein artgemäßes Wühlen und Suhlen oder der Schweinsgalopp niemals möglich ist.

Sauen, die zur »Ferkelerzeugung« gehalten werden, werden etwa zwei Mal im Jahr künstlich bzw. zwangsweise besamt. In unterschiedlichen Stallbereichen dürfen sie insgesamt fast ein halbes Jahr in engen Käfigen, den sogenannten »Kastenständen« gehalten werden, wo sie sich nicht umdrehen und kaum bewegen können. Hörning:

»Der Beschäftigungsmangel führt zu Verhaltensstörungen wie monotones Beißen auf den Metallstangen. Oft sitzen die Sauen auch apathisch auf den Hinterbeinen. Solche Verhaltensstörungen werden in der Nutztierethologie als Anzeichen für Überforderung oder Frustration gesehen. Im Kastenstand kann die Sau auch nicht den angeborenen Trieb ausleben, vor der Geburt ein Wurfnest für die Ferkel zu bauen.«[128]

Im Blick auf die Sauenkäfige bzw. Kastenstände urteilt der israelische Historiker Yuval Noah Harari, dass »diese in hohem Maße sozialen und intelligenten Lebewesen den Großteil ihres Lebens unter solchen Bedingungen verbringen, gerade so, als wären sie bereits Wurst«.[129]

Die Ferkel werden bereits nach drei bis vier Wochen von ihrer Mutter getrennt. Durch die verkürzte Säugezeit kann die Sau schneller wieder besamt werden. Die häufige Trächtigkeit führt in vielen Fällen aber zu Fruchtbarkeitsstörungen. Wie bei den Milchkühen gilt auch bei den Muttersauen, dass fehlende Trächtigkeit den Transport in den Schlachthof zur Folge hat, da die Sau nicht mehr zur »Ferkelproduktion« zu gebrauchen ist. Aus der ausschließlichen Perspektive des menschlichen Nutzens hat auch sie damit ihre Existenzberechtigung verloren.

Die männlichen Ferkel werden nach der Geburt kastriert, damit die Qualität des Fleisches beim menschlichen Verzehr nicht durch den sogenannten »Ebergeruch« beeinträchtigt wird. Den meisten Ferkeln wird der Schwanz abgeschnitten (»kupiert«), um gegenseitiges Schwanzbeißen zu verhindern. Diese Verhaltensstörung stellt eine Folge des geringen Platzangebots und fehlender Beschäftigungsmöglichkeiten in der konventionellen Schweinehaltung dar. Vielen Ferkeln werden überdies die Eckzähne abgeschliffen. Dies ist laut Tierschutzgesetz zwar verboten – aber gleichzeitig doch erlaubt, wenn es zum Schutz anderer Tiere unerlässlich ist.

Diese Eingriffe an Hoden, Schwänzen und Zähnen kann man als Amputationen, aber auch als Verstümmelungen bezeichnen. Die Eingriffe machen deutlich, dass in der industriellen Haltung die Tiere tatsächlich an die Ställe angepasst werden – und nicht die Ställe an die Tiere und ihre Bedürfnisse.

Zugleich wird die Schwäche des Tierschutzgesetzes und sein Charakter als Tiernutzungsgesetz offenbar: Als »vernünftiger Grund« und damit erlaubt gelten Leiden und Schmerzen der Tiere, die zu einer profitablen Nutztierhaltung eben nötig sind. In einer ausschließlich ökonomischen Betrachtungsweise ist es auch vernünftig, Schweine in der Regel nach fünf bis sieben Monaten zu schlachten, obwohl die Tiere eine Lebenserwartung von 10 bis 20 Jahren haben.

Hühner

Wenn Hühner zur »Fleischproduktion« gehalten werden, spricht man von »Masthühnern«. Hühner haben eine natürliche Lebenserwartung von fünf bis neun Jahren. In der Hühnermast ist ein Huhn aber bereits nach fünf bis sechs Wochen »schlachtreif«, die leichteren Grillhähnchen sogar schon nach einem Monat. Bei einer längeren Fütterung würde sich das Verhältnis von Kosten und Nutzen verschlechtern. Mit der »Schlachtreife« wird also der aus rein wirtschaftlicher Sicht günstigste Zeitpunkt bezeichnet. Auf diese Weise sind sieben »Mastdurchgänge« pro Jahr möglich.

Jedes Jahr werden in Deutschland rund 600 Millionen Masthühner geschlachtet. In einer industriellen Hühnermastanlage leben 30.000 bis 40.000 Hühner auf engstem Raum in einer unstrukturierten Halle zusammen, die kleiner als ein Fünfzig-Meter-Schwimmbecken ist. Die entsprechende Richtlinie der EU erlaubt 33 Kilogramm pro Quadratmeter, also etwa 22 Tiere pro Quadratmeter – mehr wäre auch kaum möglich. Bei dieser intensiven Bodenhaltung gibt es keinen Auslauf ins Freie und kein natürliches Tageslicht. Die künstlich gesteuerten Beleuchtungsintervalle haben eine möglichst schnelle Gewichtszunahme zum Ziel.

Die Zucht der Hochleistungsrassen ist auf schnelles Wachstum besonders der Brustmuskulatur ausgerichtet. Die Bewegung der Tiere ist dadurch stark eingeschränkt. Am Ende der Mast können manche Tiere kaum noch laufen. Tierschützer:innen sprechen hier von Qualzucht. Der Deutsche Tierschutzbund bezeichnet die Masthühner als »gezüchtete Krüppel«[130]. Aufgrund der hohen Anzahl von Tieren auf engem Raum werden Antibiotika nicht gezielt an einzelne kranke Tiere, sondern an alle Tiere in der Anlage gegeben.

Bei der »Eierproduktion« werden nur die weiblichen Tiere benötigt. Rund 50 Millionen männliche Eintagsküken werden darum jedes Jahr in Deutschland unmittelbar nach dem

Schlüpfen vergast oder geschreddert. Nach jahrelanger Debatte hat der Deutsche Bundestag im Mai 2021 das Verbot dieser Praxis beschlossen.

Mittels Geschlechtsbestimmung soll künftig bereits im Ei das Geschlecht bestimmt werden und die männlichen Eier gar nicht erst ausgebrütet werden. In einer Pressemitteilung hat die Verbraucherorganisation *foodwatch* dies jedoch als Scheinlösung kritisiert, da »die katastrophalen Haltungsbedingungen, unter denen die weiblichen Legehennen leiden, durch die Geschlechtserkennung in keiner Weise verbessert würden«.

Legehennen legen nach 18 Wochen die ersten Eier. Nach etwa 1,5 Jahren geht die »Legeleistung« zurück. Alle Tiere aus industrieller Haltung werden kurz vor diesem Zeitpunkt in die Schlachthöfe gebracht. Die größte Eierfabrik Nordeuropas steht mit 2,8 Millionen Legehennen in Riga. 20 bis 60 Hennen werden in einem Käfig »gehalten«. Bis zu zwölf solcher Käfige stehen übereinander. Die industrielle Tierhaltung ist hier so effizient, dass für die knapp drei Millionen Tiere nur 269 Mitarbeitende nötig sind.

Ob »Masthuhn« oder »Legehenne« – artspezifisches Verhalten wie Scharren und Picken, Sandbad oder Schlafen auf Bäumen ist für all diese Hühner in der Intensivtierhaltung zu keinem Zeitpunkt ihres kurzen Lebens vorgesehen. Die große Zahl der Tiere erlaubt ihnen auch keine Ausbildung von Herdenstrukturen und keine Entspannung.

Nicht zukunftsfähig

Professor Bernhard Hörning stellt abschließend fest: »Haltungssysteme, die aus Sicht des Tierschutzes sehr kritisch gesehen werden, sind: die Anbindehaltung von Rindern, Kastenstände für Sauen, Vollspalten für Mastschweine oder Mastrinder, die intensive Bodenhaltung von Hähnchen oder Puten, Eingriffe an den Tieren sowie die Hochleistungszucht. Dementsprechend müssten das Tierschutzgesetz bzw. die Tierschutz-Nutztierhaltungsverordnung geändert werden.«[131]

In Hörnings Fazit ist nur von den Tierschutzproblemen bei der Tierhaltung im engeren Sinne die Rede gewesen. Im weiteren Sinne gehört natürlich auch das *Leid der Tiere* beim Transport zum Schlachthof und *bei der Schlachtung* selbst in den Zusammenhang der Nutztierhaltung. So liegt etwa die »Fehlbetäubungsrate« bei Schweinen in Deutschland je nach Art der Betäubungsanlage zwischen drei und zwölf Prozent. Diese Tiere werden also ohne Betäubung »abgestochen«.

Die »Fehlentblutungsrate« bei Schweinen liegt bei bis zu einem Prozent, das sind etwa 500.000 Schweine pro Jahr. Diese nicht vollständig ausgebluteten Tiere sind also noch lebendig und wahrnehmungsfähig, wenn sie in die Brühanlage mit kochendem Wasser kommen.

In der industriellen Rinderschlachtung beträgt die Fehlbetäubungsrate aufgrund fehlerhaft angesetzter Bolzenschussgeräte vier bis neun Prozent.[132] Auch die bei Schweinen zulässige Betäubung mit Kohlendioxid ist aus Tierschutzsicht ein Skandal, da diese Methode zunächst zu leidvoller Atemnot und Erstickungsgefühlen führt.

Mit seiner Einschätzung, dass die Intensivtierhaltung nicht nur in Einzelfällen, sondern systematisch zu erheblichen Tierschutzproblemen führt, steht Professor Hörning nicht allein. Auch der *Deutsche Ethikrat* hat in seiner Stellungnahme »Tierwohlachtung – Zum verantwortlichen Umgang mit Nutztieren« aus dem Jahr 2020 »erhebliche Reformen« angemahnt, da die Grenzen der menschlichen Nutzungsinteressen »regelhaft überschritten« und Nutztieren »routinemäßig Schmerzen und Leid zugefügt« würden.

170 Tier- und Umweltschutzorganisationen haben die europäische Initiative *End the Cage Age* auf den Weg gebracht und fordern das Ende wenigstens der Käfighaltung von Nutztieren in Europa. Die Initiative setzt sich dafür ein, Kastenstände für Sauen, Einzelboxen für Kälber sowie die Käfighal-

tung von Legehennen, Mastkaninchen und weiterer Tiere in der EU zu verbieten.

»End the Cage Age« ist es gelungen, bis zum Herbst 2020 über 1,4 Millionen Unterschriften zu sammeln, so dass sich die EU-Kommission mit dem Anliegen der Initiative befassen musste. Die Kommission hat nun einen Gesetzesvorschlag bis 2023 angekündigt, mit dem die Käfighaltung von Nutztieren wie Legehennen und Schweinen schrittweise beendet werden soll.

Schon 2015 hatte der *Wissenschaftliche Beirat für Agrarpolitik* beim Bundeslandwirtschaftsministerium in seinem Gutachten »Wege zu einer gesellschaftlich akzeptierten Nutztierhaltung«[133] ebenfalls »erhebliche Tierschutzdefizite« festgestellt und auch aus diesem Grund die Haltungsbedingungen in Deutschland für »in wesentlichen Teilen nicht zukunftsfähig« erklärt: »In vielen der gängigen Tierhaltungssysteme besteht ein hohes Risiko für das Auftreten von Schmerzen, Leiden und Schäden für die Tiere ... Vorherrschende Systeme setzen für ihre ungestörte Funktion vielfach schmerzhafte Eingriffe am Tier voraus (zum Beispiel Kupieren von Schwänzen und Schnäbeln) ... In der Folge ist ein zum Teil hohes Ausmaß an Verhaltens- und Gesundheitsstörungen der Nutztiere zu verzeichnen, die in vielen Fällen aus den Beschränkungen der Möglichkeit, artgemäßes Verhalten auszuführen, ... resultieren. Vielfach sind die Chancen der Nutztiere, positive Emotionen zu erleben, gering.«[134]

Das ist ein vernichtendes Urteil über die »moderne Tierhaltung«. Eigentlich müsste allen Handelnden aus Politik und Landwirtschaft klar sein, dass es so nicht weitergehen kann. Zu den Eckpunkten für eine zukunftsfähige Tierhaltung gehören aus Sicht des Beirats unter anderem:[135]

- Auslauf ins Freie,
- Möglichkeiten zu artgemäßer Beschäftigung, Nahrungsaufnahme und Körperpflege,

- ausreichend Platz und Struktur, keine dauerhafte Fixierung,
- Verzicht auf Amputationen zur Anpassung an Haltungssysteme,
- deutlich reduzierter Arzneimitteleinsatz sowie
- nicht ausschließlich auf Leistung reduzierte Zuchtziele.

Das Gutachten des Wissenschaftlichen Beirats für Agrarpolitik beim Bundeslandwirtschaftsministerium gilt einerseits als ein bis heute hörbarer Paukenschlag. Falls diese Maßnahmen je umgesetzt würden, würde dies sicherlich erhebliche Verbesserungen für die Tiere in den Ställen bedeuten.

Andererseits wird schon im Titel des Gutachtens die bewusste Begrenztheit des Anspruchs deutlich: »Wege zu einer gesellschaftlich akzeptierten Nutztierhaltung«. Die Standards der Nutztierhaltung werden also aus der Perspektive gesellschaftlicher Erwartungen beschrieben. Explizit hat sich das Gutachten nicht die Formulierung ethischer Standards einer an Bedürfnissen und Rechten der Tiere orientierten Tierhaltung zum Ziel gesetzt.

Der Theologe Michael Rosenberger hat darauf aufmerksam gemacht, dass viele Grundbedürfnisse von Tieren wie Sozialverhalten, Sexualverhalten, Brut- und Gebärverhalten oder Aufzuchtverhalten im Gutachten keine Rolle spielen: »Eine natürliche Gruppengröße, die dieses vielfältige Verhalten der Tiere ermöglichen würde, läge für Hühner bei 50 bis 80 Tieren, darunter 3 bis 5 Hähnen. Schweine bräuchten kleine Mutterfamiliengruppen von 5 bis 10 Tieren, und Rinder Gruppen von 50 Tieren mit Leitkuh- und bulle.«[136]

Die Philosophin Friederike Schmitz ist davon überzeugt, dass in der Nutztierhaltung die Interessen von Menschen und Tieren grundsätzlich im Gegensatz zueinanderstehen.[137] Solange Tiere lediglich als Produktionsmittel im Rahmen einer rein wirtschaftlichen Kosten-Nutzen-Rechnung betrachtet werden und in Zucht und Haltung weiter auf ein Maximum an Leistung und Profit gesetzt wird, werden die Bedürfnisse der Tiere weiter systematisch unter die Räder der menschlichen Interessen kommen.

Jesus
»Seht die Vögel unter dem Himmel«

Franz von Assisi predigte den Tieren (→ Franz von Assisi).
Doch auch die Tiere predigten dem heiligen Franz. So stellt es
sich zumindest der Schweizer Pfarrer Kurt Marti vor:

>»In Anfang war das Wort«, predigte Franz von Assisi
>einer Gruppe von Tieren. Andächtig zunächst bellte der
>Hund, blökte das Schaf, gackerte das Huhn, denn sie
>alle liebten Franziskus. Die Ziege jedoch meckerte:
>Warum ›Wort‹? Ist Gott denn ein Mensch? Und gleich
>zwitscherte im Baum, unter dem sie versammelt waren,
>ein Vöglein keck: Kein Mensch! Kein Mensch!
>Franziskus, etwas verwirrt, versuchte zu begütigen:
>Vielleicht, mag sein, war das Wort nicht nur Wort, war
>auch Gesang und war im Anfang also Gottes Gesang.
>Der Hund, aufs Mal ohne Andächtigkeit, rief bellend:
>Warum Gesang? Warum nicht Gebell, Gezwitscher, Ge-
>gacker, Gemecker, Geblöke? Die Tiere kicherten, glucks-
>ten, japsten, jaulten vergnügten Beifall.
>Seinerseits mutig geworden, warf das Huhn ein: Ob
>Wort, ob Gesang – jedenfalls lasst ihr Menschen Gott
>stets mit einer Menschenzunge reden oder auch singen!
>So ist es, riefen die Tiere, jedes auf seine eigene Art.
>Selbst das Schaf getraute sich jetzt zu bekennen: Wenn
>ich Gott höre, und ich höre ihn oft, hör› ihn fast immer,
>so blökt er voll himmlischen Wohllauts.
>In seiner Verwirrung gab Franziskus aber doch noch zu
>bedenken: Immerhin, ihr Lieben, ist in Jesus Christus

Gott denn nicht Mensch geworden? Fröhlich meckerte die Ziege: Nun ja, Mensch für euch Menschen, das mag wohl sein, doch wie willst du wissen, was er sonst noch, was er für uns geworden ist?

Franziskus verstand die Frage nicht, blickte ratlos, fast verstört, in die Runde der Tiere, deren Gelächter ihm verriet, dass *sie* die Frage sehr wohl verstanden hatten und auch die Antwort kannten. Franziskus verstummte und unterließ es von da an, den Tieren zu predigen.«[138]

Warum Wort? Ist Gott denn ein Mensch? Warum nicht Gesang, Gebell, Gezwitscher, Gegacker, Gemecker, Geblöke? Tatsächlich: *Inkarnation* bedeutet nicht Menschwerdung, sondern Fleischwerdung. »Im Anfang war das Wort, und das Wort war bei Gott, und Gott war das Wort«, heißt es im Prolog des Johannesevangeliums (Johannes 1,1). Und dann weiter: »Und das Wort ward Fleisch und wohnte unter uns.« (Johannes 1,14) Im griechischen Urtext des Johannesevangeliums wird das Wort *sarx* (Fleisch) verwendet – und nicht das Wort *anthropos* (Mensch). Auch der Mensch ist Fleisch, aber Fleisch umfasst mehr als nur den Menschen.

Entsprechend steckt im Begriff »Inkarnation« das lateinische Wort für Fleisch. Im Johannesevangelium ist mit »Fleisch« gemeint, dass Gott unter den Bedingungen des geschöpflichen, irdischen, materiellen Lebens unter uns wohnt. Ein auf die »Menschwerdung« reduziertes Verständnis von Inkarnation geht darum am theologischen Kern der Inkarnationsvorstellung vorbei.

Übersetzungen wie Fleischwerdung, Einfleischung oder Geschöpfwerdung können helfen, die anthropozentrische Verkürzung der Inkarnationstheologie zu überwinden. »Und das Wort ward Fleisch und wohnte unter uns.« Das bedeutet, dass Gott in die Geschöpflichkeit eingegangen und in der Schöpfung gegenwärtig ist.

Die ökofeministische Theologin Sallie McFague betrachtet die Inkarnationstheologie als eine wesentliche Grundlage für eine *ökologische Christologie*.[139] Ihr inklusives Konzept versteht die Inkarnation Gottes in Jesus Christus als Paradigma für die Inkarnation Gottes in der gesamten Schöpfung. In Jesus Christus wird explizit, was überall implizit ist, nämlich Gottes Gegenwart in der Schöpfung. Inkarnation als *embodiment* bedeutet, dass sich Gott in Körper und Natur »materialisiert« hat. Somit müssen auch andere Lebensformen in die Vorstellung der Inkarnation mit einbezogen werden. Der Geist Gottes wohnt auch in nicht-menschlichen Formen des Lebens.

Während ein exklusives bzw. auf den Menschen beschränktes Verständnis von Inkarnation als »Menschwerdung« zu einer Abwertung der nicht-menschlichen Schöpfung führen kann, bedeutet eine inklusive bzw. weite Vorstellung von Inkarnation als »Fleischwerdung« eine theologische Wertschätzung der Geschöpflichkeit, der Körperlichkeit und der Natur. Nicht nur der Mensch, sondern Schöpfung und Mitgeschöpfe insgesamt sind Orte der Gegenwart Gottes.

Der dänische Theologe Niels Henrik Gregersen hat das Verständnis von Inkarnation als »*Deep Incarnation*« weiter ausgearbeitet.[140] Gregersen zeigt, dass das griechische Wort *sarx* (»Fleisch«) eine breit gefächerte Bedeutung im Sinne von Materie hat. So bedeutet Inkarnation bei Gregersen: In Jesus hat Gott die Bedingungen des Irdischen angenommen. Wenn Gott Fleisch wurde, dann ist damit nicht nur der Mann aus Nazareth gemeint, sondern auch ein Mensch, ein Tier und die Materie selbst. In Jesus wurde Gott Mensch, Spatz, Gras und Erde.

Dass Gott in der Theologie des Johannesevangeliums Fleisch wurde, bedeutet auch, dass Gott in Jesus die Bedingungen der Kreatürlichkeit wie Verletzlichkeit und Sterblichkeit angenommen und Schmerz ebenso wie sozialen Ausschluss und unfaire Gerichte erlebt hat.

Inkarnation als *Deep Incarnation* heißt also, von einer radikalen Fleischwerdung Gottes auszugehen, der damit die Wurzeln unserer materiellen, also geschöpflichen und biologischen Existenz teilt. Für Gregersen ist Inkarnation kein historisches Geschehen, sondern ereignet sich in jedem Moment ständig weiter.

Neben der Inkarnationstheologie betrachtet McFague die prophetische Theologie als zweite Dimension einer *ökologischen Christologie*.[141] Im befreiungstheologischen Verständnis ist Jesus Vorbild und Orientierung für unsere eigene Lebenspraxis. Nachfolge bedeutet: Leben wie Jesus von Nazareth. Dazu gehören die Option für die Armen, der Einsatz für Gerechtigkeit und die Rechte der Unterdrückten, die Suche nach Heilung und die Gemeinschaft mit den Ausgegrenzten. Dieser Weg der Solidarität mit den Armen führt zum Kreuz.

McFague meint, dass sich dieses prophetische Verständnis Jesu heute leicht auf die Natur ausdehnen lässt: Die Natur muss in unserer Zeit als »new poor« betrachtet werden. Schöpfung und Geschöpfe gehören in unserem Kontext zu den Unterdrückten. Auch die Natur braucht Gerechtigkeit und Heilung. Unsere Begriffe von Recht, Gerechtigkeit und Nächstenliebe müssen darum erweitert werden und die Natur mit einbeziehen. Auch die Mitgeschöpfe können uns heute zum Nächsten werden. In diesem Sinne fordert Papst Franziskus in seiner Enzyklika »Laudato si'«, die Klage der Erde ebenso zu hören wie die Klage der Armen.[142]

Die Theologische Zoologie kann sich dabei überdies auf die tierfreundlichen Stellen der Jesusüberlieferung beziehen: Jesus lebte 40 Tage in der Wüste bei den (wilden) Tieren (Markus 1,13). Damit bricht der in Jesaja 11 verheißene Frieden zwischen Mensch und Tier an (→ Frieden). In seiner Verkündigung bekräftigt Jesus, dass Gott sich auch um die Tiere kümmert, sie ernährt und nicht vergisst, wobei zugleich die besondere Bedeutung des Menschen hervorgehoben wird:

> »Seht die Vögel unter dem Himmel an: Sie säen nicht, sie ernten nicht, sie sammeln nicht in die Scheunen; und euer himmlischer Vater ernährt sie doch. Seid ihr denn nicht viel kostbarer als sie?«
>
> *(Matthäus 6,26)*

Jesus greift hier Motive aus dem Hiobbuch (→ Anthropozentrismus) und aus Psalm 104 (→ Herrschaft) auf. In beiden Überlieferungen aus der Hebräischen Bibel wird ein Verständnis kritisiert, das die Welt einseitig aus der Perspektive des menschlichen Nutzens betrachtet. Jesus geht hier mit den Traditionen der Hebräischen Bibel von einem Gottesbild aus, nach dem Gottes Fürsorge auch die Tiere einschließt, die nicht arbeiten und nichts für den Menschen Nützliches produzieren.

> »Verkauft man nicht fünf Sperlinge für zwei Groschen? Dennoch ist vor Gott nicht einer von ihnen vergessen. Auch sind die Haare auf eurem Haupt alle gezählt. Fürchtet euch nicht! Ihr seid kostbarer als viele Sperlinge.«
>
> *(Lukas 12,6–7)*

Die Neutestamentlerin Luise Schottroff weist in sozialgeschichtlicher Perspektive darauf hin, dass die Sperlinge als billiges Nahrungsmittel die Speise der kleinen Leute darstellten.[143] Die Pointe dieses Jesusworts ist also so zu verstehen: Gott kümmert sich sogar um die Tiere, die aus der Perspektive des menschlichen Nutzens den geringsten Wert haben.

An anderen Stellen bringt Jesus seine Wertschätzung für das Leben der Tiere zum Ausdruck, indem er die Rettung eines Ochsen aus einem Brunnen oder eines Schafes aus einer

Grube auch am Sabbat befürwortet (vgl. Lukas 14,5 und Matthäus 12,11). »Predigt das Evangelium aller Kreatur«, heißt es schließlich in Markus 16,15 (→ Hoffnung). Für Jesus gehören auch die Schöpfung und die Mitgeschöpfe zu den Adressaten der guten und befreienden Nachricht des Evangeliums.

Gleichwohl stellt Silvia Schroer aus alttestamentlicher Perspektive fest, dass anders als in der Hebräischen Bibel die Tiere im Neuen Testament nicht allgegenwärtig sind.[144] Tiere kommen wohl als Teil der Alltagswelt vor (etwa die Schafe in der Erzählung von Jesu Geburt) und werden mehrfach in Gleichnissen und sogar bei wichtigen Symbolhandlungen (etwa beim Einzug Jesu in Jerusalem auf einem Esel) erwähnt. Doch Jesus bezieht sich kaum auf die Tiere um ihrer selbst willen. In seiner Predigt vom Reich Gottes werden die Tiere nicht explizit, wohl aber gleichermaßen beiläufig wie selbstverständlich etwa im Senfkorngleichnis erwähnt (→ Hoffnung).

Schroer zufolge hatte die christliche Volkstradition »ein Gespür dafür, wo die Tiere in der christlichen Überlieferung ›fehlten‹ und hat manche dieser Leerstellen gefüllt«[145]. So erhielten auch Ochs und Esel einen Platz an der Krippe und zahlreiche Tiere traten an die Seite der Heiligen (→ Franz von Assisi).

Schließlich: Die Situation der domestizierten und der wilden Tiere zur Zeit Jesu ist mit der heutigen industrialisierten Tierhaltung nicht vergleichbar. Was würde Jesus heute dazu sagen?

Karnismus

Ist Fleischverzehr normal, natürlich und notwendig?

Unser Verhältnis zu den Tieren ist widersprüchlich. Die einen streicheln wir, die anderen essen wir. »Leckerli fürs Hündchen, Bolzenschuss fürs Kälbchen: Mensch, wie geht das zusammen?«, fragt eine Sendung von »hart aber fair« im Blick auf die unterschiedliche Behandlung von »Nutztieren« und »Haustieren« in unserer Gesellschaft.

Warum also gelten für Hunde kulturell und rechtlich völlig andere Standards als für Schweine? Auch Schweine sind intelligent, sozial, empfindungsfähig. Die grundsätzlichen Unterschiede in unserem Umgang mit unterschiedlichen Tierarten lassen sich ganz offensichtlich nicht biologisch, sondern nur kulturell erklären. Entsprechend weicht die Zuordnung der Tiere zu den Gruppen »Haustiere« und »Nutztiere« in anderen Kulturen von unseren Vorstellungen ab: In Korea, Vietnam und China stehen anders als bei uns Hunde selbstverständlich auf dem Speiseplan, während der Verzehr von Schweinefleisch in manchen Religionen und Kulturen tabuisiert ist.

Wie also kommt es, dass das Leid der »Nutztiere« vielen Menschen völlig egal zu sein scheint, während ihnen das Wohlergehen ihrer »Haustiere« ein echtes Herzensanliegen ist? Niemals würden wir akzeptieren, Hündinnen jedes Jahr künstlich zu besamen und nach drei Würfen in den Schlachthof zu bringen, den Welpen nach der Geburt Schwanz und Hoden abzuschneiden, die Zähne zu schleifen, nicht benötigte Welpen zu vergasen und die zur Nutzung bestimmten jungen Hunde dann in einen kleinen Käfig ohne Tageslicht und Auslauf zu sperren.

In ihrem Bestseller »Warum wir Hunde lieben, Schweine essen und Kühe anziehen«[146] ist die Psychologin Melanie Joy der Frage nachgegangen, warum die meisten Menschen den Verzehr von Fleisch bestimmter Tierarten als völlig normal empfinden. Joy hat in diesem Zusammenhang den Begriff »Karnismus« geprägt. Als Begriffspaar sollen »Vegetarismus« und »Karnismus« zum Ausdruck bringen, dass nicht nur die vegetarische Ernährung, sondern auch der Fleischverzehr Ausdruck kultureller Vorstellungen und kollektiver Überzeugungen zu verstehen ist.

Wer sich vegetarisch oder vegan ernährt, tut dies auf Grund bestimmter ethischer oder religiöser Überzeugungen. Wer Fleisch isst, folgt laut Joy ebenfalls bestimmten Vorstellungen von Normalität und moralischer Angemessenheit. Der Karnismus rechtfertige das Fleischessen als »normal, natürlich und notwendig«.

Die Mythen der Normalität, Natürlichkeit und Notwendigkeit werden nach Joys Analyse zum Teil unbewusst in der Gesellschaft weitergegeben, zum Teil aber auch von Interessengruppen gezielt verstärkt. Joy sieht hier eine Parallele zu Rassismus und Sexismus, denn diese Formen von Macht und Herrschaft wurden ebenfalls als »normal, natürlich und notwendig« begründet: »Diese drei Ns werden seit jeher ins Feld geführt, um jedes System der Ausbeutung zu rechtfertigen.«[147]

Die weitgehende Naturalisierung des Karnismus führt nach Joy dazu, dass nur der Vegetarismus, nicht aber der Karnismus als Folge kultureller Prägungen erkannt wird. Die Praxis des Fleischessens erscheint somit als etwas völlig Natürliches, das nicht reflektiert werden muss. Warum aber ist die Verinnerlichung des Karnismus so erfolgreich gewesen? »Die wichtigsten Stützpfeiler der Naturalisierung sind Geschichte, Religion und Wissenschaft.«[148] Fleischverzehr ist geschichtlich zur unhinterfragten Gewohnheit geworden. Die Abwertung und Verdinglichung der Tiere durch Religion und Wissenschaft (→ Anthropozentrismus) haben das Fleischessen ideologisch gerechtfertigt.

Als Psychologin beschäftigt sich Melanie Joy auch mit den inneren Abwehrmechanismen, die dazu führen, dass viele Menschen Leid und Tötung von »Nutztieren« weitgehend verdrängen. Joy sieht hier drei wesentliche kognitive Muster am Werk: »Das kognitive Trio« besteht aus Dichotomisierung, Entindividualisierung und Verdinglichung.[149]

Bei der Dichotomisierung werden Tiere in unterschiedliche Gruppen aufgeteilt. Aus der einen Gruppe empfindungsfähiger Säugetiere werden auf diese Weise zwei Gruppen: essbare »Nutztiere« und nicht-essbare »Haustiere«. Auf dieser Grundlage kann das Essen von essbaren Tiere als normal und natürlich empfunden werden.

Im Zuge der Entindividualisierung wird aus einer Gruppe von Tieren mit unterscheidbaren Eigenarten, Charakter und Tierpersönlichkeiten (→ Verhaltensbiologie) eine amorphe Masse, die als bloße Ressource zur »Fleischproduktion« betrachtet werden kann. Die Individualität, die beim eigenen Hund als selbstverständlich erlebt wird, wird den gleichermaßen individuellen Schweinen selbstverständlich abgesprochen.

Die Verdinglichung schließlich führt dazu, dass Tiere nicht mehr als Subjekte ihres Lebens, sondern als Objekte für den menschlichen Gebrauch und Verzehr betrachtet werden. Verdinglichende Sprache (→ Gewalt) spielt dabei eine wichtige Rolle. Nutztiere haben in der Regel keine Namen, sondern Nummern. Sie werden sprachlich auf ihre Funktion für den Menschen reduziert: Masthähnchen, Milchvieh, Fleischproduktion, Schlachtreife, Lebendmasse, Versuchstiere.

Die Mythen von Normalität, Natürlichkeit und Notwendigkeit führen in der Verbindung mit den psychologischen Abwehrmechanismen von Verdinglichung, Entindividualisierung und Dichotomisierung schließlich dazu, dass viele Menschen das Essen von Fleisch für etwas völlig Selbstverständliches halten und bestreiten, dass es sich beim Karnismus um einen Ausdruck kollektiver Überzeugungen handelt, die geschichtlich und kulturell bedingt und damit ebenso wie andere geschichtlich und kulturell bedingte Haltungen und Verhaltensweisen grundsätzlich auch veränderbar sind.

Die Wirkmächtigkeit des Karnismus lässt sich auch darin sehen, dass wir nicht nur unterschiedliche Tierarten als essbar oder nicht-essbar kategorisieren, sondern auch ein und dieselbe Tierart je nach menschlicher Perspektive unterschiedlichen Kategorien zuweisen. So kann ein Kaninchen etwa sowohl als Haustier, Versuchstier, Wildtier, Nutztier und Schädling betrachtet und behandelt werden. Hier wird besonders anschaulich, dass es sich bei derartigen Kategorisierungen um soziale Konstruktionen handelt, dass Sprache also Wirklichkeit schafft.

Melanie Joy beschreibt in ihrem Buch, wie sich in einem Streichelzoo auch Erwachsene intensiv über die sinnliche Begegnung mit den Tieren freuen. Vom Streichelzoo geht es dann aber auf direktem Weg zur Currywurst: »Um das Fleisch derselben Tierart zu essen, die wir wenige Minuten zuvor noch liebevoll gestreichelt haben, müssen wir so vollkommen von der Richtigkeit des Tieressens überzeugt sein, dass es uns erspart bleibt, uns unseres Tuns bewusst zu werden.«[150]

Marcel Sebastian hat aus soziologischer Perspektive darauf hingewiesen, dass sich die Spannung zwischen der Subjektivierung der *Haustiere* und der Objektivierung der *Nutztiere* in den letzten Jahrzehnten weiter verstärkt hat.[151] Haustiere werden immer stärker als Personen und Subjekte sowie als Wesen mit individuellem Charakter wahrgenommen. Sie sind in unserer Gesellschaft sichtbar und präsent und werden vielfach als Familienmitglieder betrachtet. Unser Umgang mit den Haustieren folgt der Logik der Inklusion.

Demgegenüber schreitet die Objektifizierung der Nutztiere im Zuge der Industrialisierung der Nutztierhaltung weiter voran. Sie gelten als Wesen ohne Individualität, als Waren und Objekte für den menschlichen Gebrauch. Ihr Schicksal in Stall- und Schlachtanlagen ist für die meisten Menschen weitgehend unsichtbar. Unser Umgang mit den Nutztieren ist von Exklusion bestimmt.

Man kann es auch so sagen: Während viele Menschen das Leben ihrer Haustiere als wertvoll betrachten, hat das Leben der Nutztiere nur einen Preis und keinen Wert. Das Leben eines männlichen Kükens oder eines Bullenkalbs, das keinen Nutzen und keinen Profit bringt, zählt nichts und ist nichts wert. »Was soll man machen, es ist ja nun da«, sagt der Leiter eines Milchviehbetriebs. Aber eigentlich stört das Bullenkalb nur: Es verursacht unwirtschaftliche Kosten und bringt beim Verkauf keinen Gewinn (→ Industrielle Tierhaltung).

Unser Verhältnis zu den Tieren ist widersprüchlich. Die einen streicheln wir, die anderen essen wir. Der unterschiedliche Umgang mit »Haustieren« und »Nutztieren« lässt sich naturwissenschaftlich und ethisch nicht begründen. Ob Hund oder Schwein: In beiden Fällen haben wir es verhaltensbiologisch betrachtet mit klugen, fühlenden und geselligen Säugetieren zu tun. Auch in ethischer Hinsicht gibt es keine Gründe, die eine unterschiedliche Behandlung rechtfertigen könnten. Am Kaninchen, das uns sowohl als Familienmitglied, als Objekt von Tierversuchen oder auch »naturgebraten mit Rosmarin« begegnen kann, wird das besonders deutlich. Dieser Widerspruch wird als »kognitive Dissonanz« oder als »moralische Schizophrenie« kritisiert.

Marcel Sebastian beschreibt zwei Formen, um mit dieser Widersprüchlichkeit umzugehen.[152] Kann die Spannung durch die Suche nach Kompromissen zwischen Tiernutzung und Tierwohl überwunden werden? *Tierschutz* und *ökologische Nutztierhaltung* gehen diesen Weg. Die Tötung von Tieren zu Nahrungszwecken wird als »vernünftiger Grund« im

Sinne des Tierschutzgesetzes akzeptiert. Aber das Leid der Tiere soll im Rahmen des ökonomisch Möglichen eingeschränkt werden. Ein Kompromiss zwischen Tiernutzung und Tierwohl ist das Ziel. Das Tierschutzgesetz ist Ausdruck des Regelungsbedarfs und versucht die Spannung zwischen den Interessen der Tiernutzung und des Tierwohls zu vermitteln.

Die *Tierrechtsbewegung* und der Einsatz für *vegane und vegetarische Ernährung* verfolgen demgegenüber das strategische Ziel, die Spannung durch ein Ende der Nutztierhaltung aufzulösen. Friederike Schmitz argumentiert etwa, dass die Interessen von Menschen und Tieren in der Nutztierhaltung grundsätzlich und systematisch im Gegensatz zueinander stehen.[153] In dieser Perspektive geht die Suche nach einem Kompromiss immer auf Kosten der Tiere, denn zwischen dem tierlichen Recht auf Leben und dem menschlichen Interesse am Fleischverzehr kann es keinen Kompromiss geben.

Aktivist:innen des Bund für Umwelt und Naturschutz (BUND) haben in einer Fußgängerzone Küken verteilt mit der Aufforderung, diese Küken in einen bereitgestellten Schredder zu stecken. Der Schredder war eine Attrappe, was zunächst nicht erkennbar war. Die Vorbeigehenden haben das Ansinnen empört zurückgewiesen. Ein kleines Küken töten – einfach so?

Gleichzeitig werden in Deutschland jedes Jahr etwa 50 Millionen männliche Küken kurz nach dem Schlüpfen getötet, weil sie für die »Eierproduktion« nicht benötigt werden, zugleich aber aufgrund ihrer Züchtung auch für die »Fleischproduktion« wirtschaftlich nicht rentabel sind. Nach langjährigen Diskussionen hat der Bundestag beschlossen, die Praxis des Kükentötens gesetzlich zu verbieten.

Das Beispiel zeigt die Wirkmächtigkeit des Karnismus: Normalerweise sind Menschen empört, wenn einem Tier in ihrem unmittelbaren Umfeld Schaden an Leib und Leben droht. Sobald ein solches Tier aber Teil von industrialisierten

Abläufen wird, greifen die verdrängenden und abwehrenden Mechanismen der Verdinglichung, Entindividualisierung und Dichotomisierung. Darum nehmen wir Anteil am Schicksal des Kükens, das sich lebendig und warm in unseren Händen regt. Am Schicksal der 50 Millionen Küken, die unsichtbarer Teil eines industriellen Produktionsprozesses sind, nehmen wir in der Regel keinen Anteil.

Eigentlich wollen wir (persönlich) Tieren keinen Schaden zufügen. Aber wir tun es (strukturell) Tag für Tag. Viele Menschen essen Fleisch von Tieren, deren Haltungsbedingungen und Schlachtung sie zutiefst empören würden. »*If slaughterhouses had glass walls, everyone would be vegetarian*«, formulierte Paul McCartney: »Wenn Schlachthöfe Glaswände hätten, würden sich alle Menschen vegetarisch ernähren.«

Vom Umgang mit dem Küken in unserer Hand können wir lernen für den Umgang mit den Küken in der industriellen Tierhaltung. Vom Umgang mit unseren klugen, fühlenden und sozialen Hunden und Katzen können wir lernen für den Umgang mit den klugen, fühlenden und sozialen Schweinen, Kühen und Hühnern in unseren Ställen. Um es mit Jonathan Safran Foer zu sagen: Wir sperren ja auch nicht einen Hund lebenslang in einen Kleiderschrank![154]

Kirche

Was ist eine tierfreundliche Kirche?

Der ökumenische Arbeitskreis Kirche und Tiere (AKUT) in der Schweiz ist überzeugt: Die Kirchen können einen Unterschied machen – für einen lebensfreundlicheren Umgang mit den Tieren. Aus diesem Grund hat AKUT die Initiative »Tierfreundliche Kirche«[155] gestartet. Mit einer Selbstverpflichtung können Kirchengemeinden, christliche Gruppen und kirchliche Institutionen dabei ihren verbindlichen Willen zum Ausdruck bringen, einen respektvollen Umgang mit den Tieren »mit hoher Priorität« zu fördern. Im Herbst 2020 hat die katholische Kirche St. Johannes Romanshorn als erste Kirchengemeinde ihre Selbstverpflichtung in einem feierlichen Gottesdienst vorgestellt.

Ob es sich um Tiere in der landwirtschaftlichen Tierhaltung, in Versuchslabors oder um wildlebende Tiere handele – die Lage vieler Tiere bezeichnet AKUT als dramatisch. Die Menschen stünden darum heute vor der Herausforderung, das Zusammenleben mit den Tieren zu überdenken und neu zu gestalten: Weg von der Vorstellung eines absoluten Vorrangs des Menschen hin zu einem neuen Verhältnis zu den Tieren, das von Respekt getragen ist.

Das Projekt einer tierfreundlichen Kirche wird von folgenden Fragen geleitet: Wie können wir uns lebensfreundlichere und tiergerechtere Konsum- und Lebensgewohnheiten aneignen? Wie kann eine Gesellschaft gestaltet werden, die Tiere nicht nur als Ressourcen betrachtet, sondern als Lebewesen mit eigenen Bedürfnissen und Interessen?

Mit der Selbstverpflichtung setzen tierfreundliche Kirchen ein Zeichen für die Tiere als Mitgeschöpfe bzw. als Lebewesen mit Eigenwert, Würde und Individualität. Dabei tragen tierfreundliche Kirchen mit konkreten Schritten zu einem mitfühlenden und rücksichtsvollen Umgang mit den Tieren bei, indem sie an der Umsetzung selbstgewählter Maßnahmen arbeiten. Die Maßnahmen orientieren sich dabei an fünf grundlegenden Zielen:

1. Mitgeschöpfliche Würde von Tieren achten

Das erste Ziel geht davon aus, dass jedes Tier eine Würde hat. Auch die Tiere wurden von Gott geschaffen. Jedes Tier existiert um seiner selbst willen und nicht zum Nutzen des Menschen. Das Leben der Tiere hat einen Eigenwert unabhängig vom menschlichen Nutzen. Der Respekt vor der Würde der Tiere gründet in der gemeinsamen Geschöpflichkeit von Menschen und Tieren und in der Nächstenliebe. Das erste Ziel ist Grundlage und Orientierung für alle weiteren Grundsätze und Maßnahmen.

2. Tierfreundlich beschaffen und konsumieren

Unser Lebensstil sowie unser Ess- und Konsumverhalten haben direkte Auswirkungen auf »Nutztiere« und Wildtiere. Zu den Grundsätzen einer tierfreundlichen Kirche gehört es darum, bei der Auswahl von Produkten für Ernährung und Konsum auf möglichst hohe Tierfreundlichkeit zu achten. Tier- und umweltfreundliche Labels sowie Alternativen zu Tierprodukten sollen bevorzugt werden. Als konkrete Schritte werden beispielsweise vorgeschlagen:

- Vegetarische und vegane Gerichte in kirchlichen Kantinen, bei Gemeindefesten und anderen Anlässen.
- Kochkurse für pflanzenbasierte Ernährung.

3. Lebensräume für Tiere schaffen und schützen

Die Erde ist nicht nur für den Menschen da, sondern für alle Lebewesen. Vor dem Hintergrund der Bedrohung vieler Arten und Lebensräume setzen sich tierfreundliche Kirchen für ein vielgestaltiges Nebeneinander in unserer natürlichen Mitwelt ein. Als konkrete Maßnahmen werden etwa angeregt:

- Nistkästen an kirchlichen Gebäuden.
- Einfluglöcher und Brutnischen an Kirchtürmen.
- Trockenmauern für Pflanzen und Tiere im Kirchgarten.
- Tierfreundliche Gärten und Grünflächen, z. B. wilde Wiesen statt Kurzrasen.

4. Tieren im kirchlichen Leben Raum geben

Eine tierfreundliche Kirche engagiert sich in Liturgie und Bildung für einen achtsameren und gerechteren Umgang mit den Tieren. Sie schenkt Tieren im kirchlichen Leben und Denken mehr Aufmerksamkeit und Raum. Ein tierfreundliches Bewusstsein und eine tierfreundliche Spiritualität sind das Ziel. Konkrete Schritte könnten so aussehen:

- Erwähnung von Tieren in Predigten und Gebeten.
- Jährliche Gottesdienste für Menschen und Tiere.
- Gemeindeausflüge zu Bauernhöfen, Lebenshöfen, Tierheimen.
- Bibelstunden zur Theologie der Tiere.
- Bildungsanlässe zu tiertheologischen und tierethischen Themen (Religionsunterricht, Konfirmandenunterricht, Vortragsabende, Seniorennachmittage, …)
- Achtsamkeit für die Trauer um Tiere in der Seelsorge.

5. Unterstützen von Organisationen mit tierethischem Fokus

Um Tieren in Kirche und Gesellschaft eine Stimme zu geben, ist die Zusammenarbeit und finanzielle Solidarität mit anderen Organisationen nötig, die sich für die Würde und Rechte von Tieren einsetzen. Als Beispiele für konkrete Maßnahmen werden genannt:

- Aufnahme von Tierschutzorganisationen in den Kollektenplan.
- Vernetzung mit kirchlichen und außerkirchlichen Organisationen und Multiplikator:innen.

Auf www.tierfreundlichekirche.ch finden sich detaillierte Informationen sowie weitere Vorschläge für konkrete Maßnahmen. Auch Kirchengemeinden und kirchliche Gruppen außerhalb der Schweiz können sich der Initiative anschließen. Die Initiative »Tierfreundliche Kirche« stellt einen Ausdruck des Bemühens dar, aus dem Respekt für die Interessen der Tiere eine kirchliche Querschnittsaufgabe zu machen. Als Anwältinnen der Tiere können sich Kirchen zum Ziel setzen, Tierfreundlichkeit in allen Bereichen des kirchlichen Lebens zu berücksichtigen. Die Bedeutung des theologischen Nachdenkens über die Tiere sollte dabei sowohl innerkirchlich als auch gesellschaftlich als spezifischer Beitrag der Kirchen zur tierethischen Debatte nicht unterschätzt werden.

Resonanz

»Das Lebendige unter meiner Hand leben spüren«

Der Kontakt mit Tieren tut Menschen gut. Viele Menschen erfahren die Nähe zu Tieren als heilsam. Warum ist das so?

Der *zweiten Schöpfungserzählung* zufolge (→ Schöpfung) bewegt sich das Leben der Menschen in einem vielgestaltigen Gewebe von Beziehungen.[156] Grundlage allen Lebens ist die Erde, von der die Menschen genommen sind. Die Erde ernährt die Menschen und am Ende ihres Lebens kehren die Erdlinge wieder zur Erde zurück. Die Verbundenheit der Menschen mit der Erde ist Voraussetzung und Ermöglichung ihres Lebens. Die Menschen leben aber auch in enger Beziehung zu den Tieren, die Gott der zweiten Schöpfungserzählung zufolge auf der Suche nach passenden Gefährten geschaffen hat:

> »Und Gott der HERR sprach: Es ist nicht gut, dass der Mensch allein sei; ich will ihm eine Hilfe machen, die ihm entspricht. Und Gott der HERR machte aus Erde alle die Tiere auf dem Felde und alle die Vögel unter dem Himmel und brachte sie zu dem Menschen, dass er sähe, wie er sie nennte; denn wie der Mensch jedes Tier nennen würde, so sollte es heißen. Und der Mensch gab einem jeden Vieh und Vogel unter dem Himmel und Tier auf dem Felde seinen Namen; aber für den Menschen wurde keine Hilfe gefunden, die ihm entsprach.«
> *(Genesis 2,18–20)*

Ferner gehören neben den Mitgeschöpfen auch verlässliche Partnerschaften zu anderen Menschen zu einem guten und gelingenden Leben: »Das ist nun Bein von meinem Bein und Fleisch von meinem Fleisch.« (Genesis 2,23) Schließlich wird menschliches Leben getragen von der Verbindung zum Atem und Geist des Lebendigen in allem, was lebt.

Erde, Mitgeschöpfe, Mitmenschen, Gottes Geist: Das sind im Licht der zweiten Schöpfungserzählung die Grundlagen und Bezugspunkte einer umfassenden, ganzheitlichen Spiritualität.

Die Tiere vermögen der Schöpfungserzählung zufolge die Einsamkeit des Menschen nicht zu beenden. Sie sind nicht die Hilfe, die dem Menschen entspricht und die wirklich zu ihm passt. Andererseits betont der Mythos damit zugleich die besondere Nähe zwischen Menschen und Tieren, die aus derselben Erde wie der Mensch geschaffen wurden und zu den engsten Gefährten des Menschen gehören.

Die Erschaffung der Tiere durch Gott und ihre Benennung durch den Menschen sind in der Erzählung unmittelbar miteinander verbunden. Zwischen den Eigennamen der Tiere und ihrer Artbezeichnung wird hier nicht unterschieden, so wie Adam den ersten Menschen und zugleich die Gattung Mensch bezeichnet.

Ist die *Benennung der Tiere durch den Menschen* ein Ausdruck von Macht? Sicherlich. Ist die Namensgebung ein Ausdruck von Beziehung? Ebenso sicher. Wenn Eltern ihren Kindern Namen geben, so geschieht dies in derselben Ambivalenz von Macht und Beziehung. Wer gibt hier wem einen Namen? Die Machtverhältnisse sind ja klar. Zugleich steckt in der *Namensgebung* Liebe, Respekt und Wertschätzung und in der *Namensnennung* die Aufnahme von Beziehung und Kontakt.

Das Recht auf einen Namen begründet Individualität sowie den Anspruch, als Individuum wahrgenommen und behandelt zu werden. Das Gegenteil, nämlich die Verweigerung der Namensgebung, betrachtet der Theologe Michael Rosenberger dementsprechend als die schlimmste Form der Herrschaftsausübung.[157] Mit der Namensgebung wird aus einem Stück Vieh ein individuelles Gegenüber. Dem Namensträger steht eine andere Behandlung zu als dem Namenlosen. Nicht ohne Grund haben Tiere in der industriellen Tierhaltung keine Namen, sondern Nummern auf ihren Ohrmarken. »Unsere Tiere *sind* Nummern«, sagt der Leiter einer großen Stallanlage. Sie werden nicht als namentliche Individuen angesehen, sondern in Stück gezählt bzw. im Fall von Geflügel nur noch als Masse gewogen.

In »Die weiteren Aussichten« lässt Robert Seethaler den Landvermesser Karl Sprnadl dem hungrigen Herbert Lebensmittel und zwei lebende Hasen bzw. Kaninchen schenken – mit dem Rat: »Aber gib ihnen keine Namen! [...] Sonst wird es hart!«[158]

»Und der Mensch gab einem jeden Vieh und Vogel unter dem Himmel und Tier auf dem Felde seinen Namen« (Genesis 2,20): Namensgebung und Namensnennung ermöglichen in besonderer Weise, dass der Mensch mit den Tieren in Beziehung treten und sie als Du ansprechen kann.

»Alles wirkliche Leben ist Begegnung.« Das ist die Grundüberzeugung des jüdischen Religionsphilosophen Martin Buber: »Der Mensch wird am Du zum Ich.« Das bedeutet, dass der Mensch nur in der Begegnung mit dem Du überhaupt menschlich werden und bleiben kann. Ein Leben in der »Es-Welt«, die von einem objektivierenden und instrumentellen Umgang mit der menschlichen und nicht-menschlichen »Umwelt« geprägt ist, entmenschlicht den Menschen.

Eine Begegnung von Ich und Du ist für Buber nicht nur zwischen Menschen möglich, sondern auch mit der Natur. Auch Pflanzen und Tiere können vom Gebrauchsobjekt (Es) für uns zum Mit-Subjekt (Du) werden. Und in jeder Begegnung, in jedem Du kann uns »das ewige Du« begegnen und ansprechen.

Wie es bei der Betrachtung eines Baums zu einer Begegnung mit dem Du kommen kann, hat Buber in seinem Werk »Das dialogische Prinzip« von 1923 notiert.[159] Der Baum kann für uns Gegenstand einer naturwissenschaftlichen oder mathematischen Betrachtungsweise sein: »Bild und Bewegung, Gattung und Exemplar, Gesetz und Zahl«. Es kann aber auch geschehen, dass wir »aus Willen und Gnade in einem« in eine »Beziehung zu ihm eingefasst werden«. Dann ist der Baum »kein ES mehr« und wir haben mit ihm auf andere Weise in seiner Ganzheit »zu schaffen«. Bei dieser Art der Betrachtung und Begegnung müssen wir von naturwissenschaftlichen Kenntnissen und Zugängen nicht absehen. Im Gegenteil. Sie sind »mit darin« und »in ihrer Ganzheit« eingeschlossen und »vereinigt«.

Zu den schmerzvollen Erfahrungen gehört es, dass die Begegnung mit dem Du unverfügbar bleibt: »Es kann geschehen, aus Willen und Gnade in einem ...« So beschreibt Buber die Begegnung mit dem Blick der Katze, die ihm »etliche Male widerfuhr«: »Der Weltachsendrehung, die den Beziehungsvorgang einleitet, war fast unmittelbar die andre gefolgt, die ihn endet. Eben noch hatte die Eswelt das Tier und mich umgeben, ausgestrahlt war einen Blick lang Duwelt aus dem Grunde, nun war sie schon in jene zurückgeloschen.«[160]

In der Erinnerung an seine Kindheit beschreibt Buber schließlich die Begegnung mit seinem »Liebling«, dem Apfelschimmel.[161] »Wenn ich über die mächtige, zuweilen verwunderlich glattgekämmte, zu andern Malen ebenso erstaunlich wilde Mähne strich und das Lebendige unter meiner Hand leben spürte, war es, als grenzte mir an die Haut das Element der Vitalität selber«.[162] In seiner Darstellung betont Buber die »ungeheure Anderheit des Anderen«, die auch beim Übergang vom Es zum Du bestehen bleibt, deren trennender Charakter aber zugleich durch Nähe und Berührung überwunden wird. Die andere und der andere bleiben auch in der Begegnung von »Du und Du« anders, aber nicht fremd. Begegnung und Nähe können dazu führen, dass wir von den anderen nicht getrennt bleiben müssen. Diese Wahrheit gilt nach der Begegnungsphilosophie Bubers für Menschen und Mitgeschöpfe gleichermaßen.

Zur wirklichen Begegnung kann es kommen, wenn sich der Mensch auf Art und Eigenart des tierlichen Gegenübers wirklich einlässt. »Das Lebendige unter meiner Hand leben spüren«, »das Element der Vitalität selber«, das Leben selbst in der Begegnung mit dem Anderen spüren, das Schnauben des mitverschworenen Geschöpfs als Bestätigung erfahren: Alles wirkliche Leben ist Begegnung. Der Mensch wird am Du zum Ich.

Auch der Soziologe Hartmut Rosa hält es nicht nur für möglich, sondern für ein gelingendes Leben sogar für nötig, sich von der Natur berühren zu lassen.[163] In Rosas Resonanztheorie steht der Mensch in einem Antwortverhältnis zur Welt. *Resonanz* ist für Rosa mehr als eine schöne Erfahrung, die hier und da gelingen kann. Resonanz ist eine Form der Beziehung zur Welt. »Alles wirkliche Leben ist Resonanz«, könnte man in Anlehnung an Martin Buber sagen.

Neben der Musik betrachtet Rosa die Natur als eine der beiden wichtigsten Resonanzsphären unserer Zeit. Unserem Leben fehlt etwas Entscheidendes, wenn wir die Natur als antwortendes Gegenüber verlieren. Die strikte Unterscheidung der Moderne zwischen einer beseelten Kultur und einer stummen Natur erschwert es aber, die Resonanzqualität der nicht-menschlichen Natur überhaupt wahrzunehmen.

Rosa wirbt dafür, die Natur nicht nur instrumentell als Rohstoffquelle und Gestaltungsprojekt im Rahmen von Naturerforschung und Naturaneignung zu betrachten, sondern auch als eigenständiges Gegenüber, das antworten und Orientierung stiften kann. Der Verlust der Natur als Resonanzraum kann durch den Konsum von Natur in außeralltäglichen »kommodifizierten Resonanzoasen« nicht kompensiert werden. Anstelle einer »romantisierenden bürgerlichen Naturästhetik« sei vielmehr ein anderes Naturverhältnis nötig, das die Natur als eigenständiges, antwortendes Gegenüber wahrnimmt.

Das Nachdenken über die Mensch-Tier-Beziehungen kann leicht an Rosas Überlegungen zur Bedeutung von Resonanzerfahrungen anschließen, denn ein Tier kann uns in besonderer Weise als antwortendes Gegenüber begegnen. Der unverfügbare Blick der Katze, das verschworene Schauben des Apfelschimmels, das Fühlen des Lebendigen unter der eigenen Hand, der Geruch des Pferdes: Der Umgang mit Tieren führt zu sinnlichen Erfahrungen und unmittelbarer Resonanz. Tiere antworten mit Blicken, Lauten, Körpersprache, Bewegung – ein jedes nach seiner Art.

Wie heilsam Begegnungen und Resonanzerfahrungen mit Tieren sein können, zeigen die eindrücklichen Erfahrungen aus der tiergestützten Pädagogik und Therapie. Tiere werden hier als vierbeinige Mitarbeiter und pädagogische Helfer betrachtet. Zu den heilsamen Erfahrungen gehört es, von den Tieren ohne Vorbehalt und Vorleistung angenommen zu sein sowie die Möglichkeit einer angstfreien Körperlichkeit und Zärtlichkeit. Der Umgang mit Tieren trägt in vielen Fällen zu Entspannung und Ruhe, Freude und Selbstbewusstsein sowie zum Abbau von Stress und Aggression bei. Insbesondere Hunde zeigen in der Regel deutliches Interesse und Freude über die Gegenwart eines Neuankömmlings.

Aber auch jenseits aller pädagogischen und therapeutischen Settings gehören Begegnungen mit Tieren vermutlich zu den tiefstgehenden Kindheitserfahrungen vieler Menschen. So verweist die Theologin Simone Horstmann darauf, dass wir mit Tieren Erfahrungen machen, »die in der Theologie lange für Gott reserviert waren – die vollkommen unverdiente Gnade, … bedingungslose Liebe unabhängig von aller

Leistung, bisweilen aber auch eine erschreckende Fremdheit und Andersartigkeit«.[164]

Der Kontakt mit Tieren tut Menschen gut. Viele Menschen erfahren die Nähe zu Tieren als heilsam. Warum ist das so? Biblisch betrachtet gehört unsere Beziehung zu den Tieren zu den grundlegenden Voraussetzungen des Menschseins. In philosophisch-spiritueller und soziologischer Perspektive sehnen sich Menschen nach »wirklichem« Leben, zu dessen Gelingen Begegnung und Resonanz gehören. Sinnliche Erfahrungen der Begegnung und Resonanz können wir mit anderen Menschen, aber auch mit Tieren erleben. Alles wirkliche Leben ist Begegnung. Darum tut Menschen der Kontakt mit Tieren gut.

Sabbat
Freiheit für Mensch und Tier

>»Und so vollendete Gott am siebenten Tage seine Werke,
>die er machte, und ruhte am siebenten Tage von allen
>seinen Werken, die er gemacht hatte. Und Gott segnete
>den siebenten Tag und heiligte ihn, weil er an ihm ruhte
>von allen seinen Werken, die Gott geschaffen und ge-
>macht hatte.«
>(Genesis 2,2–3)

Die erste Schöpfungserzählung (→ Schöpfung) beschreibt
den siebten Schöpfungstag als Tag der Ruhe. An sechs »Werk-
tagen« hat Gott die Schöpfungswerke geschaffen. Am siebten
Tag ruht er – und vollendet damit seine Werke. Dieser Ruhetag wird von Gott gesegnet und geheiligt.

Die Darstellung des siebten Schöpfungstags spielt mit
dem Wechsel der Worte »machen« und »ruhen«. An diesen
Rhythmus der Schöpfungstradition knüpft das biblische Sabbatgebot an. Auch unser Leben soll sich in einem Wechsel von
Arbeit und Ruhe bewegen:

>»Gedenke des Sabbattages, dass du ihn heiligst. Sechs
>Tage sollst du arbeiten und alle deine Werke tun. Aber
>am siebenten Tage ist der Sabbat des HERRN, deines Got-
>tes. Da sollst du keine Arbeit tun, auch nicht dein Sohn,
>deine Tochter, dein Knecht, deine Magd, dein Vieh, auch
>nicht dein Fremdling, der in deiner Stadt lebt. Denn in
>sechs Tagen hat der HERR Himmel und Erde gemacht

und das Meer und alles, was darinnen ist, und ruhte am
siebenten Tage. Darum segnete der HERR den Sabbattag
und heiligte ihn.«

(Exodus 20,8–11)

Dieses Gebot begründet den Sabbat – der in der Schöpfungserzählung selbst noch nicht so genannt wird – mit einer Erinnerung an die *Schöpfung*. Der Wechsel von Arbeit und Ruhe
ist bereits in der Schöpfung angelegt. Gott ruhte am siebten
Tag – und auch wir sollen am siebten Tag ruhen. Der siebte
Schöpfungstag wurde als Ruhetag von Gott geheiligt. Man
könnte sagen: Zur guten Schöpfung und ihren unantastbaren
»heiligen« Ordnungen gehört die Pflicht zur Ruhe (die ich
mir und anderen schenke) und das Recht auf Ruhe. Der Sabbat ist von Gott gesegnet. Die Unterbrechung von Arbeit, Alltag und Geschäftigkeit ist heilsam.

Die Wertschätzung und Verbindlichkeit des Sabbats und
des damit verbundenen Ruheprinzips wird auch daran deutlich, dass das Sabbatgebot zu den Zehn Geboten gehört. Wir
sollen uns und anderen regelmäßige Pausen gönnen! Das ist
eine der zehn Grundregeln für ein gutes Leben. Diese Regel
ist genauso wichtig wie das Verbot zu stehlen und zu töten.
Das ist doch überraschend. Denn das Ruhegebot zählt sicher
nicht zu den ungeschriebenen Leitlinien unserer heutigen
rast- und ruhelosen Kultur.

Zu den Leitlinien des Dekalogs zählt überdies, dass das
Sabbatgebot auch für die Tiere gilt. Wir überlesen das leicht,
weil es auch in der Auslegungsgeschichte der Zehn Gebote
oft überlesen bzw. als vermeintliche Nebensächlichkeit nicht
wahrgenommen wurde. Im Text heißt es aber explizit: »Da
sollst du keine Arbeit tun – auch nicht dein Vieh.« Dem Dekalog zufolge haben also auch die Tiere ein Recht auf Ruhe. Historisch waren dabei vermutlich vor allem die Last- und Reittiere im Blick. Im Text werden sie darum neben anderen
»Arbeitstieren« wie Knechten und Mägden aufgezählt.

Heute lese ich das Sabbatgebot für die Tiere als eine grundsätzliche Begrenzung der Nutzungs- und Verfügungsgewalt des Menschen über die Tiere. Das Sabbatgebot ist geeignet, die kapitalistischen Mechanismen der Verwertung und Vermarktung der menschlichen Arbeitskraft sowie der »Dienstleistungen« von Natur und Tieren in heilsamer Weise zu stören. Der Sabbat begrenzt den Versuch, das Letzte aus der Erde, aus der menschlichen Arbeitskraft und aus den Tieren herauszuholen.

Tatsächlich stellt der Sabbat mit seiner regelmäßigen Unterbrechung von Produktion und Konsum eine radikale Alternative zu einer ökonomischen Praxis dar, die auf pausenlose Ausbeutung der Ressourcen und maximalen Profit ausgerichtet ist. So beschreibt der US-amerikanische Alttestamentler Walter Brueggemann den Sabbat in »Sabbath as Resistance – Say No to the Culture of Now«[165] als eine Form des Widerstands gegen unsere heutige Kultur.

Dies gilt insbesondere auch für unsere Kultur der Mensch-Tier-Beziehung. Das Sabbatrecht der Tiere bringt Bedürfnisse und Rechte der Tiere gegenüber den Nutzungsinteressen der Menschen zur Geltung. Das könnte das marktförmige Verständnis von Tieren als Waren erheblich stören.

Das Sabbatrecht der Tiere ist somit auch eine entscheidende Stelle, an der die biblische Überlieferung anschlussfähig ist an heutige Debatten über die Rechte der Tiere. Das biblische Sabbatgebot kann in diesem Zusammenhang so übersetzt werden: Die Tiere haben ein Recht auf Sabbat. Sie haben ein Recht auf Schutz vor totaler und rücksichtsloser Ausbeutung. Sie haben ein Recht darauf, dass ihre Bedürfnisse und Interessen berücksichtigt werden. Um es mit Hannah Arendt zu sagen: Auch die Tiere haben ein Recht auf Rechte.

Neben der schöpfungstheologischen Grundlegung begegnet in der Bibel noch eine weitere Begründung des Sabbatgebots:

»Sechs Tage sollst du arbeiten und alle deine Werke tun. Aber am siebenten Tag ist der Sabbat des Herrn, deines Gottes. Da sollst du keine Arbeit tun, auch nicht dein Sohn, deine Tochter, dein Knecht, deine Magd, dein Rind, dein Esel, all dein Vieh, auch nicht dein Fremdling, der in deiner Stadt lebt, auf dass dein Knecht und deine Magd ruhen gleichwie du. Denn du sollst daran denken, dass auch du Knecht in Ägyptenland warst und der HERR, dein Gott, dich von dort herausgeführt hat mit mächtiger Hand und ausgerecktem Arm. Darum hat dir der HERR, dein Gott, geboten, dass du den Sabbattag halten sollst.«

(Deuteronomium 5,13–15)

Der Sabbat wird hier mit der Befreiung des Volkes Israel aus Ägypten begründet. Die Israeliten waren vom Pharao versklavt worden. Mit Gewalt wurden sie zu schwerer Arbeit gezwungen. Doch Gott sah das Elend seines Volkes und hörte ihr Geschrei und erkannte ihre Leiden. Gott führte sein Volk aus Ägypten heraus und rettete die Israeliten aus der Sklaverei.

Auch in dieser Fassung des Sabbatgebots geht es um die Ruhe. Am siebten Tag sollen die Menschen ruhen und auch »dein Rind, dein Esel, all dein Vieh« sollen ruhen, wie es hier etwas detaillierter heißt, denn Rind und Esel waren in der damaligen Lebenswelt die wichtigsten Arbeitstiere: Als Zugtiere für Pflug und Karren, als Lasttiere und im Fall des Esels auch als Reittier. Doch die Sabbatruhe von Mensch und Tier wird an dieser Stelle nicht mit der Ruhe Gottes am siebten Schöpfungstag begründet, sondern mit der Erinnerung an die *Befreiung aus der Sklaverei.*

»Denn du sollst daran denken« – die gebotene Erinnerung hat zwei Bezugspunkte: Zum einen soll der eigenen Knechtschaft in Ägypten gedacht werden: »Auch du warst Knecht in Ägyptenland.« (Deuteronomium 5,15) Angesprochen ist dabei das kulturelle kollektive Gedächtnis. Auch wer am eigenen Leib keine Sklaverei erfahren hat, soll sich im Zuge der kollektiven Erinnerung den Schmerz und das Leid derer vergegenwärtigen, die unfrei sind und Zwangsarbeit leisten müssen.

Neben der Erfahrung der Knechtschaft soll zum anderen auch der Erfahrung der Befreiung aus Ägypten gedacht werden: »Gott hat dich von dort herausgeführt mit mächtiger Hand und ausgerecktem Arm.« (Deuteronomium 5,15) Erinnert werden soll also nicht nur die Unfreiheit, sondern auch die Tatsache, dass Gott das Schreien seines Volkes gehört hat und Israel aus Knechtschaft, Gewalt und Zwang befreit hat.

Im kulturellen Gedächtnis Israels gehören Sklaverei und Exodus zu den zentralen Erfahrungen und Narrativen. Die Erinnerungen daran sind kein Geschichtsunterricht. Diese Erinnerungsübungen sind vielmehr Exerzitien der Empathie: Menschen, die sich auf diese Weise eigene Erfahrungen bzw. die Erfahrungen des eigenen Volkes von Unfreiheit und Befreiung vergegenwärtigen, werden wohl auch anders mit den Unfreien in der eigenen Verfügungsgewalt wie Knecht, Magd und Vieh umgehen. Diese Menschen werden empathisch mit dem Leid, den Bedürfnissen und Sehnsüchten der Unfreien sein. Diese durch Erinnerung in Empathie geschulten Menschen werden wenigstens am Sabbat ein Stück Befreiung wagen.

Die schöpfungstheologische Begründung des Sabbat parallelisiert die Ruhe Gottes mit der Ruhe von Menschen und Tieren: So wie Gott nach der Arbeit am Sechstagewerk der Schöpfung geruht hat, so sollt auch ihr ruhen und anderen Menschen und Tieren Ruhe gewähren. In der schöpfungstheologischen Deutung des Sabbat geht es um einen Wechsel von Arbeit und Ruhe.

Die befreiungstheologische Begründung des Sabbat parallelisiert die Befreiung aus der Sklaverei mit der Befreiung von Menschen und Tieren: So wie Gott euch befreit hat, so sollt auch ihr Menschen und Tieren in eurem Verantwortungsbereich Freiheit gewähren. In der befreiungstheologischen Deutung des Sabbat geht es also nicht nur um Arbeit und Ruhe, sondern um Unfreiheit und Freiheit.

Wenn an einem Tag der Woche die alltägliche Nutzung und Ausnutzung von Mensch und Tier unterbrochen werden soll, wenn an diesem Tag Knecht und Magd, Rind und Esel frei sein sollen, so liegt in befreiungstheologischer Perspektive darin mehr als lediglich eine kurze wöchentliche Pause von der Unfreiheit, bevor Mensch und Tier dann gut erholt wieder und weiter ausgebeutet werden.

Durch die Verknüpfung mit der Exodustradition von der Befreiung aus Sklaverei und Unfreiheit steht mit dem Sabbat eine größere Freiheit im Raum. Die Überlieferungen vom Sabbat- und Erlassjahr entfalten dies weiter. Insbesondere die Bestimmungen zum Erlassjahr weiten die Sabbattradition hin zu der Vorstellung einer vollständigen Befreiung, die einen Schuldenerlass und die Befreiung aus Schuldsklaverei ebenso wie die Wiederherstellung der ursprünglichen Landbesitzverhältnisse umfasst. Nach dem Lukasevangelium (Lukas 4) knüpft Jesus in seiner ersten, programmatischen Predigt in Nazareth an das Motiv des Erlassjahres an: Die Verkündigung des Evangeliums ist die Ankündigung des Gnaden- bzw. Erlassjahres. Die Verkündigung des Evangeliums ist die Praxis einer alles einschließenden Befreiung.

Der Sabbat ist das Versprechen, der Beginn und die Zeit der Einübung in eine umfassende Praxis der Freiheit – für Mensch und Tier.

»Ein Tag der Woche, ausgesondert für die Freiheit, ein Tag, am dem wir die Werkzeuge, die so leicht zu Waffen der Vernichtung geworden sind, nicht benutzen; ein Tag, an dem wir für uns selbst da sind; ein Tag ohne die banalen Alltäglichkeiten; ein Tag, an dem wir nicht mehr

die Götzen der technischen Zivilisation anbeten, an dem
wir kein Geld benutzen; ein Waffenstillstand im wirtschaftlichen Kampf mit unseren Mitmenschen und mit
den Kräften der Natur – gibt es irgendeine Einrichtung,
die größere Hoffnung für den Fortschritt der Menschheit bereithält als der Sabbat?«[166]
Abraham Joshua Heschel

Schöpfung
Der Trockennasenaffe und seine Mitgeschöpfe

»Am Anfang schuf Gott Himmel und Erde.« So lautet der erste Satz der Bibel. Es ist zugleich der Beginn der *ersten Schöpfungserzählung.* Die beiden Erzählungen vom Beginn der Welt prägen bis heute unser Selbst- und Weltverständnis. Wer sind wir Menschen? Was ist der Ort des Menschen in der Schöpfung?

Die Vorstellungswelten dieser Geschichten sind ins kulturell Unbewusste eingegangen und wirken auch in einer säkularisierten Gesellschaft weiter. An einigen Stellen hat sich das Verständnis der Texte in unserem kulturellen Erbe allerdings beachtlich von den Texten selbst gelöst. Was also sagen diese Überlieferungen wirklich über das Verhältnis von Mensch und Tier?

> »Am Anfang schuf Gott Himmel und Erde. Und die
> Erde war wüst und leer, und Finsternis lag auf der Tiefe;
> und der Geist Gottes schwebte über dem Wasser. Und
> Gott sprach: Es werde Licht! Und es ward Licht. Und
> Gott sah, dass das Licht gut war. Da schied Gott das
> Licht von der Finsternis und nannte das Licht Tag und
> die Finsternis Nacht. Da ward aus Abend und Morgen
> der erste Tag. Und Gott sprach: Es werde eine Feste zwi-
> schen den Wassern, die da scheide zwischen den Was-
> sern. Da machte Gott die Feste und schied das Wasser
> unter der Feste von dem Wasser über der Feste. Und es
> geschah so. Und Gott nannte die Feste Himmel. Da
> ward aus Abend und Morgen der zweite Tag. Und Gott

sprach: Es sammle sich das Wasser unter dem Himmel an einem Ort, dass man das Trockene sehe. Und es geschah so. Und Gott nannte das Trockene Erde, und die Sammlung der Wasser nannte er Meer. Und Gott sah, dass es gut war. Und Gott sprach: Es lasse die Erde aufgehen Gras und Kraut, das Samen bringe, und fruchtbare Bäume, die ein jeder nach seiner Art Früchte tragen, in denen ihr Same ist auf der Erde. Und es geschah so. Und die Erde ließ aufgehen Gras und Kraut, das Samen bringt, ein jedes nach seiner Art, und Bäume, die da Früchte tragen, in denen ihr Same ist, ein jeder nach seiner Art. Und Gott sah, dass es gut war. Da ward aus Abend und Morgen der dritte Tag. Und Gott sprach: Es werden Lichter an der Feste des Himmels, die da scheiden Tag und Nacht. Sie seien Zeichen für Zeiten, Tage und Jahre und seien Lichter an der Feste des Himmels, dass sie scheinen auf die Erde. Und es geschah so. Und Gott machte zwei große Lichter: ein großes Licht, das den Tag regiere, und ein kleines Licht, das die Nacht regiere, dazu auch die Sterne. Und Gott setzte sie an die Feste des Himmels, dass sie schienen auf die Erde und den Tag und die Nacht regierten und schieden Licht und Finsternis. Und Gott sah, dass es gut war. Da ward aus Abend und Morgen der vierte Tag. Und Gott sprach: Es wimmle das Wasser von lebendigem Getier, und Vögel sollen fliegen auf Erden unter der Feste des Himmels. Und Gott schuf große Seeungeheuer und alles Getier, das da lebt und webt, davon das Wasser wimmelt, ein jedes nach seiner Art, und alle gefiederten Vögel, einen jeden nach seiner Art. Und Gott sah, dass es gut war. Und Gott segnete sie und sprach: Seid fruchtbar und mehret euch und erfüllet das Wasser im Meer, und die Vögel sollen sich mehren auf Erden. Da ward aus Abend und Morgen der fünfte Tag. Und Gott sprach: Die Erde bringe hervor lebendiges Getier, ein jedes nach seiner

Art: Vieh, Gewürm und Tiere des Feldes, ein jedes nach seiner Art. Und es geschah so. Und Gott machte die Tiere des Feldes, ein jedes nach seiner Art, und das Vieh nach seiner Art und alles Gewürm des Erdbodens nach seiner Art. Und Gott sah, dass es gut war. Und Gott sprach: Lasset uns Menschen machen, ein Bild, das uns gleich sei, die da herrschen über die Fische im Meer und über die Vögel unter dem Himmel und über das Vieh und über die ganze Erde und über alles Gewürm, das auf Erden kriecht. Und Gott schuf den Menschen zu seinem Bilde, zum Bilde Gottes schuf er ihn; und schuf sie als Mann und Frau. Und Gott segnete sie und sprach zu ihnen: Seid fruchtbar und mehret euch und füllet die Erde und machet sie euch untertan und herrschet über die Fische im Meer und über die Vögel unter dem Himmel und über alles Getier, das auf Erden kriecht. Und Gott sprach: Sehet da, ich habe euch gegeben alle Pflanzen, die Samen bringen, auf der ganzen Erde, und alle Bäume mit Früchten, die Samen bringen, zu eurer Speise. Aber allen Tieren auf Erden und allen Vögeln unter dem Himmel und allem Gewürm, das auf Erden lebt, habe ich alles grüne Kraut zur Nahrung gegeben. Und es geschah so. Und Gott sah an alles, was er gemacht hatte, und siehe, es war sehr gut. Da ward aus Abend und Morgen der sechste Tag.

So wurden vollendet Himmel und Erde mit ihrem ganzen Heer. Und so vollendete Gott am siebenten Tage seine Werke, die er machte, und ruhte am siebenten Tage von allen seinen Werken, die er gemacht hatte. Und Gott segnete den siebenten Tag und heiligte ihn, weil er an ihm ruhte von allen seinen Werken, die Gott geschaffen und gemacht hatte.

Dies ist die Geschichte von Himmel und Erde, da sie geschaffen wurden.«

(Genesis 1,1 – 2,4a)

Wenn wir uns bei der Lektüre des Textes auf das Mensch-Tier-Verhältnis konzentrieren, fällt auf, dass die erste Schöpfungserzählung gar nicht von der für uns selbstverständlichen Unterscheidung von Menschen und Tieren ausgeht. Die Lebewesen werden stattdessen entlang ihrer Lebensräume Wasser, Luft und Land unterschieden.

Der Alttestamentler Erich Zenger hat gezeigt, dass in der Genesis zuerst die Lebensräume geschaffen werden, denen dann die Lebewesen zugeordnet werden.[167] Dieses Zusammendenken von Lebensräumen und Lebewesen kann durchaus als ökologisches Denken bezeichnet werden.

- 1./4. Tag: Zeitrhythmen Tag und Nacht/Sonne und Mond
- 2. Tag: Lebensräume: Wasser und Himmel
- 3. Tag: Lebensräume: Erde und Pflanzen
- 5. Tag: Lebewesen: Wassertiere und Flugtiere
- 6. Tag: Lebewesen: Landtiere und Menschen

Zunächst werden die Tiere im Wasser ins Leben gerufen, danach die Vögel und zum Schluss die Lebewesen an Land. Dabei wird die Erde selbst als schöpferisch vorgestellt: »Die Erde bringe hervor ...« (Genesis 1,24). Da der Mensch den Lebensraum »trockene Erde« mit den Landtieren teilt, ist es folgerichtig, dass er sich auch den sechsten Schöpfungstag mit dem »Vieh, Gewürm und Tieren des Feldes« teilt.

In der Logik der ersten Schöpfungserzählung wird der Mensch also bei den Landlebewesen eingeordnet. Dabei wird er zugleich von »Vieh, Gewürm und Tieren des Feldes« unterschieden. Mit dieser Zuordnung befindet sich die erste Schöpfungserzählung sehr viel näher an den biologischen Tatsachen als unsere heutige Alltagssprache. Naturwissenschaftlich kann man die Welt nicht in Menschen und Tiere einteilen. Menschen sind Tiere (→ Evolution). Richtiger wäre es, von »menschlichen und nicht-menschlichen Tieren« zu sprechen *(human and non-human animals)*.

Wenn wir hingegen weiter unreflektiert von »Menschen und Tieren« sprechen, halten wir an der Konstruktion einer Vorstellungswelt fest, in der Menschen kategorial allen anderen Tieren gegenüberstehen. Das verdeckt die Tatsache, dass wir etwa mit Schweinen sehr viel mehr gemeinsam haben als Schweine mit Regenwürmern. Es gibt keine kategoriale Grenze und keinen grundsätzlichen Graben zwischen Menschen und Tieren. Es gibt nur unterschiedliche Tierarten. Der Mensch ist eine Spezies unter anderen Spezies.

In der wissenschaftlichen Systematik wird der Ort des Menschen so bestimmt:

- Klasse: Säugetiere
- Ordnung: Primaten
- Unterordnung: Trockennasenaffen
- Teilordnung: Altweltaffen
- Überfamilie: Menschenartige
- Familie: Menschenaffen
- Gattung: Mensch (homo)
- Art: Mensch (homo sapiens)

Wir Trockennasenaffen! Zu unserer engeren Verwandtschaft gehören in der Familie der Menschenaffen auch die Gattungen Orang-Utan, Gorilla und Schimpanse/Bonobo. Der letzte gemeinsame Vorfahr dieser vier Menschenaffenarten lebte vor fünf Millionen Jahren. Dann trennten sich die Entwicklungslinien. Die Wissenschaft geht aber davon aus, dass es auch danach noch Verpaarungen zwischen Menschen und Schimpansen gab.

Als Menschen sind wir Teil der Tierwelt. Unsere Art gehört zur Familie der Menschenaffen. Tatsächlich betont auch die erste Schöpfungserzählung gerade nicht den Wesensunterschied, sondern die höchste Wesensverwandtschaft von Mensch und Tier. Wenn die griechisch-abendländische Geistesgeschichte das Wesen des Menschen in Abgrenzung vom

Tier beschrieben hat, so setzt die biblische Tradition hier deutlich andere Akzente.

Schöpfungstheologisch liegt der entscheidende Unterschied nicht zwischen Mensch und Tier, sondern zwischen Schöpfer und Schöpfung. In dieser Hinsicht stehen Menschen und Tiere einander nicht gegenüber, sondern als Geschöpfe gemeinsam vor Gott. Als Geschichte vom Anfang beschreiben die Schöpfungserzählungen dabei nicht nur den zeitlichen Beginn der Schöpfung, sondern geben auch normative Orientierung im Blick auf das Bestimmende und Maßgebliche. Anders gesagt: Hier werden Maßstäbe auch für das Mensch-Tier-Verhältnis gesetzt.

Die Menschen werden nach ihrer Erschaffung von Gott gesegnet, und zwar mit dem Segen der Fruchtbarkeit: »Seid fruchtbar und mehret euch und füllet die Erde.« (Genesis 1,28) Biolog:innen übersetzen diesen Segen mit der »Fähigkeit zur Reproduktion«. Theologisch kann man auch vom Segen der Sexualität sprechen.

Aber nicht nur die Menschen, sondern auch die Tiere (in Wasser und Luft) werden nach ihrer Erschaffung von Gott gesegnet, und zwar mit denselben Worten, und dies sogar vor den Menschen: »Seid fruchtbar und mehret euch und erfüllet das Wasser im Meer, und die Vögel sollen sich mehren auf Erden.« (Genesis 1,22) Die Tiere sind mit einem Wort von Rainer Hagencord, dem Leiter des Instituts für Theologische Zoologie, die »Zuerstgesegneten«[168].

Die Tiere sind aber auch die »Zuerstgeschaffenen«. Diese Perspektive ist sowohl in biblischer als auch in naturwissenschaftlicher Perspektive richtig (→ Evolution). Die Tiere sind unsere älteren Geschwister. Sie waren vor uns da, generell und an jedem konkreten Ort dieser Erde. Mehr noch: Ohne die Tiere gäbe es uns Menschen gar nicht.

Nur am Ende des sechsten Schöpfungstages (also nach Erschaffung der Landtiere und der Menschen) bezeichnet Gott das Geschaffene als »sehr gut«, während alle anderen Schöpfungtage lediglich ein einfaches »gut« bekommen. Gottes Rückschau am sechsten Schöpfungstag bezieht sich jedoch nicht nur auf den Menschen, sondern explizit auf »alles, was er gemacht hatte«. Die einzelnen Werke der Schöpfung sind also »gut«. Und das Ganze in der Zusammenschau ist »sehr gut«. Der Mensch ist hier Teil des Ganzen und Teil der sehr guten Gesamtansicht.

In der *zweiten Schöpfungserzählung (Genesis 2)* schafft Gott den Menschen (Hebräisch: *adam)* aus der Erde (Hebräisch: *adama).* Genauer gesagt formt Gott im Bild des Töpfers den *adam* »aus *afar* von der *adama«,* also aus Lehm von der Erde. Diesem »Erdling« bläst Gott schließlich den Lebensatem in die Nase. So wird der Mensch zu einem »lebendigen Wesen«.

Auch die »Tiere auf dem Felde und alle Vögel unter dem Himmel« werden in diesem Mythos in derselben Weise aus Lehm von der Erde gebildet. Auch die Tiere sind also »Erdlinge« wie der Mensch. Und auch sie werden in der Erzählung als atmende bzw. »lebendige Wesen« bezeichnet. Es wird nicht explizit dargestellt, doch diese Bezeichnung setzt voraus, dass Gott auch den Tieren den »Odem des Lebens« eingehaucht hat. In der biblischen Sprache werden die Tiere also einfach und grundlegend als »Lebewesen« beschrieben, wohingegen die (ebenfalls richtige und angemessene) Rede von den Tieren als »Mitgeschöpfen« eine begrifflich-theologische Abstraktion darstellt.

Dass Menschen und Tiere aus demselben Material geschaffen werden, betont ihre verwandtschaftliche Nähe, wie sie auch von der Evolutionstheorie beschrieben wird. Dass der Grundstoff allen Lebens die Erde ist, ist gut anschlussfähig an die naturwissenschaftliche Tatsache, dass unsere menschlichen und tierlichen Körper tatsächlich ganz und gar aus irdischen bzw. kosmischen Elementen gebaut sind. Und dass »am Anfang« der göttliche Odem die Materie belebt hat, verstehe ich als mythisches Bild für das noch nicht gelöste Geheimnis des Ursprungs des Lebens.

Auch bei seiner Ernährung erhält der Mensch keine Privilegien. Der Speiseplan von Mensch und Tier soll ausschließlich aus Früchten, Samen und »grünem Kraut« bestehen (wobei den Menschen Früchte und Samen, den Tieren Gräser und Kräuter zugewiesen werden). Mit dieser vegetarisch-veganen Vorgabe (→ Vegetarismus) wird die Nahrungssuche von Menschen und Landtieren in ihrem gemeinsamen Lebensraum geregelt. Bei der Ernährung soll es keine Gewalt und kein Blutvergießen geben. Der Mensch hat auch beim Essen keine Sonderrechte. Als auf pflanzliche Ernährung Verwiesene sind Menschen und Tiere gleichgestellt.

Allerdings wird nur der Mensch nach der ersten Schöpfungserzählung als Gottes Ebenbild geschaffen und zur »Herrschaft« bzw. Verantwortung für die Tiere und die Erde beauftragt (→ Herrschaft). In der zweiten Schöpfungserzählung wird das Verhältnis des Menschen zu den Tieren in den Auftrag zur Namensgebung gefasst (→ Resonanz).

In beiden Schöpfungserzählungen wird der Mensch nicht als »Krone der Schöpfung« darstellt. Die Beschreibung des Menschen als »Krone der Schöpfung« hat in den Schöpfungserzählungen der Genesis keinen Anhalt, weder sprachlich noch sachlich. In biblischer Perspektive ist der Sabbat die Krönung des Schöpfungsgeschehens, also der siebte Tag, der Ruhetag, den Gott segnete und heiligte (→ Sabbat). Die Frage nach einer möglichen Sonderrolle des Menschen bleibt gleichwohl bestehen (→ Anthropologische Differenz).

Der Theologe Jürgen Moltmann unterscheidet zwei Lesarten der biblischen Schöpfungserzählungen:

»Die anthropozentrische Lesart der Schöpfungsgeschichte: Nach ihr ist der Mensch das letzte Geschöpf Gottes und die ›Krone der Schöpfung‹. Alles ist um des Menschen willen geschaffen, denn allein der Mensch ist zum ›Bild Gottes‹ geschaffen und zur Herrschaft über die Erde und alle Erdgeschöpfe bestimmt. ... Nach dem 2. Schöpfungsbericht soll der Mensch eher wie ein Gärtner mit der Erde umgehen und Gottes Garten Eden ›bebauen und bewahren‹. Das klingt weiser, gleichwohl ist auch hier der Mensch das Subjekt und die Erde mit allen Erdgeschöpfen sein Objekt. ...

Nach der neuen ökologischen Lesart derselben Schöpfungsgeschichte ist der Mensch das letzte Geschöpf Gottes und damit das abhängigste Geschöpf. Der Mensch ist für sein Leben auf die Tiere und die Pflanzen, die Erde, die Luft und das Wasser, auf die Tages- und Nachtzeiten, auf Sonne, Mond und Sterne und auf die Existenz des Lichts angewiesen und kann nicht ohne sie leben. Es gibt den Menschen nur, weil es alle diese anderen Geschöpfe gibt. Sie alle können ohne den Menschen leben, aber der Mensch kann nicht ohne sie existieren. ... Der Mensch ist zuerst ein Geschöpf in einer großen Schöpfungsgemeinschaft und ein Teil der Natur.«[169]

Moltmanns ökologische Relecture der biblischen Schöpfungsüberlieferungen ist gut anschlussfähig an die Perspektive der indigenen Biologin Robin Wall Kimmerer: »In der indigenen Weisheit werden die Menschen oft als ›kleine Brüder der Schöpfung‹ bezeichnet. Wir sagen, die Menschen haben am wenigsten Erfahrung mit dem Leben und müssen daher am meisten lernen – wir müssen uns nach den Lehrern unter den anderen Lebewesen umsehen und uns von ihnen leiten lassen. ... Sie sind schon länger auf der Erde als wir.«[170]

In den Erzählungen von der »Schöpfung am Anfang« (zur *creatio continua* und *creatio nova* → Evolution und → Hoffnung) begegnen die Tiere im Wasser, in der Luft und an Land als Geschöpfe und Mitgeschöpfe. Die Tiere sind »lebendige Wesen« und Mitgeschöpfe des Menschen. Und umgekehrt: Die Menschen sind als »lebendige Wesen« die Mitgeschöpfe der Tiere. Alles, was lebt, ist Teil einer alles umfassenden Lebens- und Schöpfungsgemeinschaft.

Dieses Bewusstsein kommt auch in Martin Luthers Kleinem Katechismus zum Ausdruck. Seine Auslegung des ersten Artikels des Glaubensbekenntnisses beginnt Luther so: »Ich glaube, dass mich Gott geschaffen hat samt allen Kreaturen ...«

Die Schöpfungserzählungen erinnern uns daran, dass wir Menschen nicht die Einzigen sind, die die Erde bewohnen. Wir teilen die Erde als Haus des Lebens mit den Tieren (→ Zoopolis). Die Tiere sind nicht für den Menschen geschaffen, sondern für sich selbst. Zu den Leitgedanken der Enzyklika »Laudato si'« von Papst Franziskus gehört die Feststellung, dass jedes Geschöpf einen Eigenwert hat – ganz unabhängig vom Nutzen für den Menschen. Franziskus formuliert es so: »Der letzte Zweck der anderen Geschöpfe sind nicht wir.«[171]

Mit den Schöpfungserzählungen können wir uns einüben in eine Kultur und Spiritualität der Mitgeschöpflichkeit. Der Theologe Friedrich Schorlemmer versteht Menschlichkeit heute als Mitmenschlichkeit und Mitgeschöpflichkeit.[172]

Seele

Haben Tiere eine Seele?

»Ja, aber …«, würde Aristoteles sagen. Aristoteles betrachtet die Seele als Lebensprinzip aller Lebewesen. Zugleich unterscheidet er aber mit der Vorstellung einer *anima vegetativa*, *sensitiva* und *rationalis* drei unterschiedliche Seelenvermögen. Pflanzen besitzen mit der *anima vegetativa* die Fähigkeit zu Fortpflanzung, Wachstum und Stoffwechsel. Die *anima sensitiva* verleiht den Tieren darüber hinaus das Vermögen der Sinneswahrnehmung. Nur der Mensch besitzt als drittes zusätzliches Seelenvermögen die *anima rationalis*, also Vernunft und Intellekt.

Haben Tiere eine Seele? Für Aristoteles ist die Antwort klar: Ja, aber nur die vegetative und sensitive Seele. Die Vernunftseele kommt allein dem Menschen zu und unterscheidet damit den Menschen vom Tier. Gleichzeitig kommt in dieser Seelenvorstellung das Verbindende zwischen Menschen, Tieren und Pflanzen zum Ausdruck. Denn Aristoteles gelten alle Formen des Lebens als beseelt.

Für Aristoteles gibt es wohl Unterschiede und Abstufungen der Beseeltheit, aber keine seelenlosen Lebewesen. Er bestreitet nicht die Beseeltheit der Tiere, sondern ihre Vernunftbegabung. Die lateinische Sprache bildet mit dem Zusammenhang von *animal* und *anima* diese Vorstellung von Tieren als beseelten Wesen sprachlich ab. In der Annahme, dass das Wesen des Menschen auch die tierlichen und pflanzlichen Seelenarten umfasst, kommt überdies ein deutliches Bewusstsein von der Verwandtschaft allen Lebens zum Ausdruck.

Für Aristoteles ist die Seele kein eigenständiges Wesen, das getrennt vom Körper existiert. Er geht darum auch nicht von der Unsterblichkeit der Seele aus. Mit beidem widerspricht er der Seelenlehre Platons, der Leib und Seele dualistisch verstand und die Unsterblichkeit der Seele meinte bewiesen zu haben.

In der Lehre der *Alten Kirche und der Theologie des Mittelalters* verband sich das philosophische Erbe Platons mit dem biblischen Glauben an die Auferstehung der Toten. Demnach existiert nur die unsterbliche menschliche Seele nach dem Tod bis zur Auferstehung weiter. In der kirchlichen Kunst des Mittelalters wird bildlich dargestellt, wie die Seele als Vogel den Körper der Verstorbenen verlässt.

Haben Tiere eine Seele? Die Antwort der kirchlichen Tradition bedeutet eine doppelte Abwertung der Natur: Gegenüber dem Menschen werden Tiere und Pflanzen abgewertet. Und gegenüber der Seele wird die Körperlichkeit des Menschen abgewertet. Die gedachte Sonderstellung des Menschen in der traditionellen Seelenlehre gehört zum Kernbestand des philosophisch-theologischen Anthropozentrismus (→ Anthropozentrismus).

In der Moderne haben viele Theolog:innen gegenüber einem platonisch geprägten Seelenverständnis auf die davon zu unterscheidende biblische Auferstehungshoffnung hingewiesen. Insbesondere in der protestantischen Theologie wurde die Lehre von der Unsterblichkeit der Seele und der damit verbundene platonische Dualismus zwischen Leib und Seele als unbiblisch zurückgewiesen.

In seiner Botschaft an die Mitglieder der Päpstlichen Akademie der Wissenschaften bekräftigte Papst Johannes Paul II. im Jahr 1996 die Aussage der Enzyklika »Humani generis« aus dem Jahr 1950, dass Evolution und Glaube nicht im Gegensatz zueinander stehen. Mit der Enzyklika betonte der Papst allerdings auch, dass der menschliche Körper zwar aus der Natur komme, die Seele des Menschen aber von Gott geschaffen sei: »Der menschliche Körper hat seinen Ursprung in der belebten Materie, die vor ihm existiert. Die Geistseele hingegen ist unmittelbar von Gott geschaffen.«

Man kann dies als den Versuch betrachten, Evolution und traditionelle Schöpfungslehre miteinander zu versöhnen. Man kann aber auch sagen, dass damit die Grundprinzipien der Evolution letzten Endes nicht vollständig ernst genommen werden.

Was sagt die moderne *Naturwissenschaft* zur Frage nach der Seele von Mensch und Tier? In wissenschaftlich-biologischer Perspektive gibt es keine sichtbare oder unsichtbare Substanz, die unabhängig vom Körper eines Lebewesens existieren und nach dem Tod weiterleben könnte. Das gilt für nicht-menschliche ebenso wie für menschliche Tiere. Wir sind nicht in einem Körper gefangen, sondern wir sind unser Körper. Mit dem Tod unseres Leibes endet unser Leben ebenso wie das Leben eines Tieres.

Das bedeutet: Für die Vorstellung einer körperlosen unsterblichen Seele gibt es im wissenschaftlichen Weltbild keinen Ort. Auch für die Annahme, dass die Spezies Mensch anders als alle anderen Arten im Rahmen einer Sonderausstattung über ein besonderes Feature namens »Seele« verfügt, gibt es keine wissenschaftliche Grundlage. Für mich ist diese Feststellung selbstverständlicher Ausgangspunkt auch für alle theologischen Überlegungen zum Thema.

Allerdings: Wenn Seele im Sinne von Psyche das Innenleben eines Lebewesens meint, also etwa das Erleben von Freude, Angst, Stress, Empathie und Zuneigung, dann können wir von der modernen Verhaltensbiologie lernen, dass auch zum Leben vieler Tiere eine innere Bühne gehört (→ Verhaltensbiologie).

Und wenn mit Seele eine Art »Persönlichkeitskern« gemeint ist, also die unverwechselbare Identität eines Wesens, dann zeigen hier die Erkenntnisse der Verhaltensbiologie, dass sich auch viele nicht-menschliche Tiere durch Persönlichkeit, Charakter und Individualität auszeichnen.

Haben Tiere eine Seele? Am liebsten antworte ich auf diese Frage mit einer Erinnerung an das ganzheitliche Denken der *Bibel*.[173] Das hebräische Wort *nefesch* begegnet in der Hebräischen Bibel 755–mal. In der griechischen Übersetzung der Hebräischen Bibel aus vorchristlicher Zeit, der Septuaginta, wird *nefesch* 600–mal mit *psyche* (Seele) übersetzt. In der lateinischen Übersetzung der Bibel aus dem Mittelalter, der Vulgata, ist *anima* (Seele) die häufigste Wiedergabe. So kam es, dass *nefesch* auch in den deutschen Bibelübersetzungen zumeist mit Seele übersetzt wurde. Allerdings, so der Bibelwissenschaftler Hans Walter Wolff, trifft »Seele« nur in ganz wenigen Texten tatsächlich den Sinn von *nefesch*.

In vielen Fällen bedeutet *nefesch* einfach Schlund, Rachen, Kehle. Gemeint ist also das Organ der Nahrungsaufnahme, aber auch das Organ der Atmung, denn Luft- und Speiseröhre wurden begrifflich noch nicht unterschieden. Wenn die Kehle also der Ort für Essen, Trinken und Atmen ist, dann ist *nefesch* der Sitz der elementarsten Lebensbedürfnisse. So kann mit *nefesch* auch das Leben selbst gemeint sein. In einigen Fällen ist auch »Seele« eine mögliche Übersetzung von *nefesch*.

An keiner Stelle der Hebräischen Bibel ist dabei aber an ein Gegenüber oder gar einen Gegensatz zwischen (sterblichem) Körper und (unsterblicher) Seele gedacht. Während wir das deutsche Wort »Seele« oft mit einem Dualismus von Leib und Seele in Verbindung bringen, ist der alttestamentlichen Sicht eine Aufteilung des Menschen in Seele und Körper bzw. in sterblich und unsterblich völlig fremd.

Kehle, Atem, Leben, Seele – wie muss man also übersetzen, wenn Gott in der Schöpfungserzählung (→ Schöpfung) den Menschen zu einer »lebendigen nefesch« macht?

»Da machte Gott der HERR den Menschen aus Staub von der Erde und blies ihm den Odem des Lebens in seine Nase. Und so ward der Mensch eine lebendige ›nefesch‹.«
(Genesis 2,7)

Durch den Atem Gottes wird der Mensch ein »lebendiges Wesen« (Lutherbibel) bzw. »atmendes Leben« (Bibel in gerechter Sprache). Mit dem Odem des Lebens wird der Mensch also zur lebendigen Kehle, zum lebendigen Atem, zum lebendigen Leben. In diesem Text hat der Mensch nicht eine lebendige *nefesch*, sondern er ist bzw. wird ein lebendiges Wesen.

Wie der Mensch werden auch die Tiere in dieser Erzählung von Gott aus Erde gemacht. Und wie der Mensch werden auch die Tiere in den Schöpfungserzählungen als »lebendige nefesch« bezeichnet. Auch die Tiere sind lebendige Kehlen, atmendes Leben, lebendige Wesen. Mit Bezug auf den lebensnotwendigen Atem ist dabei auch das Leben in seiner Bedürftigkeit und Abhängigkeit im Blick.

Haben Tiere eine Seele? Nach der biblischen Schöpfungstradition sind Menschen und Tiere »Lebewesen«, von Gott aus Erde gemacht. Durch den Odem des Lebens wurden sie zu atmenden, lebendigen und verletzlichen Wesen. Menschen und Tiere sind *animals*, mit *anima* (Lateinisch für Atem, Leben, Seele, Hauch) zum Leben animiert. Die *nefesch*-Seele der menschlichen und nicht-menschlichen Lebewesen ist die Kraft des Lebendigen, ihre Kehle, ihr atmender Körper, ihr Leben selbst, das von der Erde genommen ist und zur Erde zurückkehrt.

Atem

Ganz früh im Paradies.
Mine is the sunlight.
Ich bin froh. Und spüre meine Kraft.
Zwei Füchse spielen in der Morgensonne.
Ein Murmeltier.
Ich schleiche mich an.
Sehe, wie es atmet,
wie sich die kleine Brust hebt und senkt.
Sehe, wie es pfeift.
Ich bin nicht allein im Tal.
Bernd Kappes

Speziezismus

All Animals Are Equal

Mit Speziezismus wird die Diskriminierung von Tieren aufgrund ihrer Spezies, also aufgrund ihrer Artzugehörigkeit bezeichnet. »Das Wort ist nicht besonders schön, aber ich weiß kein besseres«[174], sagt ausgerechnet der, der die Rede vom Speziezismus in die tierethische Debatte eingeführt hat. Peter Singer hat die Wortschöpfung seines Kollegen Richard Ryder aufgegriffen und mit seinem Buch »Animal Liberation« von 1975 populär gemacht. Heute ist die Kritik am Speziezismus aus der Tierethik nicht mehr wegzudenken (→ Tierrechte).

Singer argumentiert, dass das fundamentale moralische Prinzip der gleichen Berücksichtigung von Interessen nicht willkürlich auf die Mitglieder unserer eigenen Spezies beschränkt werden kann. Das grundlegende Kapitel in seinem Buch trägt dementsprechend den Titel »All Animals Are Equal – Alle Tiere sind gleich«. Menschen und Tiere müssen gleichbehandelt werden. Gemeint ist damit allerdings nicht die tatsächliche Gleichbehandlung, sondern die gleiche moralische Berücksichtigung, die gerade auch zu einer unterschiedlichen Behandlung führen kann.

Das Prinzip der moralischen Gleichbehandlung gründet dabei einzig auf der Leidens- bzw. Empfindungsfähigkeit. Die Fähigkeit zu leiden ist für Singer im Anschluss an den Philosophen Jeremy Bentham die wesentliche Eigenschaft, die einem Lebewesen das Recht auf gleiche Berücksichtigung seiner Interessen verleiht. Alle Lebewesen, die Leiden und Glück empfinden können, müssen in der Moral berücksichtigt werden. Daraus zieht Singer den Schluss, dass die Berücksichtigung der Interessen eines Lebewesens gemäß dem Prinzip der Gleichheit auf alle Lebewesen ausgedehnt werden muss, »ganz gleich ob sie schwarz oder weiß sind, männlich oder weiblich, menschlich oder nichtmenschlich.«[175]

Die Befreiung der Tiere steht für Singer in der Tradition der Befreiungsbewegungen der Schwarzen und der Frauen, weil der Unterdrückung von Tieren, Schwarzen und Frauen dieselben Muster der Diskriminierung zugrunde liegen. Beim Speziezismus handelt es sich um eine Form der Unterdrückung neben Sexismus und Rassismus:

»Die Rassisten verletzen das Prinzip der Gleichheit, indem sie in Interessenkonflikten zwischen Mitgliedern der eigenen und einer anderen Rasse die Interessen der Mitglieder ihrer eigenen Rasse stärker gewichten. Sexisten verletzen das Prinzip der Gleichheit, indem sie die Interessen des eigenen Geschlechts bevorzugen. Und genauso räumen Speziezisten den Interessen der eigenen Spezies Vorrang ein vor den stärkeren Interessen von Mitgliedern anderer Spezies. Das Muster ist in jedem dieser Fälle dasselbe.«[176]

Der Ausschluss von Tieren aus dem Kreis derer, die ein Recht auf moralische Berücksichtigung haben, ist ebenso willkürlich und ungerecht wie die Diskriminierung von Frauen und Sklaven. In der philosophisch-ethischen Tradition wurde argumentiert, dass Menschen aufgrund bestimmter exklusiv menschlicher Eigenschaften moralisch mehr zählen als Tiere (→ Anthropozentrismus und → Anthropologische Differenz). Die Bestimmung solch exklusiv menschlicher Eigenschaften ist heute aufgrund der Erkenntnisse von Evolutions- und Verhaltensbiologie allerdings zunehmend schwierig geworden (→ Evolution und → Verhaltensbiologie).

So kann heute etwa nicht mehr behauptet werden, nur der Mensch sei ein Vernunftwesen und verdiene darum exklusive moralische Berücksichtigung. Denn einerseits verfügen auch einige nicht-menschliche Tiere über Vernunft und andererseits nicht alle Menschen. Vor allem wird man aber mit der modernen Tierethik sagen: Die Frage der Vernunft darf moralisch ebenso wenig eine Rolle spielen wie die Fragen des Aussehens, der Kraft, der Größe oder Hautfarbe. Das ethische Prinzip der Gleichheit gilt auch unter Menschen vor dem Hintergrund der Tatsache, dass Menschen sehr unterschiedlich sind. Gleich an Würde und Rechten sind Menschen also nicht aufgrund ihrer Gleichheit hinsichtlich äußerer Merkmale, sondern gerade im Angesicht ihrer faktischen Diversität.

So wird man auch im Blick auf die Tiere sagen können: Die Unterschiede zwischen den Arten sind kein Grund, bestimmte Arten abzuwerten. Allein aufgrund ihrer Empfindungsfähigkeit müssen die Interessen von empfindungsfähigen Tieren moralisch berücksichtigt werden, über welche sonstigen Eigenschaften die jeweilige Art auch verfügen mag. Wenn Tiere aufgrund ihrer Artzugehörigkeit diskriminiert werden, dann ist das Singer zufolge ethisch ebenso falsch wie eine Diskriminierung aufgrund von Geschlecht oder Hautfarbe.

Speziezismus bedeutet, die Interessen von Menschen generell höher zu bewerten als die Interessen von Tieren. Diese Vorzugsbehandlung von Menschen gegenüber allen anderen Arten allein aufgrund der Spezies-Zugehörigkeit wird auch als Art-Egoismus oder Art-Arroganz bezeichnet.

Singer stellt nüchtern fest: »Die meisten Menschen sind Speziezisten.« Damit meint Singer, »dass ganz normale Menschen – nicht nur einige wenige, die besonders grausam oder herzlos sind, sondern die überwältigende Mehrheit der Menschen – an Praktiken Anteil haben, die die wichtigsten Interessen von Mitgliedern anderer Spezies opfern, um denkbar triviale Interessen unserer eigenen Spezies zu befriedigen.«[177]

Mit Singer bleibt festzuhalten: Auch Tiere haben Empfindungen und Interessen – und Menschen die Pflicht, Tiere und ihre Bedürfnisse nicht zu übergehen. All animals are equal!

Die Soziologin Birgit Mütherich hat die *soziale Konstruktion des Anderen* in tierethischer Perspektive untersucht.[178] Sie betont, dass die Soziologie biologische Kategorien nie nur als bloße Fakten und als Grundlage für essentielle Trennungen und Werturteile betrachten könne. Im Fall der Tiere sei die Aufgabe der Soziologie vielmehr, die Dekonstruktion der kulturell tief verinnerlichten Komponenten des Tier-Bildes in Angriff zu nehmen.

Mütherich zufolge wurde der Sammelbegriff »Tier« in der westlichen Kultur zum Gegenbegriff des »Menschen«. Der Dualismus von Mensch und Tier geht dabei mit Selbstaufwertung und Fremdabwertung einher. Mit »Mensch« wird kulturell Geist, Kultur, Vernunft, Seele und Moral verbunden, das »Tier« hingegen steht in der westlichen Geistesgeschichte für Materie, Natur, Trieb, Körper und Instinkt.

Das Tier wird als »das Andere« auch dadurch konstruiert, dass tierliche Lebensäußerungen sprachlich als anders dargestellt werden, auch dort, wo sie nach Form und Funktion identisch mit menschlichen Lebensäußerungen sind: fressen/essen, werfen/gebären, trächtig/schwanger, verenden/sterben.

Mütherich weist schließlich darauf hin, dass die Konstruktion des Tieres als des »ganz anderen« nicht nur die Herrschaft des Menschen über die Tiere begründet, sondern eine weit größere gesellschaftspolitische Relevanz hat. Auch bestimmte Gruppen von Menschen wie Kinder, Frauen und Sklaven, denen Vernunftmangel, Triebleitung und somit Tierähnlichkeit zugeschrieben wurden, wurden auf diese Weise deklassiert und als zu beherrschende Objekte betrachtet.

So hat schon Aristoteles die Barbaren als tierähnlich beschrieben und sie auf dieser Grundlage als geborene Knechte bezeichnet. Im Zeitalter des Kolonialismus wurden Indigene und schwarze Menschen als tierhaft dargestellt, abgewertet und somit der Ausbeutung preisgegeben. In sexistischen Herrschaftskonstruktionen wurden Frauen mit Natur, Körper, Instinkt und Vernunftmangel assoziiert. So stellte ein Arzt und Psychiater im Jahr 1907 fest: »Der Instinkt nun macht das Weib tierähnlich.«[179]

Zusammengefasst kann festgehalten werden, dass beim »Othering« andere überhaupt erst als »anders« und als »andere« konstruiert werden. Einzelne biologische, soziale, historische oder kulturelle Merkmale wie Geschlecht, Alter, Ethnie oder eben Artangehörigkeit werden dabei überbetont und essentialisiert. Auf dieser ideologischen Grundlage kann die Abgrenzung von Eigengruppe und Fremdgruppe vollzogen werden.

Die Konstruktion der Andersartigkeit verbindet sich dabei mit der Abwertung des Anderen, also mit der Konstruktion von Minderwertigkeit. Andersartigkeit und Minderwertigkeit dienen dann der Legitimation von Herrschaft, Gewalt und Privilegien.

Dieses Grundmuster von Ausgrenzung und Unterdrückung kann bei unterschiedlichen Formen der Diskriminierung beobachtet werden. Dem »Tierkonstrukt« kommt nach Mütherich jedoch eine besondere Rolle zu, da es zugleich als Vorlage für rassistische und sexistische Diskriminierung dient.

Tierethik

Haben Tiere Rechte?

Dürfen wir Tiere »halten« bzw. einsperren? Dürfen wir uns mit Fleisch, Milch und Eiern ernähren? Dürfen wir Tiere zur Schau stellen, beim Sport verwenden, bei Tierversuchen »verbrauchen« und aus Teilen ihrer Körper Kleidung herstellen? Dürfen wir Jagd auf Tiere machen?

In vielen Bereichen unseres gesellschaftlichen Lebens haben wir mit Tieren zu tun. Ob es sich um die Haltung von »Nutztieren« oder »Haustieren« handelt oder um Tiere in Zirkus, Zoo, Jagd, Forschung, Sport und Textilproduktion – am Ende geht es um drei zentrale Fragen:

* Dürfen wir Tiere nutzen?
* Dürfen wir Tieren Leid zufügen?
* Dürfen wir Tiere töten?

Die Tierethik setzt sich mit dem moralischen Status der Tiere auseinander. Dabei bemüht sie sich um Klärung zweier grundlegender Fragen:

* Müssen Tiere überhaupt moralisch berücksichtigt werden?
* Müssen Tiere moralisch in gleicher Weise wie Menschen berücksichtigt werden?

Müssen Tiere moralisch berücksichtigt werden? Mit anderen Worten: Sollen Tiere in unseren ethischen Überlegungen überhaupt eine Rolle spielen oder hat die Ethik ausschließlich mit dem Umgang von Menschen mit Menschen zu tun? Je nach Beantwortung dieser Frage kann man drei tierethische Grundtypen unterscheiden:

- Anthropozentrismus: »Der Mensch im Mittelpunkt«: Für unser Handeln sind nur andere Menschen moralisch relevant. Tiere sind kein Teil der moralischen Sphäre. Menschen haben gegenüber Tieren höchstens indirekte Pflichten (→ Anthropozentrismus).

- Pathozentrismus: »Das Leiden/Empfinden im Mittelpunkt«: Die meisten tierethischen Positionen folgen heute der Überzeugung, dass alle empfindungsfähigen Lebewesen in der Ethik berücksichtigt werden müssen.

- Biozentrismus: »Das Leben im Mittelpunkt«: Alles, was lebt, ist moralisch relevant.

Müssen innerhalb der moralischen Sphäre alle Akteur:innen in gleicher Weise berücksichtigt werden oder sind hier Differenzierungen nötig? So lautet die zweite grundlegende Frage der Tierethik. Auf der einen Seite gibt es pathozentrische Positionen, die die moralische Berücksichtigung von Tieren für richtig halten, zugleich aber für eine unterschiedliche moralische Berücksichtigung von Menschen und Tieren plädieren.

Egalitäre Theorien betonen hingegen, dass Gleichheit nicht gleiche Behandlung, sondern gleiche Berücksichtigung verlange. Die moralische Gleichbehandlung unterschiedlicher Wesen kann faktisch auch zu unterschiedlicher Behandlung führen. Mit »moralisch gleicher Behandlung« ist nicht das Wahlrecht für Fledermäuse gemeint, sondern beispielsweise die ethische Forderung, dass das Bedürfnis nach Schmerzfreiheit bei Menschen und empfindungsfähigen Tieren in moralischer Hinsicht dieselbe Relevanz habe. Auch die moralische Berücksichtigung des Bedürfnisses nach Bewegung führt bei Schnecken und Vögeln zu sehr unterschiedlichen Formen der tatsächlichen Behandlung.

Über den richtigen Umgang mit den Tieren wurde schon in Antike und Mittelalter nachgedacht. Explizit tierethische

Überlegungen begegnen dabei allerdings nur am Rand. In der Regel waren die Philosoph:innen jener Zeit in ihrem Denken auf den Menschen konzentriert (→ Anthropozentrismus). Tierethisch wurden allenfalls allgemeine und indirekte Pflichten im Sinne eines basalen Tierschutzes formuliert. Unnötige Grausamkeiten gegenüber Tieren sollten vor allem im Interesse des Menschen selbst vermieden werden.

Als Vorläufer der heutigen Tierrechtsbewegung gilt das Buch »Animals' Rights« des Engländers Henry Stephens Salt von 1892, der damit die erste genuine Theorie der Tierrechte entwarf. Salt war an der Überwindung aller Formen der Ausbeutung gelegen: »Die Ausbeutung einer Rasse durch eine andere Rasse, einer Klasse durch eine andere Klasse, der niederen Tiere durch den Menschen.«[180] Menschenrechte und Tierrechte sah Salt wie viele Tierethiker:innen nach ihm im Zusammenhang.

Den Ausgangspunkt der modernen tierethischen Debatte markiert Peter Singers »*Animal Liberation*«[181] von 1975. Philosophisch steht Singer in der Tradition des Utilitarismus, der am Ende des 18. Jahrhunderts von Jeremy Bentham begründet wurde. In der klassischen utilitaristischen Ethik wird eine Handlung danach bewertet, ob ihre Folgen zum größtmöglichen Glück für die größtmögliche Zahl von Menschen führen.

Singer übernimmt diesen Ansatz und verändert ihn dabei zugleich in spezifischer Weise. Zum einen sollten nach Singer die Folgen einer Handlung nicht nach Glück und Leid, sondern nach der Berücksichtigung von Interessen bilanziert werden. Moral ist nach Singer das Abwägen der Interessen aller Beteiligten. Die Interessen, Bedürfnisse, Wünsche bzw. »Präferenzen« aller Beteiligten sollen die bestmögliche Berücksichtigung finden. Singers tierethischer Entwurf wird darum auch als »Präferenzutilitarismus« bezeichnet.

Zudem erweitert Singer den Kreis der Akteure, die zur moralischen Sphäre gehören. Nicht nur Menschen, sondern auch eine große Gruppe von Tieren müssen moralisch berücksichtigt werden. Singers Argument: Auch empfindungsfähige Tiere haben Interessen, die in der Ethik berücksichtigt werden müssen. Einer Eselin ist es nicht egal, ob sie geschlagen wird oder nicht (→ Gewalt). Zudem dürfe keine kategorische Grenze zwischen Mensch und Tier mit Verweis auf die überlegenen geistigen Fähigkeiten des Menschen gezogen werden, da manche Tiere über höhere geistige Fähigkeiten als zum Beispiel Kleinkinder verfügten. Das entscheidende Kapitel in Singers Buch trägt dementsprechend den Titel »All Animals Are Equal«.

In Singers Entwurf zählen die Interessen von Menschen und Tieren gleich viel. Wenn die Interessen der Tiere pauschal unter die Interessen der Menschen gestellt werden, handelt es sich um Speziezismus. Singer bezeichnet mit diesem Begriff die Diskriminierung von Tieren aufgrund ihrer Artzugehörigkeit (→ Speziezismus).

Die beiden Grundfragen der Tierethik beantwortet Singer also so: Auch bestimmte Tiere gehören zur moralischen Sphäre. Die Interessen aller Mitglieder der moralischen Gemeinschaft haben dieselbe Relevanz. Auch Tiere haben Interessen, etwa das Interesse an Schmerzfreiheit. Dieses Interesse der Tiere muss ethisch berücksichtigt werden.

Singer hat damit der modernen tierethischen Debatte einen entscheidenden Impuls gegeben. Vehement kritisiert wurde allerdings Singers Auffassung, dass das Interesse am Weiterleben an die Fähigkeit geknüpft sei, sich eine Vorstellung von der eigenen Zukunft machen zu können. Nur Lebewesen mit Zukunftserwartung sind für Singer »Personen«, und nur Personen haben Singer zufolge ein Recht auf Leben.

Dies schließt nach Singer die meisten Tiere aus, aber auch manche Menschen, zum Beispiel Säuglinge oder geistig behinderte Menschen, die nicht auf die Zukunft bezogen lebten, sondern nur in der Gegenwart. Nach Singer dürfen diese schmerzfrei getötet werden. Wenn ein Lebewesen kein Interesse am Weiterleben habe, könne durch eine Tötung ein solches Interesse auch nicht verletzt werden.

Problematisch in Singers Theorie ist zudem seine utilitaristische Perspektive auf den Gesamtnutzen. Utilitaristisch betrachtet ist das Leid einzelner vertretbar, wenn dadurch insgesamt mehr Interessen berücksichtigt als missachtet werden. Das Individuum, sein Eigenwert und seine unverletzlichen Rechte gelten bei Singer wenig. Man sollte Singer darum gerade nicht als Vater der Tierrechtsbewegung bezeichnen, sondern eher sein Werk als Ausgangspunkt der modernen tierethischen Debatte.

Eine moderne Theorie der Tierrechte hat erst Tom Regan mit seinem Buch »*The Case for Animal Rights*« von 1983 entworfen. In Abgrenzung von Singers utilitaristischer Konzeption vertritt Regan die Position, dass die Interessen und Rechte einzelner nicht zugunsten eines allgemeinen Gutes geopfert werden dürfen. Nur ein rechtebasierter Ansatz könne Tiere (und Menschen) davor schützen. Regan geht von den Menschenrechten aus und weitet seine Überlegungen zu den Menschenrechten dann auf die Tierrechte aus.

Für Regan ist klar, dass nicht nur Menschen, sondern auch Tiere Rechte haben, wenn sie »Subjekte eines Lebens« sind. Regan fragt: »Gibt es unter den Milliarden nicht-menschlicher Tiere solche, die der Welt gewahr sind und merken, was mit ihnen geschieht? Und wenn ja: Ist das, was mit ihnen geschieht, für sie von Bedeutung, unabhängig davon, ob sich außer ihnen noch jemand dafür interessiert? Wenn es Tiere gibt, die diese Bedingungen erfüllen, dann sind diese Tiere Subjekte-eines-Lebens. Und wenn sie Subjekte-eines-Lebens sind, dann haben sie ebenso wie wir Rechte.«[182]

Auch Regan bezieht also die empfindungsfähigen Tiere in die moralische Gemeinschaft mit ein, nämlich diejenigen Tiere, die wie die Menschen »Subjekte eines Lebens« sind. Regan argumentiert dabei evolutions- und verhaltensbiologisch (→ Evolution und → Verhaltensbiologie). Zum einen weist er darauf hin, dass es keinen evolutionären Sprung gegeben haben könne, der Mensch und Tiere im Blick auf Bewusstsein, Empfindungen und Interessen grundsätzlich unterscheidet. Zum anderen zeige das Verhalten von Tieren, dass sie bewusst und zielgerichtet handeln.

Tiere haben Rechte. Nach Regans Überzeugung handelt es sich dabei um die Rechte auf Leben, Freiheit und körperliche Unversehrtheit. Tiere haben Rechte und verdienen Respekt, nämlich den Respekt, dass ihre Rechte respektiert werden.[183] Da in den tiernutzenden Industrien Tiere ums Leben gebracht, ihre Körper verletzt und ihnen die Freiheit genommen wird, betrachtet Regan die Praktiken der Tiernutzung »als etwas, das beendet werden muss – nicht als etwas, das ›humaner‹ gemacht werden müsste.«[184]

Der Ansatz bei den Tierrechten bedeutet für Regan auch, dass wir wie bei Kleinkindern und Menschen mit eingeschränkten geistigen Fähigkeiten stellvertretend auch für die Rechte von Tieren eintreten müssen, da diese ihre Rechte nicht selbst wahrnehmen können (→ Anwaltschaft).

Neuere tierethische Entwürfe beziehen sich in Abgrenzung und Weiterführung auf die Konzeptionen von Singer und Regan, die als Meilensteine der zeitgenössischen Tierethik gelten. Die beiden Grundfragen der Tierethik werden dabei weiter diskutiert:

• Müssen Tiere überhaupt moralisch berücksichtigt werden?
• Müssen Tiere moralisch in gleicher Weise wie die Menschen berücksichtigt werden?

Dabei herrscht weitgehend Konsens, dass auch Tiere moralisch zählen. Aber für welche Tiere gilt das? Und für welche nicht? Und was sind moralisch relevante Merkmale und Eigenschaften, anhand derer diese Frage zu entscheiden ist? Wo also verläuft die Grenze zwischen den Tieren, die wir moralisch berücksichtigen und dem »Rest«? Ist es die Empfindungsfähigkeit? Sind es ähnliche Interessen? Das Selbstbewusstsein? Die Eigenschaft, Subjekt eines Lebens zu sein? Und: Sind die Rechte und Bedürfnisse von Menschen und Tieren moralisch gleich relevant?

Martha Nussbaum hat sich in »Die Grenzen der Gerechtigkeit« von 2014 um weitere Konkretionen bemüht. Den Ausgangspunkt ihrer tierethischen Überlegungen markiert »ein tiefes Staunen angesichts der Vielfalt der Lebewesen sowie der Wunsch nach deren Wohlergehen und nach einer Welt, in der Wesen verschiedenster Arten gedeihen können.«[185]

Nussbaum zufolge haben alle Wesen mit Würde elementare Ansprüche. Diesen Ansprüchen müssen wir als Menschen gerecht werden. Unsere Verpflichtungen gegenüber Tieren sollten sich »ebenso wie im Fall von Menschen am Wohlergehen und der Würde des individuellen Wesens ausrichten.«[186]

Grundlage der tierethischen Theorie von Martha Nussbaum ist der so genannte Fähigkeitenansatz (»Capability Approach«), den sie zusammen mit Amartya Sen zunächst für den Menschen entwickelt hat und der in der Entwicklungstheorie eine enorme Resonanz erfahren hat. Entwicklung muss darauf ausgerichtet sein, dass möglichst viele Menschen ihre Fähigkeiten entfalten können.

Diesen menschenrechtsbasierten Ansatz überträgt Nussbaum nun auf die Tierethik und passt die Liste der grundlegenden Fähigkeiten, deren Verwirklichung für ein gutes Leben wichtig ist, entsprechend an: Auch Tiere haben Fähigkeiten sowie das Recht, diese Fähigkeiten zur Entfaltung bringen zu können. Zu den Grundfähigkeiten, die absolute moralische Berücksichtigung erfordern, zählt Nussbaum dabei je nach Tierart Leben, körperliche Integrität, Sinneserfahrungen, Gefühle, Zugehörigkeit zu einer Gruppe/soziales Leben, Spiel.[187]

Alle Tiere haben das Recht auf Lebensbedingungen, in denen sie ihre artspezifischen Fähigkeiten entwickeln können. Für Nussbaum ist klar: Nur die moralische Berücksichtigung der Tiere kann zu einer wirklich globalen Theorie der Gerechtigkeit führen.[188]

Welche Tiere sollten moralisch berücksichtigt werden? Aufgrund neuerer verhaltensbiologischer Erkenntnisse ist heute anders als noch für Regan klar, dass die Grenze nicht zwischen Säugetieren und Fischen verläuft. Moralisch berücksichtigt werden müssen also mindestens alle Wirbeltiere: Säugetiere, Vögel, Fische, Reptilien, Amphibien. Weitere Erkenntnisse der Verhaltensbiologie werden vermutlich zu weiteren ethischen Aktualisierungen führen.

Und was ist mit den Pflanzen? Eine biozentrische Position fordert, auch das Leben von Pflanzen moralisch zu berücksichtigen. Pathozentrische Tierethik argumentiert hingegen, dass Pflanzen zwar auf Reize der Außenwelt reagieren, aber nicht über ein zentrales Nervensystem verfügen. Wir können also davon ausgehen, dass sie keine subjektiven Empfindungen im Sinne eines Innenlebens bzw. kein eigenständiges Bewusstsein haben. Darum macht es einen kategorischen ethischen Unterschied, ob wir Schweinefleisch oder Blumenkohl essen.

Außer in Fällen von Notwehr sollten wir empfindungsfähige Tiere also nicht bei der Entfaltung ihrer Fähigkeiten einschränken. Zu diesen Fähigkeiten gehört zuallererst das Recht auf Leben selbst. Nur bei Konflikten von vitalen Interessen wäre eine Bevorzugung menschlicher Interessen ethisch vertretbar. Geringfügige menschliche Interessen wie etwa ein Geschmackserlebnis stellen keinen legitimen Grund dar, Tiere bei der Entfaltung ihrer Fähigkeiten zu behindern.

Unter dem Begriff des Tierschutzes werden alltagssprachlich oft alle Bemühungen um ein besseres Leben für Tiere zusammengefasst. Genauer betrachtet handelt sich es sich bei »*Tier-schutz*« und »*Tierrechten*« allerdings um unterschiedliche tier-ethische Ansätze. Gemeinsam ist beiden Positionen, dass sie die moralische Berücksichtigung von Tieren für ethisch gebo-ten halten.

Das Ziel des klassischen Tierschutzes besteht in der Minde-rung von Tierleid. Die ethische Verantwortung des Menschen liegt aus Sicht des Tierschutzes in einem humanen Umgang mit den Tieren. Unnötige Grausamkeiten sollen vermieden werden. »Nutztiere« sollen bessere Haltungsbedingungen er-halten und möglichst schmerzfrei getötet werden.

Auch vielen theologisch-sozialethischen Beiträgen liegt ein solches Verständnis zugrunde, etwa der EKD-Studie »Nutztier und Mitgeschöpf«[189] von 2019: Die menschliche Praxis, Tiere zu halten, zu nutzen und zu töten, wird nicht grundsätzlich in Frage gestellt. Die Aufmerksamkeit liegt ausschließlich auf den Tierschutzproblemen in der Tierhal-tung, die behoben werden müssen.

Die Anliegen des Tierschutzes sind dementsprechend etwa die Änderung von Zuchtzielen, mehr Platz in den Stäl-len, keine Verstümmelungen, mehr Beschäftigungsmöglich-keiten, kürzere Transporte, weniger Angst und Schmerz im Schlachthof. In der Perspektive des Tierschutzes ist die Tier-haltung an sich kein Problem, sondern nur bestimmte For-men der Zucht und Haltung.

Tierrechtler:innen wie Friederike Schmitz bezeichnen den dominanten gesellschaftlichen Tierschutzdiskurs darum pla-kativ als »Käfigethik«, da die Grundsatzfrage, ob wir Tiere überhaupt nutzen dürfen, hier gar nicht gestellt wird. Dass Menschen Tiere »halten« und nutzen und dass Tiere darum in Käfigen leben, wird schlicht vorausgesetzt. »Diskutiert wird allein über die Größe und Ausgestaltung dieser Käfige.«[190]

Im Unterschied zum traditionellen Tierschutz besteht das Ziel des Tierrechte-Ansatzes nicht in der Verbesserung der Tierhaltung, sondern in der Abschaffung jeglicher tiernutzender Praktiken. Tiere sind nicht »unsere« Nutztiere, sondern haben Rechte auf Leben, Freiheit und Unversehrtheit, die wir Menschen respektieren und zumindest bei Tieren in unserem unmittelbaren Verantwortungsbereich auch schützen und gewährleisten müssen. In der Tierrechtsperspektive wäre also »Nutztier *oder* Mitgeschöpf« die richtige tierethische Fragestellung. In der Praxis werden heute allerdings auch von vielen Tierschutzorganisationen Tierrechtsansätze vertreten.

Der Philosoph Richard David Precht kritisiert das deutsche Tierschutzgesetz als »Tierverwertungsgesetz«.[191] Das Gesetz sei »ein kurzer Text über das Töten« und gerade kein Schutzgesetz, da die Tiernutzung zwar geregelt, aber nicht grundsätzlich in Frage gestellt wird. In §1 des Gesetzes heißt es:

»Zweck dieses Gesetzes ist es, aus der Verantwortung des Menschen für das Tier als Mitgeschöpf dessen Leben und Wohlbefinden zu schützen. Niemand darf einem Tier ohne vernünftigen Grund Schmerzen, Leiden oder Schäden zufügen.«

Insbesondere der Umstand, dass die Klausel des »vernünftigen Grunds« nicht weiter qualifiziert ist, stellt Precht zufolge ein Einfallstor für alle möglichen menschlichen Interessen und Vorlieben dar. Tierschutzinteressen seien darum nur schwer gegen Tiernutzungsinteressen durchzusetzen. De facto sei das ökonomische Interesse an billigem Fleisch als vernünftiger Grund akzeptiert, um unterschiedlichste Formen des Tierleids zu rechtfertigen. Auch die in 2002 erfolgte Festschreibung des Tierschutzes als Staatsziel im Grundgesetz §20a habe daran wenig geändert.

Der Philosoph Bernd Ladwig hat zu Recht darauf hingewiesen, dass sich die Rechte der Tiere ohne eine kulturelle Revolution in unseren Einstellungen zu den Tieren und in unserem Verständnis des Mensch-Tier-Verhältnisses nicht umfassend verwirklichen lassen.[192] Gleichzeitig kann allerdings der Diskurs über die Rechte der Tiere auch zu einem solchen Kulturwandel beitragen.

Für die theologische Tierethik scheint mir eine Orientierung an den biblisch-theologischen Leitbegriffen »*Recht und Gerechtigkeit*« grundlegend zu sein. Tiere haben Rechte – und Menschen schulden Tieren Gerechtigkeit.

Im biblischen Buch der Sprüche heißt es: »Der Gerechte kennt die Bedürfnisse seines Viehs, aber das Innere der Frevler ist grausam« (Sprüche 12,10).[193] Im hebräischen Text steht an dieser Stelle, dass die Gerechten die *nefesch* ihrer Tiere kennen. *nefesch* wurde in der Geschichte der Bibelübersetzung häufig mit »Seele« übersetzt (→ Seele). *nefesch* bedeutet aber zunächst einfach Rachen oder Kehle. Als Organ zum Atmen, Essen und Trinken kann *nefesch* damit aber auch auf den Sitz der elementaren Lebensbedürfnisse verweisen. Die *nefesch* der Tiere kennen, bedeutet also, ihre Bedürfnisse und Rechte zu kennen. Gerechte wissen, was Tiere zum Leben brauchen.

Die tierrechtlichen Regelungen der Hebräischen Bibel bringen zum Ausdruck, dass grundlegende Rechte der Tiere respektiert werden sollen: Dem dreschenden Ochsen soll man nicht das Maul verbinden; einem gestürzten Esel soll aufgeholfen werden; die Jungen von Rindern, Schafen und Ziegen sollen nicht zu früh von der Mutter getrennt werden; auch die Nutztiere haben ein Recht auf Sabbat (→ Sabbat). Der Bibelwissenschaftler Gerhard Liedke versteht Sprüche 12,10 als Zusammenfassung dieser alttestamentlichen Rechtstexte: Gerechte kennen Rechte und Bedürfnisse ihres Viehs.[194]

Doch nicht nur Menschen, sondern auch Gott zeigt seine Gerechtigkeit darin, dass er Menschen und Tieren hilft:

»HERR, deine Güte reicht, so weit der Himmel ist,
und deine Wahrheit, so weit die Wolken gehen.
Deine Gerechtigkeit steht wie die Berge Gottes
und dein Recht wie die große Tiefe.
HERR, du hilfst Menschen und Tieren.«
(*Psalm 36,6–7*)

Weil sich Gottes Gerechtigkeit auf die gesamte Schöpfung ausdehnt und sein Recht die Welt durchdringt, darum hilft bzw. rettet Gott Menschen und Tiere. Recht und Gerechtigkeit Gottes stehen in einem Zusammenhang mit der Rettung der Tiere.

Die weisheitliche Überlieferung aus Sprüche 12,10 stellt einen Zusammenhang zwischen dem Leben und den Bedürfnissen der »Nutztiere« und der Gerechtigkeit des Menschen her. Es ist ein Zeichen der Gerechtigkeit und der Spiritualität, wenn Menschen die Rechte der »Nutztiere« bzw. der Tiere insgesamt kennen und respektieren. An der Art, wie wir mit Tieren und ihren Bedürfnissen, Interessen und Ansprüchen umgehen, erweist sich unsere persönliche und gesellschaftliche Gerechtigkeit und Frömmigkeit.

Ganz in diesem Sinne ist in der Tradition des württembergischen Pietismus, der zu den Wurzeln der Tierschutzbewegung in Deutschland gehört (→ Einführung), folgende Weisheit überliefert: »Wenn sich ein Bauer bekehrt, merkt es auch das Vieh im Stall!«[195]

»Doch mag der Tag kommen, da die übrigen tierischen Geschöpfe die Rechte erwerben werden, die ihnen niemals hätten vorenthalten werden können, wenn nicht durch die Hand der Tyrannei. ... [Was] könnte die unüberwindbare Trennlinie markieren? Etwa die Fähigkeit der Vernunft oder vielleicht die Fähigkeit der Rede? Doch ein ausgewachsenes Pferd oder ein ausgewachsener Hund ist über jeden Vergleich hinaus ein verständigeres wie auch ein mitteilsameres Tier als ein Säugling, der erst einen Tag, eine Woche oder meinethalben sogar einen Monat alt ist. Doch nehmen wir an, dem wäre nicht so, was würde das ändern? Die Frage ist nicht: Können Sie *denken?*, noch: Können Sie *sprechen?*, sondern: Können Sie *leiden?*«[196]
Jeremy Bentham (1789)

Vegetarismus
Kann denn Schnitzel Sünde sein?

Die *tierethischen Argumente* für eine fleischlose Ernährung sind in einer erfreulichen Weise klar und logisch: Die Tiere, die wir als »Nutztiere« bezeichnen und behandeln, sind keine Produktionsmittel für Fleisch, Milch und Eier, sondern Lebewesen mit Empfindungen wie Freude und Schmerz, Hunger und Angst. Diese Tiere haben Bedürfnisse, Interessen und Rechte – auf Leben, Unversehrtheit und Freiheit. So beschreibt es die säkulare Tierethik (→ Tierrechte).

Aus christlicher Perspektive können wir hinzufügen: Auch die Tiere wurden von Gott als lebendige Wesen geschaffen und gesegnet (→ Schöpfung). Tiere haben eine eigene Würde und einen eigenen Wert. Sie gehören nicht uns, sondern sich selbst. Gott hat mit den Tieren nach der Sintflut einen Bund geschlossen (→ Bund). Mit Liebe und Fürsorge wendet Gott sich auch den Tieren zu. Die biblische Verheißung von Heil und Heilung und umfassender Erlösung und Befreiung gilt auch ihnen (→ Hoffnung).

Darum ist es richtig, »Nutztiere« grundsätzlich genauso wie »Haustiere« zu betrachten und zu behandeln, nämlich als empfindungsfähige Lebewesen, deren Interessen und Bedürfnisse wir berücksichtigen müssen. Wie »Haustiere« brauchen auch »Nutztiere« Platz und Bewegung, Licht und Luft, Spiel und Kontakt zu anderen Tieren sowie alle Möglichkeiten zu ihrem je eigenen artspezifischen Verhalten. Auch »Nutztiere« sind Lebewesen, deren Wohlergehen uns nicht einfach egal sein kann.

Es ist deutlich, dass insbesondere die industrielle Tierhaltung für die Tiere massive Gewalt, Schädigungen und Leid bedeutet (→ Industrielle Tierhaltung). Darüber hinaus wird jedoch in jeder Tierhaltung, die der »Fleischproduktion« dient, das Recht auf Leben der Tiere prinzipiell ignoriert. Auch die »Milch- und Eierproduktion« kommt nicht ohne das Töten derjenigen Tiere aus, die gar keine oder nicht mehr genug Milch und Eier liefern können. Dies gilt auch für die ökologische Tierhaltung.

Die tierethische Diskussion sollte sich also nicht auf die Frage beschränken, ob Schweine, Rinder und Hähnchen vor ihrem Tod ein schönes Leben hatten. Es darf nicht nur um die Suche nach dem glücklichen Huhn gehen, sondern auch bzw. vor allem um die Frage, ob wir Tiere überhaupt töten dürfen. Diese Debatte beginnt damit, dass wir die Frage nach der Tötung von Tieren als moralische Frage in ihrer Bedeutung überhaupt wahr- und ernstnehmen.

Friederike Schmitz hat die grundlegende tierethische Argumentation für eine fleischlose Ernährung prägnant zusammengefasst:[197]

1. Alle Nutztiere sind empfindende Lebewesen und haben darum Interessen, die moralisch zählen und die wir nicht verletzen dürfen.

2. Die Interessen der Tiere werden in der Nutztierhaltung systematisch verletzt.

3. Zumindest in den wohlhabenden Industrienationen brauchen wir kein Fleisch, um uns gesund ernähren zu können.

4. Daraus ergibt sich die ethische Forderung, die Haltung, Nutzung und Tötung von Tieren zur Nahrungsmittelproduktion einzustellen.

Ein möglicher Einwand gegen diese Argumentation lautet, dass die Interessen und Rechte von Tieren zwar zählen und Berücksichtigung verdienen, aber nicht im selben Maße wie menschliche Interessen und Rechte. Zu dieser Frage werden unterschiedliche Positionen vertreten (→ Tierrechte). Doch unabhängig davon gilt ethisch-grundsätzlich: Vitale Interessen der Tiere dürfen nicht für geringfügige Interessen von Menschen geopfert werden.

Beim Recht auf Leben handelt es sich um ein vitales Interesse. Die geschmackliche Vorliebe für Fleisch stellt ein geringfügiges Interesse dar. Es gibt ein Menschenrecht auf Nahrung, aber kein Recht auf Schnitzel. Anders gesagt: Wenn es ohne gravierende Nachteile möglich ist, sollten wir das tierliche Recht auf Leben nicht verletzen. Denn für die Tiere geht es um alles – für uns nur um Genuss. Die Tierrechtsorganisation PETA sagt es so: »Tiere sind nicht dazu da, dass wir sie essen.«[198]

Der Theologe Kurt Remele hat in seiner christlichen Tierethik »Die Würde des Tieres ist unantastbar« in Anlehnung an An- and M. Saxena[199] einen *»vegetarisch-veganen Imperativ«*[200] formuliert: Remele zufolge müssen wir den Verzicht auf das Essen von Tieren als moralische Norm betrachten. Außer im Fall einer unentrinnbaren Notwendigkeit ist das Töten von Tieren aus Ernährungsgründen ethisch nicht zu rechtfertigen. Wer sich pflanzlich ernähren kann, hat eine moralische Verpflichtung dazu.

Remele betont zu Recht, dass privilegierte Menschen im Globalen Norden ärmeren Menschen im Globalen Süden keine Ernährungsvorschriften machen sollten. Das Gebot der vegetarisch-veganen Ernährung gilt kontextuell also zunächst für die Menschen, die sich in den reichen Ländern des Globalen Nordens ohne existentielle oder gesundheitliche Probleme gut fleischlos ernähren können.

Die US-amerikanische Biologieprofessorin Robin Wall Kimmerer, die zum Stamm der Anishinaabe gehört, bringt ihre indigene Perspektive zum Ausdruck: »Wenn der Herbst kam, verdunkelte sich der Himmel mit Schwärmen von Gänsen … Die Menschen waren hungrig, der Winter stand vor der Tür und die Gänse füllten die Feuchtwiesen mit Nahrung. Das war ein Geschenk, und die Menschen empfingen es mit Dank, Liebe und Respekt. Doch wenn die Nahrung nicht aus einem Schwarm im Himmel kommt, wenn man nicht spürt, wie die warmen Federn in der Hand erkalten, und nicht weiß, dass ein Leben für das eigene gegeben wurde, wenn es im Gegenzug keine Dankbarkeit gibt – dann mag diese Nahrung nicht befriedigen. ... Das ist kein Geschenk des Lebens; das ist Diebstahl.«[201]

Biblisch kann sich der vegetarisch-vegane Imperativ darauf beziehen, dass für den Menschen in der ursprünglichen Schöpfungsordnung eine vegetarische Ernährung vorgesehen war:

> »Und Gott sprach: Sehet da, ich habe euch gegeben alle
> Pflanzen, die Samen bringen, auf der ganzen Erde, und
> alle Bäume mit Früchten, die Samen bringen, zu eurer
> Speise.«
> *(Genesis 1,29)*

Der ersten Schöpfungserzählung (→ Schöpfung) zufolge wurde der Mensch also als Pflanzenfresser geschaffen. »Eigentlich« soll er sich ausschließlich von Grünzeug ernähren – wie alle anderen auch. Demgegenüber steht allerdings die Freigabe des Fleischverzehrs nach der Sintflut:

> »Furcht und Schrecken vor euch sei über allen Tieren
> auf Erden und über allen Vögeln unter dem Himmel,
> über allem, was auf dem Erdboden wimmelt,
> und über allen Fischen im Meer; in eure Hände seien sie
> gegeben. Alles, was sich regt und lebt, das sei eure
> Speise; wie das grüne Kraut habe ich's euch alles gege-
> ben. Allein das Fleisch mit seinem Leben, seinem Blut,
> esst nicht!«
> *(Genesis 9,2–4)*

Bei der Erzählung von der »Schöpfung am Anfang« handelt es sich nicht nur um die Darstellung des zeitlichen Beginns der Welt, sondern auch um eine Orientierung gebende Beschreibung des Maßgeblichen und Bestimmenden. In diesem Sinn hat der Alttestamentler Gerhard von Rad das Zugeständnis der fleischlichen Ernährung nach der Sintflut als »Notordnung«[202] interpretiert. Die neuen Bestimmungen sind im Kontext der Gewaltsituation zu verstehen, die als Ursache der Sintflut beschrieben wurde (Genesis 6). Im Angesicht der faktischen Bedingungen der Gewalt wird das Mensch-Tier-Verhältnis nach der Flut hier neu gefasst.

In dieser Perspektive ist der Fleischverzehr eine durch die Gewalt bedingte Notlösung. Ursprünglich und eigentlich soll sich der Mensch pflanzlich ernähren. Die den Tatsachen Rechnung tragende Notordnung hebt den ursprünglichen Willen Gottes nicht auf: Wenn die Realität gezeigt hat, dass Gewalt nicht komplett verhindert werden kann, so soll sie doch möglichst minimiert werden.

Für eine solche Deutung spricht auch, dass das Zugeständnis des Fleischverzehrs umgehend eingeschränkt wird. Zum einen durch das Verbot des Blutgenusses (Genesis 9,4). Das Blut galt als Sitz des Lebens und wurde darum mit einem im Judentum bis heutige gültigen Tabu belegt. Zum anderen folgt unmittelbar auf die Erlaubnis der fleischlichen Ernährung die Bundesverpflichtung Gottes mit Menschen und Tieren, die in ganz anderen Worten, in einer ganz anderen Tonlage und mit großer Wertschätzung von den Tieren spricht (→ Bund).

Zur biblischen Spurensuche gehört schließlich auch das Gebot: »Du sollst nicht töten!« Findet sich hier eine weitere biblische Grundlegung des vegetarisch-veganen Imperativs? Dem Alttestamentler Frank Crüsemann zufolge ist es in historischer Perspektive nicht möglich, das Tötungsverbot des *Dekalogs* auf das Mensch-Tier-Verhältnis zu beziehen.

Denn das im hebräischen Text verwendete Verb bedeutet eigentlich nicht »töten«, sondern »morden/totschlagen« und begegnet ausschließlich im Zusammenhang zwischenmenschlicher Beziehungen. Es »fällt auf, daß das Wort niemals für das Töten von Tieren verwendet wird«.[203] Das im Dekalog verwendete Wort umfasst noch nicht einmal das Töten im Krieg oder die Hinrichtung. Es geht im Dekalog also zunächst nur um das Tötungsverbot im Kontext nachbarschaftlichen bzw. sozialen Zusammenlebens.

Zurück zu den Überlegungen der säkularen Tierethik: Die Norm einer vegetarisch-veganen Ernährung gründet auf den ethischen Ansprüchen, welche die Tiere als empfindende Lebewesen und Mitgeschöpfe an uns stellen. Darüber hinaus sprechen aber auch ökologische, soziale und gesundheitliche Gründe für eine vegetarische Ernährung.

So ist der hohe Fleischverzehr der Haupttreiber für Abholzung, Rodung und Entwaldung, denn der Regenwald und andere Wälder brennen, damit dort Soja und andere Futterpflanzen als »Kraftfutter« für »unsere« Tiere angebaut werden können oder Platz für neue Viehweiden entsteht. Die Soja-Monokulturen führen zu starken Pestizidbelastungen und zu einem Verlust der Artenvielfalt.

Die Nutztierhaltung gilt überdies als ein bzw. der Hauptverursacher des Klimawandels. Der UN-Ernährungs- und Landwirtschaftsorganisation FAO zufolge ist die Nutztierhaltung für 14,5 Prozent der weltweiten Treibhausgas-Emissionen verantwortlich.[204] Laut einer Studie des Worldwatch Instituts sind es sogar 51 Prozent.[205] Diese Emissionen entstehen im Wesentlichen bei der Produktion und Verarbeitung von Futtermitteln sowie im Verdauungstrakt der Wiederkäuer. Überdies sind in vielen Regionen Deutschlands die Böden und das Grundwasser aufgrund der enormen Güllemengen durch zu hohe Nitratwerte belastet.

In entwicklungspolitischer Hinsicht beansprucht der Anbau von Tierfutter in den Ländern des Südens Landflächen, die nicht mehr für den Anbau von Grundnahrungsmitteln zur Verfügung stehen.[206] 40 Prozent der globalen Getreideernten werden als Tierfutter verwendet. Ein Drittel des kultivierten Landes dient weltweit dem Anbau von Futtermitteln. Einer Schätzung des Weltagrarrats zufolge werden sogar 70 Prozent der gesamten landwirtschaftlichen Nutzfläche von der Nutztierhaltung beansprucht. In Deutschland wird die Hälfte der Äcker für die Futtermittelerzeugung genutzt. Da aber auch das nicht für die Fütterung der enormen Viehbestände ausreicht, muss zusätzlich im großen Stil Soja importiert werden. Rund drei Viertel der weltweiten Sojaernte ist als Mastfutter für die Tierhaltung in Europa, Nordamerika und China bestimmt.

Der weltweite Futtermittelanbau erhöht die Konkurrenz um das knappe Land. Jeden Hektar Land gibt es nur einmal. Wo Futtermittel angebaut werden, können keine Nahrungsmittel wachsen.

Der Hunger in der Welt wird nicht durch den Export von deutschem Schweinefleisch bekämpft. Eine pflanzliche Ernährung könnte weitaus mehr Menschen ernähren. Es ist genug für alle da – wenn sich Menschen mit den Feldfrüchten direkt ernähren können und damit nicht Nutztiere gemästet werden.

Was die Gesundheit betrifft: Die gesündesten Eiweiße bekommen wir von Pflanzen und Speisepilzen. Zu viel tierisches Protein aus rotem Fleisch, Schinken und Wurst erhöht hingegen das Risiko für unterschiedliche Erkrankungen. Aus diesem Grund rät die Deutsche Gesellschaft für Ernährung in ihren zehn grundlegenden Ernährungsregeln, Fleisch und Wurst nur »selten« zu essen: »Wenn Sie Fleisch essen, dann nicht mehr als 300 bis 600 Gramm pro Woche.«[207]

Kurt Remele versteht die moralische Norm einer vegetarisch-veganen Ernährung als Imperativ »für alle Gläubigen und für alle Bürger«.[208] Diesem Geltungsanspruch (zumindest für die Menschen in den wohlhabenden Industrienationen) liegt der *Allgemeinheitsanspruch* eines ethischen Urteils zu Grunde. Ethische Reflexionen münden in der Formulierung von Regeln, die alle anerkennen und befolgen können sollten.

Es liegt also in der Natur der Sache eines ethischen Urteils, dass darin nicht nur eine persönliche Überzeugung und auch nicht nur eine christliche Binnenmoral zum Ausdruck kommen. Vielmehr handelt es sich um den Anspruch, vernünftige logische ethische Gründe und Schlussfolgerungen vorzutragen, die von anderen nachvollzogen und geteilt werden können. Remeles vegetarisch-veganen Imperativ betrachte ich in seiner klaren Positionierung zugleich als Einladung zum Gespräch.

Schon 1975 hat der australische Philosoph Peter Singer in »Animal Liberation« vorgeschlagen, den Verzicht auf Fleisch aus Massentierhaltung als »absolute Mindestforderung, die jeder Mensch akzeptieren können sollte«[209] zu verstehen. Im Blick auf das massive Leid der Tiere, so Singer, sollten hier alle zustimmen können, die »in der Lage sind, über den engen Horizont des Eigeninteresses hinauszublicken«.[210]

Auch wer die Tötung von Tieren grundsätzlich vertretbar findet, müsste Singer zufolge Fleisch aus industrieller Tierhaltung boykottieren. Denn als ethische Grundüberzeugung sollte ja für alle gelten, dass man einem empfindungsfähigen Tier kein vermeidbares Leid zufügen darf.

Der zweite Schritt besteht für Singer darin, »überhaupt kein Fleisch von geschlachteten Vögeln oder Säugetieren mehr zu essen«.[211] Dieser Schritt kann der weitergehenden Überzeugung folgen, dass man ein Lebewesen nicht aus dem trivialen Grund des Geschmacks töten darf. Er kann aber auch Ausdruck des Zweifels sein, ob eine Nutztierhaltung ohne

Tierleid – bedingt durch Zucht, künstliche Reproduktion, Haltungsbedingungen, Mast, Transport und Schlachtung – überhaupt möglich ist. In weiteren Schritten kann dann laut Singer der Verzicht auf Eier und Milch hinzukommen.

Singer ist in seinen Überlegungen offensichtlich bemüht, die Menschen nicht mit maximalen Ansprüchen zu überfordern. Seine *Strategie* setzt an bei der Minimalforderung in der Hoffnung, mit diesem als selbstverständlich erachteten Konsens einen Prozess des Nachdenkens und Umsteuerns in Gang zu setzen. »Es ist ein vernünftiger und vertretbarer Handlungsplan, wenn Sie das Tempo bei der Umstellung Ihrer Ernährung so maßvoll bestimmen, dass Sie sich dabei wohlfühlen können.«[212]

»Ganz selten Fleisch – und wenn, dann Bio« ist heute von Menschen zu hören, die den ersten Schritt zu gehen bereit sind. Manche Tierrechtler:innen kritisieren dies als einen Ausdruck der Selbsttäuschung, denn tatsächlich müsste dann ja viel mehr Biofleisch gekauft werden. Außerdem könnten viele Menschen beim ersten Schritt stehen bleiben und das weitergehende Ziel aus den Augen verlieren.

Auf der anderen Seite besteht die Gefahr der Maximalforderung darin, dass Menschen davon abgehalten werden, überhaupt etwas zu tun. Niemand stellt seine Ernährungsgewohnheiten von einem Tag auf den anderen um. Umkehr ist in der Regel ein Prozess und kein punktuelles Ereignis. Wichtig ist darum vor allem, dass der Prozess des persönlichen und gesellschaftlichen Nachdenkens über unsere Praxis der Tierhaltung und Tiernutzung überhaupt an Kraft gewinnt.

Seit Singers Buch aus dem Jahr 1975 ist die Intensivierung der Nutztierhaltung weiter vorangeschritten. Zugleich ist der Anteil der Menschen, die sich fleischfrei oder rein pflanzlich ernähren, stark gewachsen. Laut Ernährungsreport 2021 des Bundesministeriums für Ernährung und Landwirtschaft ernähren sich heute zehn Prozent der Bevölkerung in Deutschland vegetarisch und zwei Prozent vegan.

Der Tierarzt und *foodwatch*-Aktivist Matthias Wolfschmidt kritisiert, dass der Glaube an die Wirksamkeit individuellen *Konsumverhaltens* meist überschätzt würde. Wer auf Fleisch oder tierische Nahrungsmittel insgesamt verzichtet, müsste sich eingestehen, dass sich durch einen solchen persönlichen Verzicht für die allermeisten Nutztiere überhaupt nichts geändert habe.[213]

Nun sind zwölf Prozent der Bevölkerung in Deutschland einerseits keine zu vernachlässigende Größe. Essen ist nur selten eine ausschließlich private Angelegenheit. Niemand isst für sich allein. Gegessen wird meist in sozialen Zusammenhängen, in Familien und bei Festen, in Gemeinden und Kantinen. Entsprechende Veränderungen im Angebot von Gastronomie und Supermärkten sind seit langem wahrzunehmen.

Auf der anderen Seite reicht es nicht, den eigenen Speiseplan umzustellen. Nötig ist auch das politische Engagement für bessere *Gesetze und Standards,* für bessere Haltungs- und Lebensbedingungen der »Nutztiere«. Eine wachsende Bereitschaft zu persönlichen Lebensstiländerungen unterstreicht dabei allerdings die Ernsthaftigkeit und Dringlichkeit der politischen Forderungen. »Ökoroutine« kann es erst geben, wenn einzelne und Gruppen mit Alternativen im Kleinen gezeigt haben, dass es geht.

Vegetarismus ist Ausdruck des Respekts und der Wertschätzung für das Leben der Tiere. Christlicher Vegetarismus ist überdies Ausdruck jesuanischer Gewaltfreiheit und ein Zeichen christlicher Spiritualität des Gewaltverzichts. Im Zentrum der rituellen Praxis eines vielgestaltigen Christentums stehen Wasser, Öl, Brot und Wein. An Schönheit und Genuss von Brot, Wein und Öl freuten sich bereits die Betenden des 104. Psalms:

»Dass du Brot aus der Erde hervorbringst,
dass der Wein erfreue des Menschen Herz
und sein Antlitz glänze vom Öl
und das Brot des Menschen Herz stärke.«
(Psalm 104,14–15)

Verhaltensbiologie
Wie ähnlich sind uns die Tiere?

Mama liegt zusammengerollt auf einer Decke im Stroh. Die Schimpansin ist 59 Jahre alt, sehr krank und geschwächt und wird bald sterben. Das angebotene Essen lehnt Mama mit einer leichten Kopfbewegung ab. Dann betritt Jan van Hooff den Käfig. Er streichelt Mama, bietet ihr erneut Obststückchen an und spricht mit ihr. Mama reagiert nicht und verharrt in ihrer Lethargie.

Doch plötzlich erkennt Mama ihren alten Freund. Voller Freude öffnet sie weit ihren Mund und strahlt über das ganze Gesicht, streckt einen Arm in seine Richtung aus und gibt freudige Laute von sich. Mit der Rückseite ihrer Hand fährt sie sanft über Jans Stirn und Haare, dann streichelt sie mit dem Zeigefinger vorsichtig sein Kinn. Schließlich umfasst Mama Jans Kopf und tätschelt seinen Nacken. Ein wenig scheint sie Jan dabei zu sich heranzuziehen. Nach zwei Minuten ist Mamas Energie erschöpft. Langsam weicht die Euphorie aus ihrem Gesicht. Sie zieht den Arm zurück und rollt sich wieder auf ihrer Decke zusammen.

Der Abschiedsbesuch von Jan van Hooff bei Mama im Zoo von Arnheim fand im April 2016 statt. Jan van Hooff war Professor für Verhaltensbiologie an der Universität von Utrecht und kennt Mama seit 1972. Eine Woche nach dem Besuch starb Mama. Das YouTube-Video von Jan van Hooffs Besuch ist im Internet tausendfach gesehen worden.

Mamas Reaktion auf Jans Besuch beschreibt dieser selbst als »äußerst emotional und herzzerreißend« *(extremely emotional and heart-breaking).* Es ist wirklich berührend, wie sehr sich die alte Schimpansin über den Besuch des vertrauten Menschen an ihrem Sterbebett freut. Faszinierend ist auch, wie ähnlich Mimik und Gestik der Schimpansin den menschlichen Ausdrucksformen von Freude und Zuneigung sind. Frans de Waal, ebenfalls Verhaltensbiologe aus den Niederlanden, überrascht das nicht. Erstaunlich sei nur, dass so viele Menschen überrascht davon waren, dass Schimpansen überhaupt Gefühle haben.

Tatsächlich hat schon Darwin in »Die Abstammung des Menschen« 1871 festgestellt: »Wir haben gesehen, dass die Empfindungen und Eindrücke, die verschiedenen Erregungen und Fähigkeiten, wie Liebe, Gedächtnis, Aufmerksamkeit, Neugierde, Nachahmung, Verstand usw., deren sich der Mensch rühmt, in einem beginnenden oder zuweilen selbst in einem gut entwickelten Zustand bei den niederen Tieren gefunden werden.«[214]

Doch im *wissenschaftlichen Tierbild* ist es erst in den vergangenen Jahrzehnten zu einem fundamentalen Paradigmenwechsel gekommen. Der Graben zwischen Mensch und Tier hat sich immer weiter verringert.

Die Verhaltensforscherin Jane Goodall, Schirmherrin des Instituts für Theologische Zoologie, beschreibt es in ihrem Beitrag in diesem Band so: »Wenn ich auf die fünfzig Jahre meiner Forschungen zurückschaue, ist es für mich eindeutig, dass wir Menschen nicht die einzigen Wesen mit Persönlichkeit, Verstand und Gefühlen sind und dass es keine scharfe Trennlinie gibt zwischen uns und dem Rest des *Animal Kingdom* (Tierreichs)«.[215] Norbert Sachser, Verhaltensforscher an der Universität Münster und Mitglied im Kuratorium des Instituts für Theologische Zoologie, meint: Es steckt viel mehr »Mensch im Tier« als früher angenommen.[216] In seinem gleichnamigen Buch erklärt Sachser, warum uns die Tiere im Denken, Fühlen und Verhalten oft so ähnlich sind. Die Erkenntnisse der Verhaltensforschung sind dabei nicht nur interessant.

Sie verhelfen uns auch zu einem neuen, zeitgemäßen und wertschätzenden Blick auf die Tiere und sind für die tierethischen Überlegungen von hoher Bedeutung (→ Tierethik).

Zum klassischen Tierbild der Wissenschaft gehörte laut Sachser erstens das Dogma: Tiere können nicht *denken*. Diese auf Aristoteles zurückgehende Auffassung hat die westliche Kultur und Wissenschaft über Jahrhunderte geprägt. Die Annahme, dass nur der Mensch über Logos/Vernunft verfüge, betrachtete Aristoteles als das wesentliche Unterscheidungsmerkmal zwischen Menschen und anderen Lebewesen. Demgegenüber geht die moderne Kognitionsbiologie davon aus, dass alle Tiere lernen, viele denken und manche über Ich-Bewusstsein verfügen.[217]

Alle Tiere lernen: Sie verändern ihr Verhalten aufgrund von eigenen Erfahrungen oder sie lernen von anderen. Die Rede vom »Instinkt« führt hingegen zu einem völlig falschen Bild vieler Tiere, da in diesem Begriff die Rolle des Lernens und der Erfahrung nicht zum Ausdruck kommt. Über den Instinktbegriff schreibt der Primatologe Frans de Waal: »Ich weiß kaum noch, was es bedeutet, denn ausschließlich angeborenem Verhalten begegne ich nirgendwo.«[218]

Bei Makaken wurde etwa beobachtet, wie sie voneinander die Kultur des Kartoffelwaschens lernten. Kulturell bedingt ist auch das Bauen von Sonnendächern bei Orang-Utans oder die Verwendung von Blättern als Handschuhe. Auch der schmückende Grashalm hinterm Ohr in einer Schimpansengruppe ist ein Ausdruck von Kultur, mit dem sich diese Gruppe von anderen Gruppen unterscheidet.

Wenn in Nigeria Schimpansen Ameisen essen, aber keine Termiten und es in Ostafrika genau umgekehrt ist, dann ist es tatsächlich angemessen, den Kulturbegriff nicht auf die Ausdrucksformen menschlichen Lebens zu beschränken. Wenn man in Deutschland keine Hunde und Katzen isst, in anderen Ländern aber schon, dann hat das ebenso mit kulturellen Gewohnheiten zu tun wie die unterschiedliche Ernährungsweise der Schimpansen in Nigeria und Ostafrika.

Viele Tiere denken, sie lösen Probleme nicht nur durch Versuch und Irrtum, sondern auch durch Einsicht, Erkenntnis und Plan: So verwenden etwa nicht nur Menschenaffen Werkzeuge, sondern auch Seeotter und Delfine, auch Raben und Papageien. Schimpansen bereiten Werkzeuge nicht nur für den sofortigen, sondern auch für den späteren Gebrauch vor. Sie planen also den späteren Werkzeugeinsatz an einem anderen Ort. Viele Tiere leben folglich nicht nur in der Gegenwart, sondern verfügen auch über Erinnerung und Planungskompetenz für die Zukunft.

Manche Tiere wie Menschenaffen, Elefanten, Delfine und Elstern haben ein Bewusstsein ihrer selbst, sie können sich selbst im Spiegel erkennen. In einem eindrucksvollen Video ist etwa zu sehen, wie ein Bonobo mit Hilfe eines Spiegels eine kleine Hautverletzung am eigenen Kopf untersucht.

In der früheren Verhaltensforschung galt zweitens das Dogma: Über die *Emotionen* von Tieren können keine wissenschaftlichen Aussagen getroffen werden. Heute ist auch wissenschaftlich klar, was alle, die mit einem Haustier leben, schon vorher wussten und was in der starken emotionalen Reaktion der Schimpansin Mama deutlich zu sehen ist: Auch Tiere haben Gefühle wie Freude, Glück, Trauer und Mitgefühl. Wissenschaftliche Aussagen der Verhaltensbiologie über die Gefühle von Tieren stützen sich dabei zum einen auf die Messung von Stresshormonen, zum anderen auf Beobachtungen des Verhaltens.[219]

Als Verhaltensindikatoren für das Unwohlsein von Tieren identifiziert Sachser mangelnde Nahrungsaufnahme, Apathie, Vernachlässigung der Körperpflege, Leerlaufbewegungen, Bewegungsstereotypien. In bedrohlichen Situationen zeigen unterschiedliche Arten von Säugetieren sogar identische Angst-Reaktionen: Herzrasen, tiefere Atmung, Stresshormone, Furchtgesicht.

Als Indikatoren des Wohlbefindens können gegenseitiges Lecken, Kraulen und Kuscheln beobachtet werden. Aber auch Laute, die Tiere von sich geben, sind Zeichen ihres Wohlbefindens. Ratten etwa »lachen« bzw. pfeifen, wenn sie gekitzelt werden. Offenbar lassen sie sich gerne kitzeln, denn in einem wissenschaftlichen Experiment suchen sie gezielt den Ort auf, an dem sie sich mit einem Bürstchen kitzeln lassen können. Alle Säugetiere spielen gern, auch viele Vogelarten, sogar manche Fische, ja auch einige wirbellose Tiere wie Feldwespen.

Die Beobachtungen der Verhaltensbiologie finden ihre Bestätigung in den Erkenntnissen der Evolutionsbiologie:[220] Emotionen werden im limbischen System erzeugt, also in einer der ältesten Gehirnstrukturen, die bei allen Säugetieren vorhanden ist. Ob sich ein Kind freut oder ein Ferkel: Es werden die gleichen Nervenbahnen, die gleichen Botenstoffe und die gleichen Gene aktiviert.

Teil des früheren Tierbilds der Verhaltensbiologie war drittens die Annahme, dass sich Tiere zum Wohl der Art verhalten. Auch dieses Dogma ist ins Wanken geraten und eingestürzt. Heute spricht die Verhaltensbiologie von der »Tierpersönlichkeit« *(animal personality)*, deren *Verhalten* durch Gene, Umwelt, Sozialisation und soziale Erfahrungen geprägt wird. Wie beim Menschen bilden sich auch tierliche Persönlichkeiten in einem Wechselspiel genetischer und sozialer Einflüsse.[221]

Verhaltensforscher Norbert Sachser beschreibt, wie auch für die Ausbildung der Tierpersönlichkeiten die pränatale Phase, die Kindheit (in der auch bei vielen Tierkindern die Befriedigung materieller Bedürfnisse nicht ausreicht) und die Adoleszenz (mit den hier stattfindenden hormonellen Veränderungen und sozialen Erfahrungen der Heranwachsenden) entscheidend sind.

In der neueren Forschung rückt also die Individualität der einzelnen Tiere ins Zentrum der Aufmerksamkeit. Die neu wahrgenommenen Tierpersönlichkeiten mit ihren individuellen Charakteren zeigen dauerhaft unterscheidbares Verhalten – und dies gilt nicht nur für Schimpansen, Elefanten und Delfine, sondern auch für Singvögel, Fische, Reptilien und Insekten. Blattkäfer sind etwa unterschiedlich mutig oder zögerlich, wenn eine neue Umgebung erkundet werden muss.

Denken, Fühlen, Verhalten: Tiere verfügen über viele Eigenschaften und Fähigkeiten, die bis kurzem noch als typisch und exklusiv menschlich angesehen wurden. Sachser betont, dass dies neben Denken, Fühlen und Verhalten aber auch für den Egoismus der Tiere gilt: Auch unter Tieren gibt es Gewalt, Vergewaltigung, Kindstötung und Kriege.[222]

Jane Goodall ist bei ihren Forschungen im Gombe-Nationalpark in Tansania Zeugin eines Bürgerkriegs zwischen zwei Schimpansengruppen geworden.[223] Die beiden Gruppen gehörten ursprünglich zusammen, teilten sich aber zu einem bestimmten Zeitpunkt in zwei Gruppen auf und gingen getrennte Wege. Der Krieg dauerte vier Jahre und endete mit der völligen Auslöschung einer der beiden Gruppen. Der Mensch im Tier – das bedeutet mit Norbert Sachser auch: Tiere sind nicht die besseren Menschen.

Was aber unterscheidet dann den Menschen vom Tier (→ Anthropologische Differenz)? Die Sprache? Vernunft und Intelligenz? Charles Darwin hielt dazu schon 1871 in der »Abstammung des Menschen« fest: »So groß nun auch nichtsdestoweniger die Verschiedenheit an Geist zwischen dem Menschen und den höheren Tieren sein mag, so ist sie doch sicher nur eine Verschiedenheit des Grads und nicht der Art.«[224]

Zoopolis

Das gemeinsame Haus – Menschen und Tiere als Mitbewohner

In einer Geschichte über Franz von Assisi wird erzählt, wie ein Vogelpaar regelmäßig zu ihm und den Brüdern zu Besuch kommt, um sich Brotkrümel von seinem Tisch zu holen. Franziskus gab ihnen »mit Fleiß« Futter, damit die Vögel davon ihre Jungen ernähren konnten. Eines Tages schließlich brachte das Elternpaar seine Jungen zu den Brüdern, damit sie bei ihnen blieben. Tatsächlich gewöhnten sich die jungen Vögel an die Brüder, setzen sich auf ihre Hand und wurden »heimisch, nicht wie Gäste, sondern wie Hausbewohner«.[225]

Diese Legende über den heiligen Franziskus (→ Franz von Assisi) erzählt davon, dass Menschen und Tiere in Freiheit und Selbstbestimmung miteinander leben können – »nicht wie Gäste, sondern wie Hausbewohner«, also wie Wesen, die gemeinsam dasselbe Haus bewohnen. Die Vorstellung eines freien und gewaltfreien Zusammenlebens ist einerseits eine Utopie. Zugleich ist das friedliche Miteinander von Menschen und Tieren auch eine gelebte Wirklichkeit, die schon immer parallel zu gewaltförmigen Formen der Herrschaft des Menschen über die Tiere existiert hat.

Die Enzyklika »Laudato si'« von Papst Franziskus aus dem Jahr 2015 trägt den Untertitel »Über die Sorge für das gemeinsame Haus«. Das Bild von der *Erde als Haus des Lebens* ist eine vertraute Metapher aus der ökumenischen Bewegung. Als Menschen sind wir verbunden mit Menschen aus anderen Erdteilen, anderen Kulturen, anderen Konfessionen, anderen Religionen. Wir bewohnen das Haus (griechisch: *oikos*) gemeinsam mit anderen Menschen. Wir teilen die »bewohnte Erde« *(oikoumene)* miteinander.

Zugleich reicht der von Gott geschaffene eine Haushalt des Lebens über die Menschheit hinaus und umfasst die gesamte Schöpfung. Wir teilen den Lebensraum der Erde als Habitat nicht nur mit anderen Menschen, sondern auch mit den Tieren. Zu unseren Hausgenossen gehören auch die Spatzen und Wildesel, die Hunde und die Schweine. Dass Konflikte zum Leben in der Hausgemeinschaft dazu gehören, ist dabei selbstverständlich. Die Ökologie beschreibt als »Lehre vom Haus« die Hausordnung, also die Regeln für das Zusammenleben.

In einer solchen oiko-logischen Vision erfahren unsere gängigen sozialen Kategorien eine ökologisch-tierethische Erweiterung: Gemeinschaft wird zur umfassenden Gemeinschaft allen Lebens (→ Schöpfung). Gerechtigkeit begreifen wir auch als Gerechtigkeit gegenüber den Tieren (→ Tierrechte). Friede umfasst auch den Frieden mit den Tieren (→ Frieden).

Doch nicht nur die Theologie, sondern auch die Tierethik und die politische Philosophie beschäftigen sich mit der Frage, wie eine positive Vision des Zusammenlebens von Menschen und Tieren aussehen kann. Seit einigen Jahren findet in der philosophischen Ethik und in der politischen Philosophie eine intensive Beschäftigung mit der Frage eines gerechten Miteinanders von Menschen und Tieren statt.

Diese Debatte ist Ausdruck des sogenannten »Political Turn« der Tierethik. Während im Zentrum der traditionellen Tierethik das Handeln des einzelnen Menschen steht (was sich freilich durchaus mit politischen Forderungen verbinden kann), geht die *neuere politische Theorie der Tierrechte* von der Gesellschaft aus. Wie gehen wir als Gesellschaft mit den Tieren um? In der Tradition der politischen Philosophie wird hier weniger nach dem Handeln von einzelnen Personen und mehr nach dem Handeln von politischen Institutionen gefragt. Wie ist in unserem Staat das Zusammenleben von Menschen und Tieren politisch geregelt? Wie können unsere rechtlichen Ordnungen im Blick auf die Tiere gerecht gestaltet werden?

Wenn Tiere Rechte haben (→ Tierethik) und damit zuallererst die grundlegenden Rechte auf Leben, körperliche Unversehrtheit und Freiheit gemeint sind, dann ist im Blick auf die Gestaltung des Zusammenlebens von Menschen und Tieren vor allem zu klären, was das Recht der Tiere auf Freiheit genau bedeuten soll.

Abolitionisten – wie Gary Francione – treten in Anlehnung an die Abschaffung der Sklaverei für ein komplettes Ende jeder Tierhaltung ein.[226] Da die Freiheit der Tiere ihre Unabhängigkeit vom Menschen verlange, sollten Tiere nicht von Menschen gehalten werden. Tierhaltung sei in jeder Form abzulehnen, auch wenn Tiere gut behandelt würden, da Tierhaltung immer zur Abhängigkeit vom Menschen führe. In der Konsequenz spricht sich Francione dafür aus, domestizierte Tiere (und zwar sowohl »Haustiere« als auch »Nutztiere«) aussterben zu lassen.

Demgegenüber verstehen gemäßigte Abolitionisten wie die Philosophin Friederike Schmitz die Freiheit der Tiere als Freiheit von Gewalt und Ausbeutung.[227] Vor allem die Kategorisierung von Tieren als Eigentum sowie die kommerzielle Nutzung von Tieren als Waren und Produktionsmittel stünden im Konflikt mit einer fairen Berücksichtigung der Interessen von Tieren. Für Schmitz sind aber positive Formen des Zusammenlebens von Menschen und Tieren denkbar, in denen Tiere nicht unter Missachtung ihrer eigenen Bedürfnisse genutzt und getötet werden.

Im Sinne der ökumenisch-ökologischen Vision von der Erde als Haus des Lebens für alle Geschöpfe scheint mir die Suche nach gerechteren Formen des Zusammenlebens der unterschiedlichen Hausbewohner richtiger und erstrebenswerter als ein Ende aller Beziehungen zwischen Menschen und Tieren. Wie beim abolitionistischen Vorbild der Abschaffung der Sklaverei sollte es darum gehen, ungerechte Formen des Miteinanders in gerechte Beziehungen zwischen Menschen und Tieren zu verwandeln.

Unter dem Titel »Zoopolis« haben Sue Donaldson und Will Kymlicka im Jahr 2011 eine vielbeachtete politische Theorie der Tierrechte vorgelegt. In ihrem Entwurf gehen sie davon aus, dass wir Interaktionen mit Tieren nicht aus dem Weg gehen können und darum überlegen müssen, wie wir unsere Beziehungen zu Tieren gerecht gestalten: »Wir müssen uns über unsere Verpflichtung, mit ihnen den Planeten zu teilen, Gedanken machen und so leben, wie es uns unter den Bedingungen von Gerechtigkeit und gegenseitigem Wohlergehen möglich ist.«[228]

Die Frage des Zusammenlebens in einer »Inter-Spezies-Gesellschaft« bearbeiten Donaldson und Kymlicka aus der Perspektive einer politischen Theorie, die den Fokus nicht auf interpersonelle, sondern auf politische Beziehungen zwischen Gruppen legt. In ihrem Buch skizzieren sie ein Staatssystem, in dem die Tierrechte fest verankert sind und unterschiedlichen Gruppen von Tieren ein je eigener Status zuerkannt wird, der von der jeweiligen Beziehung zwischen Menschen und Tieren abhängt. Donaldson und Kymlicka schlagen drei Kategorien vor, um den politischen Status von Tieren zu bestimmen.

Die gegenwärtige Realität von »Nutztieren« und »Haustieren« beschreiben Donaldson und Kymlicka in Analogie zum Kastensystem: Diese domestizierten Tiere leben zwar mitten unter uns, bilden in unserer Gemeinschaft aber eine untergeordnete Kaste. Um die Kastenhierarchie in ein von Gerechtigkeit geprägtes Verhältnis zu verwandeln, sollten Nutztiere und Haustiere nach Donaldson und Kymlicka einen Status als volle Mitglieder und Mitbürger erhalten. Als domestizierte Tiere können sie mit Menschen zusammenleben und sind zugleich von menschlicher Fürsorge abhängig. In einer Form von »Staatsbürgerschaft« sollen sie dieselben Rechte im Hinblick auf Leben und Freiheit, Versorgung und Teilhabe erhalten. Ihre Interessen können durch Vormundschaftsmodelle vertreten werden.

Für wildlebende Tiere schlagen Donaldson und Kymlicka in Analogie zu anderen Staaten den Status der »Souveränität« vor. Sie werden als Angehörige eigenständiger organisierter Gemeinschaften betrachtet, die ihre Belange selbst regeln. Menschen sollten diese Tiere so weit wie möglich in Ruhe lassen, aber in außergewöhnlichen Notsituationen Hilfe und Beistand leisten. Wildtieren soll das Recht auf ein eigenes Territorium zuerkannt werden, das sie vor menschlicher Invasion, Kolonisierung, Verdrängung und vor der Zerstörung ihrer Lebensräume schützt.

Spatzen, Eichhörnchen, Mäuse, Waschbären, Tauben und Ratten bezeichnen Donaldson und Kymlicka als »Grenzgänger«, da diese Tiere ökologische Nischen in unseren menschlichen Siedlungen nutzen, ohne aber in einem engeren Sinne tatsächlich mit uns zusammenzuleben. Mit dem Status »Einwohner« hätten sie das Recht, unter uns zu leben. Ihre Interessen müssen Beachtung finden, aber wir dürfen sie aus unserem engeren Lebensumfeld fernhalten. Ihnen gegenüber haben Menschen also weniger Pflichten als gegenüber domestizierten Tieren.

Der Philosoph Bernd Ladwig hat sich in seiner »Politischen Philosophie der Tierrechte«[229] intensiv mit der »Zoopolis« von Donaldson und Kymlicka auseinandergesetzt. Ladwig unterstützt grundsätzlich den Vorschlag, das Zusammenleben von Menschen und Tieren mittels unterschiedlicher Formen der Mitgliedschaft im Gemeinwesen rechtlich zu regeln.

Wenn wir aber Tiere als Mitglieder unseres Gemeinwesens betrachten, müssen wir Ladwig zufolge auch ein neues Verständnis von Gemeinwohl entwickeln.[230] Ein anthropozentrisch verkürztes Konzept von Gemeinwohl muss folglich überwunden werden zugunsten eines Gemeinwohlverständnisses, das auch die Interessen der Tiere berücksichtigt. In einem so verstandenen speziesgemischten Gemeinwesen ist »Spezies Mainstreaming« als Querschnittsaufgabe nötig: Alle politischen Normen, Gesetze und Praktiken müssen daran gemessen werden, ob sie auch im Interesse der Tiere liegen.

Differenziert äußert sich Ladwig zum politischen Status von domestizierten Tieren.[231] Der von Donaldson und Kymlicka verwendete Begriff der »Staatsbürgerschaft« klinge zu sehr nach aktiver politischer Mitwirkung. Tiere verfügen zwar über eine »agency« im Sinne einer Wirkmächtigkeit, sie können aber nicht im engeren Sinne politisch handeln. Tiere sollten also nicht als handlungsfähige politische Akteure betrachtet werden. Angemessener sei darum ein allgemeiner Begriff von »politischer Mitgliedschaft«, der Interessen, Rechte und Freiheiten der Tiere institutionell absichere, aber nicht von einer selbständigen politischen Mitwirkung der Tiere ausgehe. Im politischen Prozess müssen folglich die Interessen der Tiere von Menschen vertreten werden (→ Anwaltschaft).

Der Entwurf von Donaldson und Kymlicka für eine politische Gestaltung des Zusammenlebens von Menschen und Tieren hat ohne Zweifel visionären und utopischen Charakter. Der Zusammenklang von theologischen und politisch-philosophischen Perspektiven im Blick auf ein positives und gerechtes Miteinander von Menschen und Tieren ist dabei bemerkenswert. Wir können und sollten Tiere als Mitbewohner und Hausgenossen im gemeinsamen Haus des Lebens ansehen.

Mit manchen Tierarten ist *Konvivenz*, echtes Zusammenleben möglich. In vielen Fällen ist respektvolle Koexistenz eher als Leitbild geeignet. In jedem Fall aber sollten wir uns bemühen, unterschiedliche Formen von Kohabitation in unserem politischen Gemeinwesen gerecht zu regeln. Ob wir uns im Anschluss an indigene Weisheit und Spiritualität als »Mitglieder einer Demokratie der Lebewesen«[232] verstehen können?

Anstelle eines Nachworts

»Frage doch das Vieh, das wird dich's lehren, und die Vögel unter dem Himmel, die werden dir's sagen, oder die Sträucher der Erde, die werden dich's lehren, und die Fische im Meer werden dir's erzählen. Wer erkennte nicht an dem allen, dass des HERRN Hand das gemacht hat, dass in seiner Hand ist die Seele von allem, was lebt, in seiner Hand auch der Geist im Leib eines jeden Menschen?«
(Hiob 12,7–10)

Biblische Schlüsseltexte der Theologischen Zoologie

Altes Testament

Genesis 1–2 → Schöpfung, → Herrschaft, → Vegetarismus, → Resonanz
Genesis 6–9 → Arche, → Bund, → Vegetarismus
Exodus 20,8–11 → Sabbat
Numeri 22,21–34 → Gewalt
Deuteronomium 5,12–15 → Sabbat
Hiob 12,7–10 → Nachwort
Hiob 38–39 → Anthropozentrismus
Psalm 36 → Tierrechte
Psalm 104 → Herrschaft
Sprüche 12,10 → Tierrechte
Kohelet 3,18–21 → Hoffnung
Jesaja 11,1–9 → Frieden
Jona → Einführung

Neues Testament

Matthäus 6,26 → Jesus
Markus 1,13 → Frieden
Markus 4,30–32 → Hoffnung
Markus 16,15 → Hoffnung
Lukas 12,6–7 → Jesus
Johannes 1 → Jesus
Römer 8,18–22 → Hoffnung

Zum Weiterlesen

Altner, Günter: Naturvergessenheit. Grundlagen einer umfassenden Bioethik, Darmstadt 1991

Altner, Günter (Hg.): Ökologische Theologie. Perspektiven zur Orientierung, Stuttgart 1989

Ammann, Christoph: Die Tiere in der Theologie, in: Roland Borgards (Hg.), Tiere. Kulturwissenschaftliches Handbuch, Stuttgart 2016, 281–288

Biehl, Michael/Kappes, Bernd/Wartenberg-Potter, Bärbel (Hg.): Grüne Reformation – Ökologische Theologie, Hamburg 2017

Borgards, Roland/Köhring, Esther/Kling, Alexander (Hg.): Texte zur Tiertheorie, Stuttgart 2015

Diehl, Elke/Tuider, Jens (Hg.): Haben Tiere Rechte? Aspekte und Dimensionen der Mensch-Tier-Beziehung, Bonn 2019

Drewermann, Eugen: Über die Unsterblichkeit der Tiere – Über die Verwandtschaft allen Lebens. Zwei Essays, Ostfildern 2022

Foer, Jonathan Safran: Tiere essen, Frankfurt/Main 2012

Papst Franziskus: Enzyklika »Laudato si'« über die Sorge für das gemeinsame Haus (2015): https://www.vatican.va/content/francesco/de/encyclicals/documents/papa-francesco_20150524_enciclica-laudato-si. html – als Buchausgabe: *Papst Franziskus:* Laudato si'. Über die Sorge für das gemeinsame Haus: Die Umwelt-Enzyklika mit Einführung und Themenschlüssel, Stuttgart 2015

Hagencord, Rainer: Diesseits von Eden. Verhaltensbiologische und theologische Argumente für eine neue Sicht der Tiere, Regensburg [4]2009

Hagencord, Rainer (Hg.): Wenn sich Tiere in der Theologie tummeln. Ansätze einer theologischen Zoologie, Regensburg 2010

Harari, Yuval Noah: Eine kurze Geschichte der Menschheit, München [23]2015

Hardmeier, Christof/Ott, Konrad: Naturethik und biblische Schöpfungserzählung. Ein diskurstheoretischer und narrativ-hermeneutischer Brückenschlag, Stuttgart 2015

Heinrich-Böll-Stiftung/Bund für Umwelt und Naturschutz Deutschland/Le Monde Diplomatique (Hg.): Fleischatlas 2013. Daten und Fakten über Tiere als Nahrungsmittel, Berlin 2013

Heinrich-Böll-Stiftung/Bund für Umwelt und Naturschutz Deutschland/Le Monde Diplomatique (Hg.): Fleischatlas 2021. Daten und Fakten über Tiere als Nahrungsmittel, Berlin 2021

Horstmann, Simone/Ruster, Thomas/Taxacher, Gregor: Alles, was atmet. Eine Theologie der Tiere, Regensburg 2018

Janowski, Bernd/Neumann-Gorsolke, Ute/Gleßmer, Uwe (Hg.): Gefährten und Feinde des Menschen. Das Tier in der Lebenswelt des alten Israel, Neukirchen-Vluyn 1993

Kappes, Bernd: Krone der Schöpfung? Es ist Zeit für eine Grüne Reformation, Publik-Forum 7/2018, 26–30

Kappes, Bernd: Tiere als Mitgeschöpfe. Die Perspektive der Theologischen Zoologie, TIERethik 13 (2021), 14–33

Kimmerer, Robin Wall: Geflochtenes Süßgras. Die Weisheit der Pflanzen, Berlin ²2021

Ladwig, Bernd: Politische Philosophie der Tierrechte, Berlin 2020

Meyer-Abich, Klaus Michael: Praktische Naturphilosophie. Erinnerung an einen vergessenen Traum, München 1997

Moltmann, Jürgen: Gott in der Schöpfung. Ökologische Schöpfungslehre, München 1985

Moltmann, Jürgen: Die Hoffnung der Erde. Die ökologische Wende der christlichen Theologie und der christlichen Spiritualität, Evangelische Theologie 74 (2014), 216–226

Precht, Richard David: Tiere denken. Vom Recht der Tiere und den Grenzen des Menschen, München 2018

Rasmussen, Larry: Earth-Honoring Faith. Religious Ethics in a New Key, New York 2015

Remele, Kurt: Die Würde des Tieres ist unantastbar. Eine zeitgemäße christliche Tierethik, Kevelaer 2019

Riede, Peter: Tier, Das wissenschaftliche Bibellexikon im Internet, 2010

Rosenberger, Michael: Der Traum vom Frieden zwischen Mensch und Tier. Eine christliche Tierethik, München 2015

Sachser, Norbert/Kästner, Niklas/Zimmermann, Tobias (Hg.): Das unterschätzte Tier. Was wir heute über Tiere wissen und im Umgang mit ihnen besser machen müssen, Hamburg 2022

Sachser, Norbert: Der Mensch im Tier. Warum Tiere uns im Denken, Fühlen und Verhalten oft so ähnlich sind, Reinbek ²2018

Schmitz, Friederike (Hg.): Tierethik. Grundlagentexte, Berlin ⁴2021

Schmitz, Friederike: Tierethik. Kurz und verständlich, Münster ⁴2020

Schroer, Silvia: »Die Eselin sah den Engel JHWHs …«. Eine biblische Theologie der Tiere – für Menschen, in: Dorothee Sölle (Hg.), Für Gerechtigkeit streiten. Theologie im Alltag einer bedrohten Welt, Gütersloh 1994, 83–87

Sebastian, Marcel: Streicheln oder Schlachten. Warum unser Verhältnis zu Tieren so kompliziert ist – und was das über uns aussagt, München 2022

de Waal, Frans: Der Affe in uns. Warum wir sind, wie wir sind, München ⁶2020

de Waal, Frans: Der Mensch, der Bonobo und die Zehn Gebote. Moral ist älter als Religion, Stuttgart ⁵2021

Wolf, Ursula (Hg.): Texte zur Tierethik, Stuttgart ²2019

Wolfschmidt, Matthias: Das Schweinesystem. Wie Tiere gequält, Bauern in den Ruin getrieben und Verbraucher getäuscht werden, Frankfurt am Main 2016

Zenger, Erich: Gottes Bogen in den Wolken, Stuttgart 1983

Dank

In dieses Buch sind Überlegungen aus vielen Begegnungen am Institut für Theologische Zoologie in Münster eingeflossen. An erster Stelle möchte ich dem katholischen Theologen und Biologen Rainer Hagencord, Mitgründer und Leiter des Instituts, herzlich für wertvolle Impulse und freundschaftlichen Austausch danken.

Für Rat und Unterstützung bei der Entwicklung von Gedanken und Texten danke ich auch Trinidad Castro, Olaf Dellit, Gabriele Hartlieb, Claudia Janssen, Rainer Kessler, Hans-Jürgen Müller, Larry Rasmussen, Oliver Teufel, Bärbel Wartenberg-Potter, Natascha Werning und Martin Wolpold-Bosien.

Anmerkungen

1 Desmond Tutu: Foreword. Extending Justice and Compassion, in: Andrew Linzey (Hg.): The Global Guide to Animal Protection, Urbana 2013 (ohne Seitenangabe).

2 Der Beitrag von Jane Goodall ist die leicht überarbeitete Fassung ihrer Rede zur Eröffnung des »Instituts für Theologische Zoologie« in Münster am 15. Dezember 2009.

3 Christian Adam Dann: Bitte der armen Thiere, der unvernünftigen Geschöpfe, an ihre vernünftigen Mitgeschöpfe und Herrn, die Menschen, Tübingen 1822. Zum Folgenden vgl. Martin H. Jung: »Der Gerechte erbarmt sich seines Viehs«. Der Tierschutzgedanke im Pietismus, in: Bernd Janowski/Peter Riede (Hg.): Die Zukunft der Tiere. Theologische, ethische und naturwissenschaftliche Perspektiven, Stuttgart 1999, 139ff.

4 Dann (1822), 3.

5 Dann (1822), 4.

6 Dann (1822), 4–5.

7 Dann (1822), 10.

8 Dann (1822), 34–36.

9 Dann (1822), 29.

10 Auf die zahlreichen Probleme von »Defektzuchten« aufgrund »krankmachender Zuchtziele« hat eindringlich etwa der Tierpathologe Achim Gruber hingewiesen. Vgl. Achim Gruber: Das unterschätzte Leid. Über die schlimmen Folgen unserer blinden Haustierliebe, in: Sachser, Norbert/Kästner, Niklas/Zimmermann, Tobias (Hg.): Das unterschätzte Tier. Was wir heute über Tiere wissen und im Umgang mit ihnen besser machen müssen, Hamburg 2022, 50–67.

11 Charles Darwin: Die Abstammung des Menschen und die geschlechtliche Zuchtwahl (1871), Wiesbaden 1992, 139.

12 Michael Rosenberger: Der Traum vom Frieden zwischen Mensch und Tier. Eine christliche Tierethik, München 2015, 36.

13 Yuval Noah Harari: Eine kurze Geschichte der Menschheit, München [23]2013, 428.

14 Vgl. Harari ([23]2013), 507.

15 Vgl. Harari ([23]2013), 54.

16 Vgl. Harari ([23]2013), 197.

17 Vgl. Frans de Waal: Der Mensch, der Bonobo und die Zehn Gebote. Moral ist älter als Religion, Stuttgart [5]2021 und Frans de Waal: Der Affe in uns. Warum wir sind, wie wir sind, München [6]2020.

18 De Waal ([5]2021), 31.

19 Vgl. de Waal ([6]2020), 45.

20 Vgl. de Waal ([6]2020), 199.

21 De Waal ([6]2020), 11.

22 Vgl. de Waal ([5]2021), 197.

23 Vgl. de Waal ([5]2021), 310f.

24 De Waal ([6]2020), 10.

25 De Waal ([5]2021), 315.

26 Vgl. die Statistiken zu »wolfsverursachten Nutztierschäden« der »Dokumentations- und Beratungsstelle des Bundes zum Thema Wolf« (www.dbb-wolf.de).

27 Papst Franziskus: Enzyklika »Laudato si'«. Über die Sorge für das gemeinsame Haus (2015), Nr. 48.
    https://www.vatican.va/content/francesco/de/encyclicals/documents/papa-francesco_20150524_enciclica-laudato-si.html
    Als Buch: Papst Franziskus, Laudato si'. Über die Sorge für das gemeinsame Haus: Die Umwelt-Enzyklika mit Einführung und Themenschlüssel, Stuttgart 2015.

28 Franziskus, Laudato si', Nr. 2.

29 Zitiert nach Roland Borgards/Esther Köhring/Alexander Kling (Hg.): Texte zur Tiertheorie, Stuttgart 2015, 34.

30 Borgards/Köhring/Kling Hg. (2015), 59.

31 Peter Singer: Animal Liberation. Die Befreiung der Tiere, Erlangen [2]2016, 234.

32 Vgl. Günter Altner: Naturvergessenheit. Grundlagen einer umfassenden Bioethik, Darmstadt 1991, 11ff.

33 Zitiert nach Borgards/Köhring/Kling Hg. (2015), 69f.

34 Zitiert nach Borgards/Köhring/Kling Hg. (2015), 75.

35 Alfons Auer: Umweltethik, Düsseldorf 1984, 220.

36 Jürgen Moltmann: Hoffen und Denken. Beiträge zur Zukunft der Theologie, Neukirchen-Vluyn 2016, 10.

37 Chung Hyun Kyung: Schamanin im Bauch – Christin im Kopf. Frauen Asiens im Aufbruch, Stuttgart 1992, 25ff.

38 Franziskus, Laudato si', Nr. 83.

39 Vgl. Othmar Keel: Allgegenwärtige Tiere. Einige Weisen ihrer Wahrnehmung in der hebräischen Bibel, in: Bernd Janowski/Ute Neumann-Gorsolke/Uwe Gleßmer (Hg.): Gefährten und Feinde des Menschen. Das Tier in der Lebenswelt des alten Israel, Neukirchen-Vluyn 1993, 188.

40 Othmar Keel/Silvia Schroer: Schöpfung. Biblische Theologien im Kontext altorientalischer Religionen, Göttingen 2002, 204.

41 Leonardo Boff: Zukunft für Mutter Erde. Warum wir als Krone der Schöpfung abdanken müssen, München 2012, 76.

42 Keel/Schroer (2002), 211.

43 Karl Barth: Kirchliche Dogmatik, Band III/2, Zürich 1959, 165.

44   Vgl. Madeleine Martin: Landestierschutzbeauftragte – Aufgaben und Möglich-keiten. Ein Praxisbericht, in: Elke Diehl/Jens Tuider (Hg.): Haben Tiere Rechte? Aspekte und Dimensionen der Mensch-Tier-Beziehung, Bonn 2019, 156ff.

45   »Mainstreaming« bedeutet: eine bislang ausgeblendete Perspektive sozial Marginalisierter bewusst zu einem zentralen Bestandteil bei allen Entschei-dungen und Prozessen zu machen.

46   Vgl. Markus Wild: Animal Mainstreaming. Motivation und Bedeutung ei-nes neuen Konzepts in der Tierethik, in: Diehl/Tuider Hg. (2019), 323–335.

47   Charles Darwin: Die Entstehung der Arten (1859), Hamburg 2021, 583. (»There is grandeur in this view of life, with its several powers, having been originally breathed into a few forms or into one; and that … from so simple a beginning endless forms most beautiful and most wonderful have been, and are being, evolved.«)

48   Vgl. die Angaben des Bundesministeriums für Bildung und Forschung (www.bmbf.de) sowie des Rote Liste Zentrums (www.rote-liste-zentrum. de).

49   Vgl. www.ipbes.net.

50   Heinrich-Böll-Stiftung/Bund für Umwelt und Naturschutz Deutschland/ Le Monde Diplomatique (Hg.): Fleischatlas 2021. Daten und Fakten über Tiere als Nahrungsmittel, Berlin 2021, 32.

51   Vgl. Fleischatlas 2021.

52   Barbara Erbe: Artenschutz ist Virenschutz, welt-sichten 6/2020, 45.

53   Rainer Hagencord: Kommt Strolchi in den Himmel? Zum Projekt der Theo-logischen Zoologie, in: Sachser, Norbert/Kästner, Niklas/Zimmermann, Tobias (Hg.): Das unterschätzte Tier. Was wir heute über Tiere wissen und im Umgang mit ihnen besser machen müssen, Hamburg 2022, 172.

54   www.bmz.de/de/entwicklungspolitik/biodiversitaet.

55   Zitiert nach Anton Rotzetter: Die Freigelassenen. Franz von Assisi und die Tiere, Freiburg 2011, 119.

56   Franziskus, Laudato si', Nr. 33.

57   Zum Folgenden vgl. Altner (1991), 44ff.

58   Albert Schweitzer: Gesammelte Werke in fünf Bänden, München 1971, Band 2, 180.

59   Harald Steffahn (Hg.): Albert Schweitzer Lesebuch, München 1984, 172.

60   Albert Schweitzer Lesebuch (1984), 172.

61   Schweitzer GW Band 5 (1971), 157.

62   Schweitzer GW Band 2 (1971), 387.

63   Aus der Predigt vom 16. Februar 1919, zitiert nach Schweitzer GW Band 5 (1971), 124.

64   Schweitzer GW Band 5 (1971), 124

65   Albert Schweitzer Lesebuch (1984), 173.

66   Schweitzer GW Band 2 (1971), 362f.

67 Larry Rasmussen: Veni creator spiritus! Eine ökologische Reformation, in: Michael Biehl/Bernd Kappes/Bärbel Wartenberg-Potter: Grüne Reformation. Ökologische Theologie, Hamburg 2017, 9.

68 Robin Wall Kimmerer: Geflochtenes Süßgras. Die Weisheit der Pflanzen, Berlin ²2021, 71.

69 Vgl. Neil Shubin: Der Fisch in uns. Eine Reise durch die 3,5 Milliarden Jahre alte Geschichte unseres Körpers, Frankfurt am Main ⁶2015.

70 Darwin: Die Entstehung der Arten, (1859/2021), 583.

71 Simone Horstmann/Thomas Ruster/Gregor Taxacher: Alles, was atmet. Eine Theologie der Tiere, Regensburg 2018, 119.

72 Vgl. Jürgen Moltmann: Menschenbild zwischen Evolution und Schöpfung, in: Günter Altner (Hg.): Ökologische Theologie. Perspektiven zur Orientierung, Stuttgart 1989, 196–212.

73 Larry Rasmussen: Earth-Honoring Faith. Religious Ethics in a New Key, New York 2015, 12.

74 Zitiert nach Eve-Marie Engels: Charles Darwin, München 2007, 75.

75 Vgl. Rotzetter (2011), 124.

76 Rotzetter (2011), 125.

77 Rotzetter (2011), 115.

78 Vgl. Rotzetter (2011), 130.

79 Rotzetter (2011), 40.

80 Rotzetter (2011), 130.

81 Rotzetter (2011), 101.

82 Vgl. Rotzetter (2011), 121f.

83 Vgl. Rotzetter (2011), 99.

84 Rotzetter (2011), 147.

85 Boff (2012), 56.

86 Jonathan Safran Foer: Tiere essen, Frankfurt am Main 2012, 45.

87 Foer (2012), 47.

88 www.greenpeace.de/biodiversitaet/meere/fischerei.

89 Foer (2012), 45.

90 Rosenberger (2015), 222.

91 Vgl. dazu Johan Galtung: Frieden mit friedlichen Mitteln. Friede und Konflikt, Entwicklung und Kultur, Opladen 2012.

92 Vgl. dazu Jacques Derrida: Das Tier, das ich also bin, Wien 2010.

93 Reinhard Heuberger: Tiermetaphern und andere anthropozentrische Sprachphänomene. Was sie über das Mensch-Tier-Verhältnis aussagen, in: Diehl/Tuider Hg. (2019), 369.

94 Vgl. Philipp von Gall: Tiere nutzen – ein kritisches Wörterbuch, Frankfurt/M 2020.

95 Kimmerer (²2021), 62ff.

96 Kimmerer (²2021), 63.

97 Kimmerer (²2021), 72.

98 Kimmerer (²2021), 72.

99   Kimmerer (²2021), 73.

100   Kimmerer (²2021), 214 (Hervorhebungen im Original).

101   Vgl. Ernst M. Conradie: What is God really up to in a time like this? Discerning the Spirit's movements as core task of Christian eco-theology, in: Louk Andrianos u. a. (Hg.): Kairos for Creation. Confessing Hope for the Earth, Solingen 2019, 32.

102   Vgl. dazu Biehl/Kappes/Wartenberg-Potter (Hg.) (2017).

103   Conradie (2019), 32.

104   Harari (²³2013), 87.

105   Harari (²³2013), 88.

106   Harari (²³2013), 95.

107   Harari (²³2013), 96.

108   Klaus Koch: Gestaltet die Erde, doch heget das Leben! Einige Klarstellungen zum dominium terrae in Genesis 1, in: Hans-Georg Geyer (Hg.): Wenn nicht jetzt, wann dann? Neukirchen-Vluyn 1983, 32.

109   Zum Folgenden vgl. Hardmeier, Christof/Ott, Konrad: Naturethik und biblische Schöpfungserzählung. Ein diskurstheoretischer und narrativ-hermeneutischer Brückenschlag, Stuttgart 2015.

110   Bernd Janowski: Auch die Tiere gehören zum Gottesbund, in: Janowski/Neumann-Gorsolke/Gleßmer (Hg.) (1993), 9.

111   Bärbel Wartenberg-Potter: Bekehrung zu Gottes Erde. Theologische Erwägungen zur ökologischen Krise des Planeten, DPfBl 1/2015, 25.

112   Zum Folgenden Rasmussen (2015), 50ff.

113   Altner (1991), 74.

114   Altner (1991), 99.

115   Zum Folgenden vgl. Luise Schottroff: Schöpfung im Neuen Testament, in: Altner Hg. (1989), 139ff.

116   Schottroff (1989), 142.

117   Rasmussen (2015), 198: »We arise from it, live a little while upon it to cultivate it, and return to it.«

118   Silvia Schroer: Tiere in der Bibel, Freiburg i. Br. 2013, 11.

119   Luthers Tischreden (WA.TR 1, Nr. 1150, 567f.), zitiert nach Reinhard Dithmar (Hg.): Luthers Tischreden, Leipzig 2010, 208f.

120   Jonathan Safran Foer: Wir sind das Klima! Wie unseren Planeten beim Frühstück retten können, Köln 2019, 95.

121   Zahlen des Statistischen Bundesamts von 2008, zitiert nach Bernd Ladwig: Politische Philosophie der Tierrechte, Berlin 2020, 16f.

122   Bernhard Hörning: Intensivhaltung von Nutztieren in Deutschland. Probleme und Alternativen, in: Diehl/ Tuider Hg. (2019), 167.

123   Matthias Wolfschmidt: Das Schweinesystem. Wie Tiere gequält, Bauern in den Ruin getrieben und Verbraucher getäuscht werden, Frankfurt am Main 2016, 19.

124   www.butenland-film.de.

125   Alle Zahlen nach Hörning (2019), 168.

126 Hörning (2019), 168ff.

127 Hörning (2019), 170.

128 Hörning (2019), 171.

129 Yuval Noah Harari: Homo Deus. Eine Geschichte von Morgen, München 2017, 115.

130 Zitiert nach Wolfschmidt (2016), 82.

131 Hörning (2019), 176.

132 Die hier genannten Zahlen zur Fehlbetäubung und Fehlentblutung von Schweinen und Rindern stammen aus einer Antwort der Bundesregierung vom 15.6.2012 auf eine Kleine Anfrage der Bundestagsfraktion von Bündnis 90/Die Grünen. Zitiert nach Rosenberger (2015), 79.

133 Wissenschaftlicher Beirat für Agrarpolitik beim Bundesministerium für Ernährung und Landwirtschaft: Wege zu einer gesellschaftlich akzeptierten Nutztierhaltung. Kurzfassung des Gutachtens, Berlin 2015.

134 Wissenschaftlicher Beirat für Agrarpolitik (2015), I.

135 Wissenschaftlicher Beirat für Agrarpolitik (2015), II.

136 Rosenberger (2015), 169.

137 Vgl. Schmitz (⁴2020), 109.

138 Kurt Marti: Das Lachen des Delphins. Notizen und Details, Zürich 2001, 12.

139 Zum Folgenden vgl. Sallie McFague: An Ecological Christology: Does Christianity Have It?, in: Dieter T. Hessel/Rosemary Radford Ruether (Hg.): Christianity and Ecology. Seeking the Well-Being of Earth and Humans, Harvard 2000, 29–45.

140 Vgl. Niels Henrik Gregersen: Deep Incarnation. The Logos Became Flesh, in: Karen L. Bloomquist (Hg.): Transformative Theological Perspectives, Minneapolis 2009, 167–181.

141 Vgl. McFague (2000), 29–45.

142 Franziskus, Laudato si', Nr. 49.

143 Schottroff (1989), 137.

144 Zum Folgenden vgl. Schroer (2013), 147f.

145 Schroer (2013), 147.

146 Melanie Joy: Warum wir Hunde lieben, Schweine essen und Kühe anziehen. Karnismus – Eine Einführung, Münster 2013.

147 Joy (2013), 240.

148 Joy (2013), 268.

149 Joy (2013), 286.

150 Joy (2013), 109.

151 Zum Folgenden vgl. Marcel Sebastian: Subjekt oder Objekt? Ambivalente gesellschaftliche Mensch-Tier-Beziehungen als Resultat kultureller Aushandlungs- und Wandlungsprozesse, in: Diehl/Tuider Hg. (2019), 69–81. Vgl. auch Marcel Sebastian: Streicheln oder Schlachten. Warum unser Verhältnis zu Tieren so kompliziert ist – und was das über uns aussagt, München 2022.

152 Sebastian (2019), 75.

153 Vgl. Schmitz (⁴2020), 109.

154 Foer (2012), 225.

155 Zum Folgenden vgl. www.tierfreundlichekirche.ch.

156 Zum Folgenden vgl. Albert de Pury: Gemeinschaft und Differenz. Aspekte der Mensch-Tier-Beziehung im alten Israel, in: Janowski/Neumann-Gorsolke/Gleßmer (Hg.) (1993), 124ff.

157 Rosenberger (2015), 45f.

158 Robert Seethaler: Die weiteren Aussichten, Zürich-Berlin ¹²2020, 225f.

159 Martin Buber: Das Dialogische Prinzip (1954), Heidelberg 1997, 10ff.

160 Buber (1954/1997), 99.

161 Buber (1954/1997), 171ff.

162 Buber (1954/1997), 171.

163 Zum Folgenden vgl. Hartmut Rosa: Resonanz. Eine Soziologie der Weltbeziehung, Frankfurt am Main 2016, 460ff.

164 Horstmann/Ruster/Taxacher (2018), 80.

165 Walter Brueggemann: Sabbath as Resistance – Say No to the Culture of Now, Louisville 2017.

166 Abraham Joshua Heschel: Der Sabbat. Seine Bedeutung für Menschen heute. Mit einer Einführung von Susannah Heschel, Neuausgabe Ostfildern 2022, 49.

167 Erich Zenger: Gottes Bogen in den Wolken, Stuttgart 1983, 200.

168 Hagencord (2022), 171.

169 Jürgen Moltmann: Die ökologische Wende in der christlichen Theologie, in: Biehl/Kappes/Wartenberg-Potter Hg. (2017), 28ff.

170 Kimmerer, (²2021), 19.

171 Franziskus, Laudato si', Nr. 83.

172 Friedrich Schorlemmer: Unsere Erde ist zu retten. Haltungen, die wir jetzt brauchen, Freiburg i. Br. 2016, 156.

173 Zum Folgenden vgl. Hans Walter Wolff: Anthropologie des Alten Testaments, Gütersloh ⁶1994, 25–48.

174 Singer (²2016), 33.

175 Singer (²2016), 32.

176 Singer (²2016), 35.

177 Singer (²2016), 36.

178 Zum Folgenden vgl. Birgit Mütherich: Die soziale Konstruktion des Anderen: Zur soziologischen Frage nach dem Tier, in: Friederike Schmitz (Hg.): Tierethik. Grundlagentexte, Berlin ⁴2021, 445–477.

179 Zitiert nach Mütherich (2021), 467.

180 Zitiert nach Schmitz Hg. (⁴2021), 46.

181 Zum Folgenden vgl. Singer (²2016).

182 Tom Regan: Von Menschenrechten zu Tierrechten, in: Schmitz Hg. (⁴2021), 103.

183 Regan (2021), 95.

184 Regan (2021), 113.

185 Martha Nussbaum: Jenseits von »Mitleid und Menschlichkeit«. Gerechtigkeit für nicht-menschliche Tiere, in: Schmitz Hg. (⁴2021), 190.

186 Nussbaum (2021), 193.

187 Nussbaum (2021), 207ff.

188 Nussbaum (2021), 216.

189 Kirchenamt der EKD (Hg.): Nutztier und Mitgeschöpf! Tierwohl, Ernäh-
rungsethik und Nachhaltigkeit aus evangelischer Sicht, Hannover 2019.

190 Vgl. Schmitz Hg. (⁴2021), 27f.

191 Zum Folgenden vgl. Richard David Precht: Tiere denken. Vom Recht der
Tiere und den Grenzen des Menschen, München 2018, 326–342.

192 Ladwig (2020), 220.

193 Die Übersetzung folgt hier Bernd Janowski (1993), 8.

194 Gerhard Liedke: »Tier-Ethik« – Biblische Perspektiven, in: Janowski/Neu-
mann-Gorsolke/Gleßmer (Hg.) (1993), 210.

195 Zitiert nach Jung (1999), 128.

196 Jeremy Bentham: Eine Einführung in die Prinzipien der Moral und der Ge-
setzgebung (1789), zitiert nach Roland Borgards/Esther Köhring/Alexan-
der Kling (Hg.): Texte zur Tiertheorie, Stuttgart 2015, 64f (Hervorhebungen
im Original).

197 Zitiert nach Schmitz (⁴2020), 108ff.

198 www.peta.de.

199 Anand M. Saxena, The Vegetarian Imperative, Baltimore 2011.

200 Kurt Remele: Die Würde des Tieres ist unantastbar. Eine zeitgemäße christliche Tierethik, Kevelaer 2019, 148ff.

201 Kimmerer (²2021), 44.

202 Gerhard von Rad: Das erste Buch Mose. Genesis (ATD 2/4), Berlin 1974, 99.

203 Frank Crüsemann: Bewahrung der Freiheit. Das Thema des Dekalogs in sozialgeschichtlicher Perspektive, Gütersloh 1993, 66.

204 Vgl. Foer (2019), 111.

205 Foer (2019), 112.

206 Zu den folgenden Zahlen vgl. Heinrich-Böll-Stiftung/Bund für Umwelt
und Naturschutz Deutschland/Le Monde Diplomatique (Hg.): Fleischatlas
2013. Daten und Fakten über Tiere als Nahrungsmittel, Berlin 2013, 39.

207 www.dge.de.

208 Remele (2019), 157.

209 Singer (²2016), 203.

210 Singer (²2016), 203.

211 Singer (²2016), 204.

212 Singer (²2016), 210.

213 Wolfschmidt (2016), 33.

214 Charles Darwin: Die Abstammung des Menschen (1871/1992), 139.

215 Jane Goodall: Tiere sind Mitgeschöpfe, in diesem Band S. 13f.

216 Zum Folgenden vgl. Norbert Sachser: Der Mensch im Tier. Warum Tiere uns
im Denken, Fühlen und Verhalten oft so ähnlich sind, Reinbek ²2018.

ANMERKUNGEN

217 Sachser ([2]2018), 139ff.

218 Frans de Waal: Der Affe in uns. Warum wir sind, wie wir sind, München [6]2020, 204.

219 Sachser ([2]2018), 65ff.

220 Sachser ([2]2018), 91ff.

221 Sachser ([2]2018), 169ff.

222 Sachser ([2]2018), 221ff.

223 Vgl. dazu Jane Goodall, Tiere sind Mitgeschöpfe, in diesem Band. S. 13.

224 Charles Darwin: Die Abstammung des Menschen (1871/1992), 139.

225 Vgl. Rotzetter (2011), 111.

226 Vgl. Schmitz ([4]2020), 100.

227 Zum Folgenden vgl. Schmitz ([4]2020), 106ff.

228 Sue Donaldson/Will Kymlicka: Zoopolis – Grundzüge einer Theorie der Tierrechte, 2018
(www.bpb.de/gesellschaft/umwelt/bioethik/265542/standpunkt-zoopolis-grundzuege-einer-theorie-der-tierrechte).

229 Ladwig (2020).

230 Ladwig (2020), 281ff.

231 Ladwig (2020), 322ff.

232 Kimmerer ([2]2021), 134.

Bibelstellenregister

Genesis / 1. Mose
1,1 – 2,4a 187
1,22 190
1,24 188
1,26 125
1,28 119, 122, 124, 190
1,29 221
1,29–30 104, 122
2,2–3 178
2,7 64, 199
2,15 123
2,18–20 171
2,20 173
2,23 85, 172
3,15 103
3,19 137
6,5 70
6,5–8 68
6,12 71
6,17 74
6,17–20 69
6,19–20 74
6,20 69
7,22 74
9,2–4 221
9,4 222
9,9 69
9,9–10 74
9,11 76
9,12–17 75

Exodus / 2. Mose
20,8–11 179

Numeri / 4. Mose
22,21–34 110
22,30 113

Deuteronomium / 5. Mose
5,13–15 181
5,15 181

Hiob
12,7–10 241
38,1–3 56
38,4–21 56
38,22–38 56
38-39 56
38,39 56
38,39–39,30 57
39,1–30 56

Psalmen
36,6–7 216
104 123, 128
104,10–27 130
104,14–15 228

Sprichwörter / Sprüche Salomos
12,10 216
31, 8–9 63

Kohelet
3,18–21 136

Jesaja
11,1–9 102, 133
11,6 103
11,7 104
11,8 103
11,9 104

Jona
1,1 36
3,7–8 36
4,2 37
4,10–11 37
4,11 6

Matthäus
6,26 158
12,11 159

Markus
1,13 105, 133, 157
1,14–15 105
4,30–32 138
16,15 138, 159

Lukas
12,6–7 158
14,5 159

Johannes
1,1 155
1,14 155

Römer
8,18–22 134

Offenbarung
21,1–8 135

Personenregister

Altner, Günter 50, 133, 243, 248, 249, 250, 251
Amery, Carl 119
Ammann, Christoph 243
Andrianos, Louk 251
Aristoteles 49, 195, 196, 204, 231
Auer, Alfons 53, 248

Barth, Karl 58, 248
Bentham, Jeremy 201, 208, 217, 254
Biehl, Michael 243, 250, 251, 253, 261
Bloomquist, Karen L. 252
Boff, Leonardo 58, 99, 248, 250
Borgards, Roland 243, 254
Brueggemann, Walter 180, 253
Buber, Martin 173, 174, 175, 253

Chung, Hyun Kyung 54, 248
Conradie, Ernst 119, 120, 251
Crüsemann, Frank 222, 254
Cusano, Marc 23, 24, 25

Dann, Christian Adam 27, 28, 29, 30, 35, 36, 247
Darwin, Charles 38, 39, 64, 65, 69, 85, 88, 89, 91, 230, 234, 247, 249, 250, 254, 255
Derrida, Jacques 113, 250
Descartes, René 50, 51, 79, 112
de Waal, Frans 42, 43, 44, 45, 230, 231, 245, 247, 248, 255
Diehl, Elke 243, 249, 250, 251, 252
Dithmar, Reinhard 251
Donaldson, Sue 238, 239, 240, 255
Drewermann, Eugen 243

Engels, Eve-Marie 250
Erbe, Barbara 249

Foer, Jonathan Safran 99, 100, 101, 102, 103, 140, 166, 243, 250, 251, 253, 254
Francione, Gary 237

Zum Autor

Bernd Kappes ist stellvertretender Direktor der Evangelischen Akademie Hofgeismar und Mitglied im Kuratorium des Instituts für Theologische Zoologie in Münster. Er hat Theologie und Politikwissenschaften in Heidelberg, San Salvador, Berlin und Marburg studiert und dann zunächst als Assistent in der Studienleitung des Deutschen Evangelischen Kirchentags gearbeitet. Nach dem Gemeindepfarramt in Marburg war Bernd Kappes internationaler Mitarbeiter der Menschenrechtsorganisation FIAN in Honduras, Vorstandsreferent bei Brot für die Welt und Geschäftsführer der Ausbildungshilfe – Christian Education Fund. Unter anderem hat er mit Michael Biehl und Bärbel Wartenberg-Potter den Band »Grüne Reformation – Ökologische Theologie« (Hamburg 2017) veröffentlicht.

Im Internet:
www.theologische-zoologie.de/personen/kuratorium//pfr-bernd-kappes

Noahs vergessene Gefährten

Über die Verwandtschaft allen Lebens

Eugen Drewermann
Über die Unsterblichkeit der Tiere.
Über die Verwandtschaft allen Lebens
Zwei Essays
Paperback | 112 Seiten
ISBN 978-3-8436-1379-8

Nach der traditionellen christlichen Lehre hat der Mensch Vorrang vor dem Tier. Sind also Tiere nur vergängliche Nutzwesen, die dem Menschen zu dienen hätten? Eugen Drewermann revidiert in seinem berühmten Essay diese Sichtweise. Die Neuausgabe ist ergänzt um einen zweiten Essay über die Verwandtschaft allen Lebens. Eugen Drewermann plädiert für eine religiöse Neubesinnung und gegen den kapitalistischen Missbrauch von Tieren, gegen Tierzuchtquälerei und Tierexperimente.

PATMOS

www.verlagsgruppe-patmos.de